高新之道

成都高新区发展路径解码

Dao of Gaoxin

Decoding the Development Path of Chengdu High Tech Zone

吴军　何娟◎著

西南财经大学出版社
Southwest University of Finance & Economics Press

图书在版编目（CIP）数据

高新之道：成都高新区发展路径解码/吴军,何娟著.—成都:西南财经大学出版社,2022.4
ISBN 978-7-5504-5191-9

Ⅰ.①高… Ⅱ.①吴…②何… Ⅲ.①高技术产业区—研究—成都
Ⅳ.①F127.711

中国版本图书馆 CIP 数据核字（2021）第 240896 号

高新之道：成都高新区发展路径解码
GAOXIN ZHIDAO:CHENGDU GAOXINQU FAZHAN LUJING JIEMA
吴军　何娟　著

策　　　划	汪涌波
责任编辑	廖术涵　廖韧
助理编辑	马安妮
责任校对	张岚
装帧设计	付瑜
责任印制	朱曼丽

出版发行	西南财经大学出版社（四川省成都市光华村街 55 号）
网　　址	http://cbs.swufe.edu.cn
电子邮件	bookcj@ swufe.edu.cn
邮政编码	610074
电　　话	028-87353785
照　　排	四川胜翔数码印务设计有限公司
印　　刷	四川新财印务有限公司
成品尺寸	175mm×245mm
印　　张	19
字　　数	319 千字
版　　次	2022 年 4 月第 1 版
印　　次	2022 年 4 月第 1 次印刷
书　　号	ISBN 978-7-5504-5191-9
定　　价	120.00 元

传承高新精神，走在高新路上

——写在前面的话

2021 年是中国共产党成立 100 周年。在中国共产党的领导下，国家第一个百年奋斗目标胜利实现，正在意气风发向着全面建成社会主义现代化强国的第二个百年奋斗目标阔步迈进。从 1988 年伊始，我国的国家高新区事业迄今已历时 34 年。30 多年来，作为中国特色社会主义现代化建设的重要组成部分，国家高新区始终坚持"发展高科技，实现产业化"的战略方向，始终坚持"高""新"的发展定位，已经成为我国实施创新驱动发展战略的重要载体，对走好中国特色社会主义现代化建设新道路做出了重要贡献。

国家高新区建设是我国改革开放事业中的一颗璀璨夺目的明珠。党和国家在不同历史时期、不同发展阶段通过顶层设计明确了国家高新区建设发展的战略方向和功能定位，同时，在以何种路径建设国家高新区、以何种模式发展高新技术产业、以何种体制机制管理高新技术产业开发区等方面赋予了各地以很大的自主权。在国家推进高质量发展和现代化建设的新时期新阶段，2020 年 7 月 17 日，国务院发布《关于促进国家高新技术产业开发区高质量发展的若干意见》（国发〔2020〕7 号），对国家高新区在新时代促进高质量发展、发挥好示范引领和辐射带动作用指明了方向，明确指出要"将国家高新区建设成为创新驱动发展示范区和高质量发展先行区"。

　　成都高新区是国务院批准成立的全国首批国家级高新技术产业开发区、西部首个国家自主创新示范区，是科技部确定的全国首批创建世界一流高科技园区试点园区之一。30多年来，成都高新区遵循"创新创业"这一核心主题，从体制机制的完善到资源要素的集聚，从产业园区的建设到产城融合化发展，从助推区域经济增长到服务国家科技创新大局，从打造"国内一流"园区到瞄准"世界一流"方向，经历了从"一次创业"到"三次创业"的波澜壮阔的创新发展历程。地处中国西部的成都高新区，成功探索出了一条中国内陆地区如何建设高新区、如何发展高新技术产业的独特道路，其中的路径、模式、经验非常值得思考和总结。

　　成都高新区是国家的高新区，是四川的高新区，是成都的高新区。成都高新区在科技创新、产业发展、改革开放、城市建设等方面取得的成就是国家、省、市大力领导和支持的结果，同时也离不开无数投资者、创业者、企业家、大学和科研机构做出的贡献，离不开广大基层干部群众和企业员工默默无闻的艰辛劳作。近年来，成都高新区围绕推动科技创新和产业发展的核心任务，加快推进产业建圈强链，加快转变经济发展方式，持续提升经济社会发展的质量和效益。"十四五"开局之年，成都高新区生产总值（GDP）超过2 800亿元，人均GDP超过3万美元，综合实力稳居全国国家高新区第一方阵。"十四五"期间，成都高新区紧紧抓住国家推进高质量发展和现代化建设的重大政策机遇，正在加快建设世界一流高科技园区，努力在新时期新阶段再启新征程、勇攀新高峰。

　　习近平总书记2021年在"七一"庆祝大会上的讲话中指出："历史川流不息，精神代代相传。"成都高新区从一片农田菜地起步，经历一代又一代创业者的接续奋斗，发展到了如今的规模和水平，这个奇迹的背后离不开"火炬精神"和"高新精神"的薪火相传。回过头看，当初邓小平同志提出的"发展高科技，实现产业化"的号召，一代代"高新人"始终将其作为战略使命、终生事业，努力拓荒、代代传承。在本书的写作过程中，我们不断地回望成都高新区的创新创业历程，看到了高新区的出生、高新区的成长与喜悦，看到了高新区从一棵小树苗成长为挺拔屹立的参天大树，高新区、高新事业的每一次华丽蜕变都让我们格外振奋。

本书立足国家改革开放和现代化建设的宏观背景，以个案分析的方法，系统展现了成都高新区 30 多个春秋的创新创业征程，既从产业、创新、金融、改革、城市这五个维度对成都高新区独特的发展之路进行了"解码"，又从对成都高新区蝶变过程的历史性诠释中努力呈现了不断自我超越的"高新精神"的弥足珍贵，希望其中的理论思考、案例分析和经验总结能够带给广大读者以启示与收获。通过一本书来记录高新、诠释高新，以方便更多的人读懂高新区、理解和参与高新事业，我们期望这能够成为本书的最大价值所在。

能够借助写作本书的机会，见证这么多高新创业者的拓荒之旅，见证高新事业的蓬勃发展，我们深感荣幸。一代又一代的创业者、一批又一批的青年人接续加入高新事业的伟大征程中，我们为此而激动不已。在高质量发展的引领下，在现代化建设的征程中，在"火炬精神"的照耀下，在"高新精神"的传承中，我们坚信，国家未来的高新事业将更加活力四射，成都高新区的未来将更加繁荣美好。

笔者

2022 年 1 月 26 日于成都

目录
Contents

第三篇　水无常形之金融密码

第五篇　筑梦未来之空间密码

导言

高新之道——作为一种内在超越

"通向这种逗留的道路，不许人们像描写某个现成事物那样去描写它。"

——马丁·海德格尔

在汉语中，"道"是一个极富阐释张力的语词。"道"的基础含义是路、道路，可引申为动词，有经过、取道之义，由于"道路"总是通往某处，亦引申为方向、途径等。"道"亦指法则、规律、道理、方法、道德、道义、学说、技艺或种种思想体系，它意指某种真理性、规定性、规范性、普遍性、指引性的东西。"道"还指"说"，道说、谈论、言说，用语言来表达或表现某种东西。此外，"道"还有通达、引导、开导等诸多含义。本书的主旨是诠释"高新之道"，即由"道"之语境出发对"高新"之理论与实践做出诠释。"高新"一词在本书中有三重基础含义：其一，是指高科技、新技术，它是近代以来全球经济发展和产业变革的核心动力；其二，是指中国之"高新"事业，它既与全球高新技术演进及其产业化历程有关，亦有中国科技事业发展的特殊性；其三，是取"高新区"之义，指20世纪80年代末期以来中国系列高新技术产业开发区的设立及其运作。

问乃思之虔诚。本书追问的是"高新"这一有待思考之事。只有坚持追问"高新"，才能突入并抵达对"高新之道"的领会。追问"高新"，就是追问"高新"之技术逻辑何以演变为"高新"之世界景观。追问"高新之道"，就是追问"高新"之所以成为"高新"的内在超越性。由此，领会"高新"，须从对作为名词的高科技、新技术的功能、性质、状态等静态的表象性理解，进展到对"高新"的动词性理解，即领会"高新"之"高新化"和"高新"之内在成长性及其自我超越性。追问之为追问，就其实质来讲，它意味着某种对"内在的"东西的追问，只有这种追问才能领会"高新之道"，才能历史性地揭示其自身的超越性。这种内在的追问不同于某种单纯的横向分析、纵向分析或断面特征描述，而是将"高新"置于其自身的生成性当中。唯有如此，"高新"事业方能显现出其惊心动魄的内在生命力。我们期望通过这种努力，使读者能够获得对中国高新事业的某种切己的、在场性的领会，更加直接地感受到"高新"事业之内在超越性。

每一个生命体的诞生，都是华丽而伟大的。本书将聚焦成都高新区这个生命体的华丽诞生、成长与蜕变，对"高新之道"进行三个维度的诠释：一是"道路"之"道"，将成都高新区置于全球、全国高新技术事业发展变迁的大时空逻辑之下，诠释成都高新区30多年来的创新探索；二是"道理"之"道"，主要从经济学的理论与概念出发，对成都高新区的发展路径进行"解码"，以从中透视"高新"事业发展的普遍性与成都高新区创新发展之路的独特性；三是"引导"之"道"，通过对成都高新区发展的解读，旨在通过个案分析，提出可兹推广复制的一般规律、方法与措施，以便为"高新"事业的研究与实践提供参考。本书共分为五个部分，分别从产业、创新、金融、改革、城市这五个维度"解码"成都高新区的发展之路，在导言中将对成都高新区从诞生到蝶变的过程做一个简要的历史性诠释。

破冰之履：第一代拓荒者的喜与忧

以千年尺度来回望人类史，我们已经步入公元后的第二个千年之初。这个时代不仅空前繁荣，而且对人们的认知来说，这种繁荣的景观似乎已经变得理所当然。我们在这种繁荣之中按部就班地学习、工作、生活，似乎已经对周围的秩序习以为常。我们置身于一个知识大爆炸的时代，置身于一个海量信息的时代，置身于一个万物互联的时代，我们的学习、工作、生活更加便捷，同时这种便捷也使我们的学习、工作、生活之间的界限无从严格区分。为了适应这样一个繁荣的社会，我们的一切都被卷入其中，包括我们的衣食住行，包括我们的思维活动。之所以说"被卷入"，乃是指这样一种生存性体验：当我们自以为在这种繁荣中能够更加充分地自主选择的时候，实际上忽视了自主选择的限度。不仅个人的自主选择成为有待反思和追问之事，而且市场活动、社会主体乃至国家行为，都受到具体的时空、相互纠缠的观念与复杂的历史现实的种种制约。这些制约因素并非某种纯然消极的东西，从主体的活动来看，它往往是特定情境下主客体关系的显现。这些制约因素往往不是外在的因素，而是与主体的认识与实践有关。

繁荣之所以为繁荣，必然有其自身的规定性。我们渴望繁荣带来的丰富性与成长性契机，同时也就必须接纳繁荣自身的规定性，包括其蕴含的制约性因素。繁荣的规定性包括现代意义上的知识、技术、市场、法制乃至道德等，人们必须使自身融入这些规定性当中。对于主体而言，只有我们进入繁荣的规定性当中，繁荣才能呈现其表象。由此可见，繁荣并非某种理所当然之事，它对我们的个体、市场主体、社会主体乃至国家的行为，都提出了最基础的或许也是最严苛的要求。如果决意要拥抱繁荣，那么就必须接受繁荣的内在规定性。

进入新的千年，人们愈来愈把科技创新当作造成这种繁荣景象的根本原因。科技创新被看作人类走向繁荣的根本因素，它是某种超越制度、习俗、信仰、道德等公共性安排的一种具有内在超越性的东西。20世纪以来，尽管人们对科技的发展已经有了众多严肃的批判性思考，但是走向繁荣已经成为全球普遍接受的生活与价值范式，拥抱科技成为蔓延全球的一种基本价值观。在本书中，"高新之道"当中已经蕴含了这样的逻辑，即"高新"之所以为"高新"，正是由于其内在的超越性。"高新"之内在超越性来自科技的内在超越性。人类既然已经不可避免地会迈向繁荣之路，那么科技之内在超越性就将强有力地把人类的一切卷入其中。我们不能只享有科技带来的便利与物质的充裕，而不接受科技之内在规定性，包括它所具有的超越性本质。科技的内在超越性，是指它的持续不断的自我超越。新千年之下的生活，从某种意义上讲，已经是一种科技的生活，一种被科技的自我超越裹挟的生活。这种"被卷入"并不总是意味着被强制、被驱使，因为人们都普遍地渴望拥有更多的知识，把握更多的规律，了解更多的概念、范畴和理论，人们把这些东西作为拥有美好生活的必要条件。个人渴望好的生活、成就感、机会、尊重、尊严，企业渴望财富与价值实现，社会渴望有效治理与蓬勃生机，国家渴望强大、安全而富足，科技的超越性全方位地嵌入其中。科技的内在超越性使人类在不断迈向繁荣的同时，也不得不承受这种超越性所带来的震荡。

科学技术在较短的时期内获得的广泛而系统的突破，通常被人们称为科技革命。近代历史上，西方国家随着文艺复兴的"人的发现"以及启蒙运动的"主体的觉醒"，在对知识成体系的探求中，率先突入科技革命的领地。一般认为，18世纪末以蒸汽机的发明和利用为标志，发生了第一次科技革命；19世纪后期，以电力的发现和使用为标志，发生了第二次科技革命；第二次世界大战后，以新能源、新材料、计算机、空间技术、生物技术等为标志，发生了第三次科技革命。这三次科技革命，既驱动西方社会走向现代化进程，使西方社会率先享受到生产力繁荣与发展的成果，也给广大非西方国家带来了深重的灾难。抑或说，由于某些国家、地区率先系统化地探入现代科技之领地，科技的内在超越性使其第一次真正获得了超越传统社会的契机。如同弗朗西斯·培根所说，知识成了名副其实的"力量"。

科技之内在超越性及其随处可见的现实功能，使人们逐步尝试从法律、制度、知识体系、信仰体系、思想体系等方面系统性地重构了适应科技发展的道路。科技不仅改变了人类生活，而且通过扩大劳动对象、提升劳动者素质、加快劳动工具革新、优化生产力结构等重构了人类生活，并成为改变世界政治经济格局的重要力量。19 世纪，尽管马克思针对科技对人、自然、社会带来的异化进行了批判，但也更加突出了人在科技发展中的自我实现，突出了科技对经济、社会发展的重要作用。在科技对经济、社会、人的发展等方面，马克思特别突出地指出了科技的生产力属性，强调它在促进生产力发展中的主导作用，指出生产力变革是一种"生产的经济条件方面所发生的物质的、可以用自然科学的精确性指明的变革"，认为"大工业把巨大的自然力和自然科学并入生产过程，必然大大提高劳动生产率"。

鸦片战争之后，面对国家和人民的深重灾难，众多的先贤逐渐将目光聚焦到科学技术上来，把它作为救亡图存、国富民强之关键所在。新中国成立之后，历代党和国家领导人高度重视科学技术工作。毛泽东号召"向科技进军"，强调既要自力更生，又要学习国外先进技术。1956 年，我国制定了新中国第一个科技规划，即《1956—1967 年科学技术发展远景规划》。邓小平提出科学技术是第一生产力，中国必须发展自己的高科技，强调要发展科技、尊重人才、抓好教育。江泽民指出，科技进步是社会进步的主要动力，"科教兴国"战略被纳入国家发展战略。胡锦涛提出了建设"创新性国家"的历史任务，指出科技发展和人才强国战略对于中华民族伟大复兴具有重大意义。近年来，面对以美国为首的西方国家对科技的重重封锁，我国科技的自主创新显得更加迫切。2021 年，习近平总书记在《求是》杂志发表的文章中指出，"信息、生命、制造、能源、空间、海洋等的原创突破为前沿技术、颠覆性技术提供了更多创新源泉，学科之间、科学和技术之间、技术之间、自然科学和人文社会科学之间日益呈现交叉融合趋势，科学技术从来没有像今天这样深刻影响着国家前途命运，从来没有像今天这样深刻影响着人民生活福祉"。他指出，创新是第一动力，中国要努力成为世界主要科学中心和创新高地。

在本书的开篇简要交代这些背景，既是为了阐明科技与文明、国家、个人生活之间的复杂联系，又是为了后文系统性地分析阐述中国之高新事业作一必要的铺垫。科技之发展，关乎国家命运，关乎人民生计，这不仅成为文艺复兴和启蒙运动之后西方的主流性共识，也是一百多年来绝大多数中国人的共同体认。20 世纪 80 年代，西方新一轮科技运动席卷而来，1983 年，美国推出"星球大战计划"；接着，法国及西欧推出"尤里卡计划"，苏联与东欧推出"科技进步综合纲要"，日本推出"振兴科技政策大纲"。在此背景下，科技发展本来就相对落后的中国，更加迫切地感受到了发展高科技的重要性。面对席卷而来的高科技浪潮，国家之间竞争激烈，中国必须举全国之力，抢占这一事关未来长远发展和全球政治经济竞争新格局建构的战略制高点。1986 年 3 月，中国正式启动编制"863"计划，同年 11 月，党中央、国务院正式公布实施《高技术研究发展计划纲要》，锁定 15 个主题项目、7 个重点领域，在多个重要高新技术领域着力缩短与世界领先科技水平的差距。这是我国面向 21 世纪、面向新千年制订的第一份战略性高科技发展计划。

在发展高科技的同时，高新技术的产业化也受到同样程度的重视。早在 20 世纪 50 年代，以美国硅谷为代表就已经形成了明确的"高新区"概念以及成熟的科技与经济融合发展模式。1984 年，深圳经济特区向中科院提出了创办科技工业园的总体设想。1985 年 3 月 13 日，中共中央在《关于科学技术体制改革的决定》中提出，"为加快新兴产业的发展，要在全国选择若干智力资源密集的地区，采取特殊政策，逐步形成具有不同特色的新兴产业开发区"。中科院随后提出在我国有智力密集优势的省市建设国家高新区的建议。1985 年 7 月，中科院与深圳市政府共同创办的深圳科技工业园举行奠基仪式，由此成为我国大陆地区首个专业科技园区。在党中央、国务院的推动下，1988 年 8 月，国家"火炬计划"即《高新技术产业发展计划》正式启动实施。这一计划与"863"计划（国家高技术研究发展计划）相互衔接，目的是促进高新技术研究成果的转化应用，推动国家高新技术产业的发展。同年 5 月，国务院批准成立北京市高新技术产业开发试验区，这是中关村科技园区的前身（1999 年 6 月，国务院正式批准创建北京中关村科技园区）。中关村科技园区是国务院批准的我国第一个国家级高新技术产业开发区，1988 年也因此成为中国国家高新区建设元年。在实施"863 计划""火炬计划"的同时，国家在这一阶段还制订实施了星火计划、攀登计划、重大项目攻关计划、重点成果推广计划，并于 1986 年 2 月成立国家自然科学基金委员会，初步形成了符合中国实际的较为完善的科技体制框架。图 1 为国家"火炬计划"LOGO。

图 1 国家"火炬计划"LOGO

在 1991 年国务院正式认定首批国家级高新技术产业开发区之前，全国一些省、市已经在一些知识、技术密集的大中城市建立了一批高新技术产业开发区，成都市也不例外。20 世纪 80 年代中期，为顺应中国改革开放深入推进和科学技术成为第一生产力的新形势，成都市开始推行建立成都科技密集开发区的相关工作。经过多次论证和充分讨论，并在做好各项基础准备工作的基础上，成都市委、成都市政府于 1988 年 3 月，作出了"加快成都市高新技术产业发展步伐，建立高新技术产业开发区"的决策。同年 7 月，成都市政府向四川省政府呈交《关于推进成都科技密集开发区建设工作的报告》，同年 10 月，获得四川省政府批复。经四川省政府、成都市政府有关部门和专家反复论证，最终选址在当时成都市的南郊神仙树片区，规划面积 24.6 平方千米；先期启动开发用地面积 2.5 平方千米（即起步区），计划用 5 年时间建成。1989 年 1 月，省政府决定设立成都高新技术产业开发区领导小组。1989 年 11 月，成都高新技术创业服务中心成立。1990 年 1 月，成都市政府以《关于建立成都高新技术产业开发区的请示》上报国家科委①，同年 2 月 3 日，国家科委复函同意。同年 8 月 24 日，成都市委、市政府批准成立成都高新技术产业开发区管理委员会，明确管委会为市政府派出机构，受市政府委托，行使市政府有关开发区的主要行政管理职能，承担 2.5 平方千米起步区的基础设施建设以及招商引资

---

① 国家科委即国家科学技术委员会，其前身是 1956 年成立的"科学规划委员会"和"国家技术委员会"，1958 年这两个机构合并为国家科委。1998 年更名为科学技术部。

和企业服务工作。在成都市一环路南三段"成都节能中心"内租赁的 200 平方米房屋内，25 名管委会干部职工在极其简陋、艰苦的条件下开始了创业之旅。

尽管有着强烈的发展期望，但是对于初创期的成都高新区来说，要把发展的愿望变为现实，困难很多。当时全国各地的开发区建设都处于起步阶段，怎么搞开发，怎么发展高新技术产业，并没有成熟的经验和模式可供借鉴。就像很多的高新技术创业者一样，"钱从哪里来"成为成都高新区第一代创业者首先要面临的问题。建区之初，成都高新区仅获得了成都市政府下拨的 40 万元开办费。以当时成都市的财力来说，也没有办法提供更多的经费支持了。这些经费对于产业投入和 2.5 平方千米的起步区基础设施建设来说，完全是杯水车薪。当时的起步区绝大部分是农田、农舍和荒地，有的村庄之间甚至没有公路连接，工厂也仅有成都电缆厂、成都电视设备厂等几家企业，全区年产值仅 6 651 万元，利税仅 848 万元。没钱怎么搞开发？靠滚动发展和自身积累太慢了，根本不是可行的办法。靠土地变钱也不可能，因为这些宝贵的土地都是产业用地，不能用于商业地产开发。解决钱的问题，是成都高新区实现开局、起步的关键。最初想到的路子是"借"，管委会向工行借了 2 000 万元。然后，又发行了 3 000 万元的债券。但这远远不够，因为当时开发 1 平方千米大约需要 1.5 亿元的资金投入。经历了四处碰壁，通过激烈的思想碰撞，似乎"走投无路"的创业者们决定尝试定向募资的办法。1992 年 7 月，经成都市体改委批准，成都高新区管委会发起组建成都倍特发展集团股份有限公司，在短时间内募集到上亿元资金，有效缓解了创业初期建设资金极度紧张的状况。当时，成都高新区管委会与成都倍特公司管理机构合署办公，开启了一段国家级高新技术产业开发区政企合一、公司化运行管理的历程，开发区建设步伐进一步加快。这一个大胆的尝试，尽管在当时引起了一些争议，但这对于全国众多的国家级高新区来说却是一个易于复制的经验。不久以后，此举得到了科技部领导的批示，很快就有一些外地高新区来成都学习。图 2 为创业初期，成都高新区管委会曾与倍特集团合署办公的地点。

图 2　创业初期，成都高新区管委会曾与倍特集团合署办公的地点

　　除了钱的问题以外，人才引进也是一个大问题。当时开发区所处的地方大多是农田，交通不完善，有很多地方连骑自行车都难。何况，当时开发区还是一个新生事物，没几个人对它有深入的理解。尽管做了不少宣传和动员，但是要在短时间内找到一帮既"懂高新事"又能"创高新业"的人是非常困难的。体制机制也面临着障碍，开发区主要负责开发建设、招商引资和产业发展，征地拆迁和相关社会事务需要得到开发区所在行政区的配合，不仅要花很多时间去做好沟通衔接，还常常因为某件微不足道的小事而影响项目的进度。开发区建设就是在这样的条件下艰难启航的。1990 年 12 月，面积为 6 400 平方米的创业服务中心在成都高新区起步区竣工，这幢建筑是由政府出资、成都市科委承办的全国较早的科技孵化器。1990 年全年，成都高新区实现产业增加值 1 990 万元，其中工业增加值约 1 300 万元。同年成都市的 GDP 为 175.8 亿元，成都高新区仅占全市的 1.13‰，这就是当年微薄的"家底"。

　　在此，我们稍稍停留，再次聆听这句话：每一个生命体的诞生，都是华丽而伟大的。如今，每当我们穿行在成都高新区极为璀璨夺目的现代光影之中时，就能重新感受一次它当年破茧的威力，如今这里的灯火有多么璀璨，它出生时的质朴就有多少内在的庄严。每当我们在如今这座西部最为国际化、现代化的街区中逗留时，在无数朝气蓬勃的创业者的身影中，熟悉成都高新区破茧故事的人，都似乎能够清晰地看到那些拓荒者的身影。他们聚集在城南的租住屋中，聚集到高新事业的破茧时刻，聚集到国家与民族的希冀中。

一次创业：体制的建立与要素的集聚

通常来看，国家高新区"一次创业"阶段是指从 1991 年国务院批准设立第一批国家高新技术产业开发区开始，到 2001 年 9 月国家科技部提出"二次创业"结束。由于 1988 年国务院已批准设立北京市高新技术产业开发试验区，它已经具有国家高新区的全部性质，因此国家高新区"一次创业"阶段可上溯至 1988 年。"一次创业"的主要任务是理顺管理体制、划定发展空间、建设基础设施、招商聚集企业，产业门类主要是以发展工业为重点。从成都高新区的建设发展历程和"一次创业"的基本任务来看，我们可以把它的"一次创业"阶段上溯至 1988 年 3 月启动筹建的这一时刻。国务院批准设立北京市高新技术产业开发试验区的消息传来，成都市深受触动，即刻起草报告、制定规划、划定区域，由市科委成立专门的办公室牵头启动创业。1990 年，成都市委、市政府又设立派出机构，全力推动高新区建设。

成都高新区作为"国家高新区"的"一次创业"是从 1991 年开始的。因为在这一年，对于国家高新事业以及成都高新区来说，天地为之一开——建设国家高新技术产业开发区，成为一项重要的国家使命。1991 年 3 月 6 日，国务院下发《关于批准国家高新技术产业开发区和有关政策规定的通知》（国发〔1991〕12 号），批准包括成都高新区在内的 21 个高新技术产业开发区为"国家高新技术产业开发区"，批准深圳科技工业园等 5 个设在经济技术开发区、经济特区内的园区同样为"国家高新技术产业开发区"，同时，批准《国家高新技术产业开发区高新技术企业认定条件和办法》《国家高新技术产业开发区若干政策的暂行规定》《国家高新技术产业开发区税收政策的规定》3 个政策文件。1992 年 11 月，国务院又批准在 25 个城市建立国家高新区。对于国家的高新事业发展来说，这是具有标志性意义的大事件。建设高新技术产业开发区，不仅事关各地抢抓机遇、加快发展的现实需要，更是关乎国家命运和未来发展的战略需要，它是我国推进改革开放和社会主义现代化建设事业的一项重大战略部署，是"科学技术是第一生产力"这一重大认识在全国落地实践的重要体制性、制度性安排，是中国面对新世纪更加主动地参与国际竞争、掌握发展主动权的现实需要。1991 年 4 月 23 日，邓小平为 "863 计划" 和 "火炬计划" 题词："发展高科技、实现产业化"，这一光辉题词，使无数科研工作者和高新技术产业园区建设者深受鼓舞，并成为国家高新技术产业开发区建设发展的宗旨。

1991 年 3 月，国发〔1991〕12 号文件出台，成都高新区升级为全国首批国家级高新技术产业开发区，这是其获得的第一个国家层面的政策支持。国发〔1991〕12 号文件指出，"依靠我国自己的科技力量，促进高技术成果的商品化、产业化，对于调整产业结构，推动传统产业的改造，提高劳动生产率，增强国际竞争能力，具有重要意义。各地区、各有关部门对高技术产业开发区要加强领导，大力扶持，按国家的有关政策规定，促进我国高新技术产业健康发展。"这一文件精神为成都高新区获得国家、省、市层面的支持提供了充分的政策依据。此后，成都高新区获得了省、市更大力度的支持。1991 年 6 月，四川省成立成都高新区最高指挥协调机构——成都高新区技术产业开发区省市共建六人领导小组，成员包括时任四川省委副书记、副省长、成都市委书记、市长在内。

1992 年春天，邓小平发表了著名的南方谈话，指出 "改革开放胆子要大一些，看准了的，就大胆地试、大胆地闯。对的就坚持，不对的赶快改，新问题出来抓紧解决"。中共中央随后下发了《关于传达学习邓小平同志重要谈话的通知》，全国上下掀起了解放思想、把改革开放和现代化建设推向新阶段的高潮。1992 年 2 月 17 日，成都市委、市政府作出《关于加快建设成都高新技术产业开发区的决定》（成委发〔1992〕7 号），制定了加快成都高新区发展的七方面政策措施，包括加大改革力度、扩大开放、优化政策环境、扩大管委会权限、加大全市各方面支持支援力度等，为开发区营造了更加有利的发展环境，赋予了其更为广泛的决策权与自主权。文件要求，全市上下 "思想再解放一点，胆子再大一些，办法再多一些，工作再扎实一些，更加积极大胆地采用经济特区和沿海开放地区的成功经验，勇于探索，冲破常规，尽快把开发区办成类似沿海经济特区那样的全方位开放的繁荣的开发区"，凡是经济特区和沿海开放地区的优惠政策、经营模式、管理方式、灵活机制都可在开发区试行，全市各个方面深化改革的新内容都可在开发区进行超前试验和示范，使开发区成为全市综合改革的试验区和示范区。

1992年3月19日，成都高新区技术产业开发区省市共建六人领导小组在高新区召开了第二次现场办公会议，专题研究加快开发区建设步伐的有关问题。会议认为，国内高新技术产业开发区纷纷崛起，竞争激烈、形势逼人，必须不失时机地加快开发区建设步伐。省、市两级明确要把建设开发区作为全省和全市科技工作的"重中之重"，按照"特事特办"的原则，使开发区轻装上阵，真正成为全省和全市的高新技术产业基地，成为改造传统产业的辐射源，成为对外开放的"窗口"和深化改革的试验区。会议确定，凡涉及省上与市上与开发区建设发展有关的权力，全部下放给高新区管委会；高新区的各项税费除保证中央的收入以外，全部由高新区自收自支，省、市、所在行政区5年内不在高新区统筹收入；省上确定的科技"生长点"，可由高新区优先选择进区开发；凡有利于开发区建设与发展的政策要用足、用活，凡无助于开发区建设与发展的政策，在开发区一律失效。会议鼓励成都高新区"要放开胆子，勇于探索，开发区可以'冒一点'。按照特区的思路，参照特区的做法，进行全面的试点改革"。

创业之初，与其他众多的国家高新区一样，成都高新区的产业定位并不清晰，现代通信、生物制药、计算机多媒体技术、光机电（机电一体化）、精细化工、环保技术和新能源、新材料都被列入开发区的产业范围。这一阶段，成都高新区面临的首要任务是千方百计聚集产业资源，尤其是以工业发展为重点，全力以赴聚企业、找资源。当时，园区产业发展还远远没有进入体系化、集群化阶段，企业落户带有一定的偶然性，产业领域也比较杂乱。在产业定位上，这个阶段并不是要做到精准发力，而是"下大包围"，在招商引资上坚持做到"以情招商""来的都是客"和"捡到篮子都是菜"，对于入驻企业除了坚持环保标准以外不设立严格的技术门槛，重点是解决企业从无到有、由少到多的问题。初创期的高新区创业者们的底线是防圈地、防污染，主要面向大学和科研单位引进创业者，对外商投资也不搞"三来一补"而是强调科技导向。尽管管委会要求尽量招引那些技术含量较高的企业，但总体来看，当时这样的企业可以说是凤毛麟角，每当入驻一家这样的企业，都令创业者们欣喜异常。开发区的起步建设，就是在这种艰难的条件下一点一点地摸索前行，一点一点地积累经验。

尽管建区之初面临着钱、人、体制机制短缺等突出问题，但开发区建设和发展的速度还是超过了大多数人的预期。有了越来越强有力的政策支持和资金保障，成都高新区建设开发步伐大大加快，对企业和科技人才的吸引力明显提升，渐渐走出了创业初期艰难的"破冰之履"。1993 年 8 月，在国家"火炬计划"实施 5 周年之际，成都高新区被国家科委授予"先进国家高新技术产业开发区"的称号，进入全国十家"先进高新区"之列。到 1995 年，成都高新区已累计培育发展高新技术企业 152 家，其中年产值过亿元的 7 家，初步形成了电子信息、生物医药两大优势产业方向。到 1995 年，成都高新区已经基本完成了起步区的开发建设，在基础设施建设、园区综合改革、招商引资、产业发展方面取得了预期成果。在项目引进方面，从 1990 年到 1995 年的 6 年时间内，累计引进项目 494 个，其中外资项目 148 个。在产值和利税指标方面，1995 年这两项指标分别达到 36.9 亿元和 7.9 亿元，分别是 1990 年的 55 倍和 93 倍。

我们经常听到一句话，"纵向比看成绩，横向比找差距"。到 1995 年，起步区 2.5 平方千米已经落户数百家企业，外面的企业就是想到这里落户，也难以找到空间了。针对这种情况，成都高新区逐步提高了企业落户的门槛，更加突出了"高新技术产业"的发展导向，成功引进了一批处于研发阶段的企业。入驻企业和就业人员的增加，对园区与周边区域的道路连接，对物流、酒店等配套设施建设提出了要求。有的大型外资企业也有落户的意向，对园区的服务赞不绝口，但到当时的园区实际考察之后，仍然决定到东部沿海的开发区落户，这使成都高新区的创业者们感到了"切肤之痛"。当时，成都市委、市政府组成 3 个小组到华东、华南考察，看到南方有些开发区规划面积达到八九十平方千米，有许多的大企业，有完善的功能配套，为此深受震动。同时，也更加坚定了支持成都高新区建设发展的信心和决心。华东、华南开发区的建设发展成果让成都高新区的创业者们非常羡慕，因此进一步找到了着力方向与对标对象。各种迹象表明，成都高新区第一次扩区的时候快要到了。

成都高新区艰苦创业的成就得到了国家科委和四川省政府、成都市政府的充分认可。成都高新区也得到了成都市委、市政府不遗余力的支持。为了加快成都高新区发展，1996 年 3 月 25 日，成都市委、市政府出台《关于进一步加快成都高新技术产业开发区建设发展的决定》（成委发〔1996〕17 号），全面解决了当时成都高新区面临的发展空间、体制机制等制约性问题。该文件确定，将成都高新区的规划面积由 2.5 平方千米扩大至 40 平方千米，进一步明确了"省市共建、以市为主"的管理体制，设立党工委，作为市委的派出机构，党政合署办公，根据市委、市政府授权，行使市级管理权限，统一领导和管理高新区内的党务及经济、行政、社会事业工作；按照"小机构、大服务、高效率"管理原则，建立精干、统一、高效的管理机构，设立 1 办 10 局，行使市级委、办、局管理职能；同时，根据行政管理体制调整的要求，实行政企分开，成都倍特发展集团股份有限公司（现高新发展有限公司）与成都高新区管委会脱钩，承担园区基础设施建设任务。除了"市级权限全给"，该政策的另一个特点是"钱不拿走一分"，该文件明确，从当年起，成都市级财政不从成都高新区另外统筹收入，高新区留用财力和在高新区内收取的其他收益，包括土地使用权出让转让、房地产出租转让的收益，以及征收的各项规费，全部留给成都高新区，用于区内的建设和发展。文件还为成都高新区赋予了规划、土地、高新技术企业认定、固定资产投资项目审批、部分外资项目审批及园区的涉外事务审批等特殊政策和权限。17 号文件还明确赋予成都高新区"特区"的功能和地位，文件指出，"全市各级各部门要把建设高新区当作实施科教兴市战略的一项重要工作，促使高新区更快更好地发展，真正成为我市高新技术产业化基地，改造传统产业的辐射源，对外开放的窗口，深化改革的试验区，城市规划建设的新区，培养造就现代管理人才的基地，在多方面起示范作用的特区"；同时，要求成都市级各部门、各有关区（市）县从整体利益出发，按照"特事特办"的原则，关心和支持成都高新区建设。

在成都高新区发展历程中，17 号文件是一个极其重要的文件，它所确定的成都高新区作为准行政区但又享有市级管理权限的特殊管理体制、全市上下共同支持成都高新建设发展的基本原则，以及全方位的特殊政策赋能，为成都高新区改革发展建立了绿色通道、破除了各种体制机制障碍，使其从此迈入了良性发展阶段。成都高新区的拓荒者经常回忆说，17 号文件充分体现了成都市集中家当、举全市之力"培养一名大学生"的决心。成都高新区承担起作为全市综合改革试验区的责任，按照省市共建领导小组和成都市委、市政府确定的框架，不断深化具体的体制机制改革，着力探索建立适应社会主义市场经济体制和高新技术产业发展规律的新型机制、制度和政策措施体系。1996 年下半年，中编办召集所有国家高新区在成都开会，研讨高新区的管理体制问题，与会代表对成都高新区的体制创新给予了充分肯定。成都高新区后来的发展成就说明，这种管理体制对高新区实现腾飞起到了非常关键的作用。

"一次创业"阶段，成都高新区在全国实现了"五个第一"，即第一个实行"一站式"管理，第一个建立科技与经济相结合的股份公司，第一个建立风险投资公司，第一个在内陆城市建立保税仓库，第一个实行首问责任制，这些改革措施在全国高新区范围内产生了较大影响，树立了成都高新区"敢为人先"的改革形象。17 号文件印发后，1996 年，成都高新区完成了区划调整，同时成立了社会事业局，全面管理区内社会事业工作，对口教育、卫生、文化、民政等 14 个市级部门。从此，成都高新区从事权上看，已经具有准行政区性质。这一管理体制与中关村科技园区相对分散的管理体制不同，授权更加全面、充分，在人事权、财权、事权、规划权、审批权等方面也具有更大的自主性与灵活性，体现了成都市对发展高新技术产业、建设高新技术产业园区的决心和独特的路径探索。同时，纪检监察、行政司法、工商税务、财政、经济管理、劳动人事、群众团体等组织机构也相继建立，按照职能分工开展工作，推动了全区经济和社会整体发展。

1996 年，成都高新区提出，要从过去"单打一"地抓科技成果转化，逐步转变到壮大产业基础、促进科技成果转化上来。一方面，重视科技成果转化，推动科技创新向更广的领域拓展。管委会健全完善一系列支持、扶助、鼓励科技创新及成果转化的政策和措施。1996 年 11 月，组建成都高新区技术创新服务中心等专业化科技创新服务机构，为在孵中小企业提供房租优惠、项目申报、资金扶持等服务。另一方面，加快基础设施建设，提升产业服务水平，积极引进外资企业到成都高新区投资，加快高新区发展步伐。从 1996 年起，经过近十年的接续奋斗，成都高新区建立了中国成都留学人员创业园（1998 年成立）、中国成都博士创业园（2000 年成立）、成都高新孵化园（2003 年投入使用）、数字娱乐软件园（2004 年成立）四个配套齐全、功能完善的专业园区，形成国家软件产业基地（成都）（2004 年）、国家网络游戏动漫产业基地（2005 年）、国家 863 软件专业孵化器四川基地（2005 年）、国家集成电路设计成都产业化基地（2001 年）、国家信息安全产业基地（2000 年）五个国家级基地，吸纳了一大批海外留学人才和国内科技人才，园区承载科技创新和成果转化的能力明显增强。

"一次创业"一直持续到 2001 年。在这十年里，成都高新区孵化了一批具有全国影响力的创新成果，地奥集团、国腾电子、新基因格、汇宇制药等一批具有核心技术优势和自主知识产权的高新技术企业获得了市场的认可。产业体系进一步得到市场的检验，园区产业的优势领域更加清晰，初步形成了电子信息、生物医药两大优势方向。园区组团式开发建设成效明显，续建和新建火车南站加工贸易区、起步区工业园、石羊工业园、天府软件园等 10 余个技工贸园区，全区科技成果转化和经济发展的承载能力明显提升。招商引资取得进展，1996—2001 年，全区共引进外资项目 206 个，包括多家世界 500 强企业和国际知名企业。内资项目引进继续保持良好势头，仅 1999—2001 年，就引进国内项目 147 个，引进项目注册资本约 42 亿元。1997—2001 年，累计完成全社会固定资产投资 82 亿元，完成全口径工业总产值约 354.81 亿元。2000 年，成都高新区的财政收入是 1996 年的 10 倍，达到 10 亿元。

2000 年，成都高新区区划再次调整。成都市政府将位于成都市郫县（现郫都区）的"成都现代工业港"划归成都高新区，设立"成都高新区西区科技工业园"，面积为 7 平方千米，重点发展电子信息和生物医药产业。成都高新区由此形成一南一西的"一区两园"格局。成都高新区的总托管面积由此扩大到 47 平方千米。

从成都高新区 30 多年的发展历程看，1991 年 3 月获批成为全国首批国家高新技术产业开发区，这是成都高新区从筹建期进入"一次创业"的转折点。在省市共建领导小组的全力支持下，通过成委发〔1992〕7 号和〔1996〕17 号两个重要文件强有力的政策赋能，成都高新区在 1996 年进入了又一个转折点。在此后一个较长的时期，成都高新区清楚地意识到自己肩负的双重责任：一是努力成为国家自主创新和内生式增长的重要支撑点，二是努力成为地方经济发展的重要增长极。从某种意义上说，一直到今天，成都高新区的肩上仍然扛着这两个重任。从"一次创业"阶段的产业发展动力来看，主要是"自主创新"；从主要发展成果来看，主要也在于"自主创新"。尽管这一阶段成都高新区已成功引进了一批外资项目，但总体投资规模较小，完全无法与东部主要国家高新区相提并论，开放动能的真正释放还要等到"二次创业"阶段。

早在 1985 年 3 月中共中央发布的《关于科学技术体制改革的决定》中就提出，"对外开放，走向世界，是我国发展科学技术的一项长期的基本政策"，

"特区和沿海城市要利用有利条件，成为引进技术的先行地区"。与东部地区相比，内部城市在开放时序上要晚得多。1992 年 7 月，国务院批准成都市为内陆开放城市，实行沿海开放城市政策。成都市委、市政府紧紧抓住这一期待已久的重大政策机遇，随后就制定出台了成都市首部涉外地方经济法规《成都市鼓励外商投资条例》，为对外招商引资打开了大门。但是，当时的东部沿海地区已经成为全球产业转移的热土，形成了较为成熟的产业链、供应链优势尤其是物流优势。成都作为不沿海、不靠边的城市，交通、物流成本相对东部地区更高，产业配套还不健全，当时还不具有吸引重大外商投资项目的比较优势，在短期内还未能进入跨国企业的视野。在这种背景下，尽管成都高新区有需求、有意愿成为跨国企业投资目的地，但当时还难以把梦想变为现实。国外的资源引不来，成都高新区就只好自己干。干什么？干创新、干基础设施、干软硬环境，一心一意、一步一步、踏踏实实地积蓄发展优势。成都高新区的第一代创业者曾经说，当时这种创新有一点"逼上梁山"的感觉，这种感觉中不仅包含了几分无奈，也体现出对加快发展的强烈渴望。在这种环境中，成都高新区的第一代创业者身上，涌现出了"没政策要政策，没地找地，没钱筹钱"和"敢闯、敢试、敢干"的精气神，这为后来进一步凝聚起独特的"高新精神"打下了基础。这一阶段，在国家科委、省、市的领导、指导和政策支持下，成都高新区建立了一套行之有效的推动科技创新的体制机制，聚集了一班有志于科技创新的科研人员和管理人员，打造了一批创新创业的载体和平台，形成了一批具有产业转化功能的科技创新成果，在更大程度上凝聚了自主创新的共识、巩固了干事创业的土壤，为自身赢得了更好的发展条件，为"二次创业"阶段的爆发式增长打下了坚实基础。

"一次创业"阶段，成都高新区成功进入全国国家高新区十强之列。在此基础上，"二次创业"阶段，成都高新区已经为自己锁定了两个目标：一是综合实力迈入全国国家高新区第一方阵，二是力争在全市 GDP 的比重达到 10%。

二次创业：外引与内培双轮驱动

面对新世纪，国家高新区如何在新时期确定自身的新任务、新目标？早在1997 年召开的党的十五大作出要求，"要充分估量未来科学技术特别是高技术发展对综合国力、社会经济结构和人民生活的巨大影响，把加速科技进步放在经济社会发展的关键地位"。2002 年，党的十六大进一步作出了增强自主创新能力、建设创新型国家的重大战略决策。在此背景下，国家高新区如何进一步承担起国家自主创新的使命和责任？

早在 1999 年 8 月 20 日，中共中央、国务院在《关于加强技术创新发展高科技实现产业化的决定》（中发〔1999〕14 号）（以下简称《决定》）中就指出，建设高新技术产业开发区，是符合我国国情的发展高新技术产业的有效途径。国家高新区要"成为技术创新、科技成果产业化和高新技术产品出口的重要基地，在区域经济发展中发挥辐射和带动作用"，"国家选择少数有基础、有条件、有优势的国家高新技术产业开发区，实行扶持政策，鼓励大胆探索，率先建立新的投融资机制和激励机制，尽快形成在国际上有影响的高新技术产业化基地，对全国高新技术产业开发区建设和高新技术产业发展提供有益的经验"。同时，《决定》明确，"要加强对国家高新技术产业开发区以及高新技术企业的监督、评估，对于少数不再具备条件、管理不善、在发展高新技术产业方面成效不大的开发区和企业，经评估审定后取消其国家高新技术产业开发区和高新技术企业的资格"。随着《决定》的出台，国家高新区既进一步认清了自身发展的方向、使命与责任，又感受到了更大的压力。

2001 年 9 月，在武汉市召开的"发展高科技、实现产业化"题词十周年暨国家高新技术产业开发区所在市市长座谈会上，时任国务院副总理在书面讲话中指出，发展高新区要有新思路、新机制，加快形成我国的科技创业孵化体系。时任科技部部长徐冠华在会上提出，在新的历史条件下建设国家高新区、发展壮大高新技术产业的主要任务之一，就是要大力强化国家高新区的创新创业孵育能力，并明确提出了国家高新区"二次创业"这一任务。科技部号召全国各高新区要努力转变到"以内涵式增长为主，由集聚为主转向创新为主，由求生存转向求发展"的道路上来。2002 年年初，在深圳召开的第一届中国高新技术产业开发区主任联席会上，53 个国家高新区一致通过《国家高新区"二次创业"深圳宣言》，既肯定了"一次创业"的成就和基础，又倡导推动国家高新区的技术创新和体制创新，努力实现国家高新区"二次创业"的目标。

强化自主创新能力，"发展高科技、实现产业化"，始终是国家高新区全部工作的主题主线。同时，中国的科技创新要实现更大的发展，中国的发展要更快更好地融入经济全球化大潮，就必须将中国的科技创新和经济发展更大程度地融入世界发展格局中去，在全球更大范围提升产业发展资源的整合能级。由此，对外开放的任务变得更加紧迫。从国家层面来看，跨入新千年，加大对外开放力度，全方位融入世界经济体系，成为一项至关重要的战略任务。中国更大程度、更高水平的发展不仅需要国外的投资、技术与管理，还需要十分广阔的国际市场。新世纪之交，北京申奥成功、中国成功加入世界贸易组织、中国男足首次进入世界杯总决赛，跨国资本对华投资的壁垒被进一步打破，"开放"成为这一阶段全国上下议论的焦点。

对于西部地区来说，当时国内的政策环境发生了重要变化。邓小平 1988 年提出的"两个大局"战略思想已经迈入第二个阶段①。2000 年 1 月，国务院成立了"西部地区开发领导小组办公室"，同年 10 月 26 日，国办转发《国务院关于实施西部大开发若干政策措施的通知》（国发〔2000〕33 号），西部大开发正式吹响号角。该文件明确指出，要加快转变发展观念，加大改革开放力度，提高中央财政性建设资金用于西部地区的比例，优先安排一批基础设施建设项目，加大财政转移支付力度，加大金融信贷力度，实行特殊的税收优惠政策，大力改善投资软环境，加快推动西部地区发展。文件指出，要扩大对外对内开放的政策，进一步扩大外商投资领域，拓宽利用外资渠道，大力发展对外经济贸易，并精准赋予西部地区实质性的政策支持。在科技方面，文件提出，要发挥科技的主导作用，加大各类科技计划经费向西部地区的倾斜支持力度，加快重大技术成果的推广应用和产业化步伐，深化科技体制改革，加强产学研联合，允许并提高西部地区企业在销售额中提取开发经费的比例，加大科技型中小企业创新基金对西部地区具备条件项目的支持力度，更大力度鼓励科技人员在西部地区兴办科技型企业，推动科技与经济的紧密结合。

新世纪到来之际，成都高新区只是用极为短暂的时间来品尝"一次创业"的丰收喜悦。2001 年 11 月，成都高新区党工委、管委会正式发布了"二次创业"的发展目标、基本思路和主要措施，从此正式跨入"二次创业"阶段。面

---

① 1988 年，邓小平提出了"两个大局"的战略思想："我们的发展规划，第一步，让沿海地区先发展；第二步，沿海地区帮助内地发展，达到共同富裕。"1992 年春，邓小平进一步指出："共同富裕的构想是这样提出来的：一部分地区有条件先发展起来，一部分地区发展慢点，先发展起来的地区带动后发展的地区，最终达到共同富裕。如果富的愈来愈富，穷的愈来愈穷，两极分化就会产生，而社会主义制度就应该而且能够避免两极分化。"

对"二次创业"的新任务、新要求，面对西部大开发的重大政策利好，面对国家进入更大力度对外开放的新形势、新机遇，不论是管理层还是一般干部员工，既兴奋无比，又焦虑满怀。马克思主义政治经济学和黑格尔的逻辑学都深刻论证了质与量的辩证关系，发展质量的提升必须要有必要的发展规模和要素聚集作为支撑。成都高新区的决策者们真切地认识到，从成都高新区现实的发展条件和发展基础来看，仅仅靠技术积累带来的产业驱动和创新动能是不够的，仅仅靠相对缓慢的"自我积累型"增长来发展高新技术产业，不仅会离国家高新区第一方阵的差距越来越大，而且也不利于园区内的创新型企业开拓国际市场、促进国内外技术交流、缩短与国外企业的差距。

从发展基础来看，当时的成都高新区在科技创新、招商引资、产业发展、园区建设等方面尽管已经形成了一定的基础，但与东部的先进高新区相比，差距还很大。在开放方面，"一次创业"阶段尤其是 1996 年之后，成都高新区加大了对外招商引资的步伐，但是，与 1992 年刚刚开放时的情况一样，东部地区与西部地区之间在对外开放上的差距有进一步扩大的趋势，"马太效应"在市场的作用力之下有进一步强化的趋势。成都高新区在参与全球经济发展、加入全球产业链和供应链的时序上大大滞后于东部地区，用今天的话来说，就是存在一定的"代差"，"时滞效应"已经很明显。如何打破区位竞争劣势，减弱市场化发展的"马太效应"和开发开放的"时滞效应"，扭转不利的竞争态势，尽快地把国家的系列政策赋能和开放机遇转变为落地实效，成为成都高新区跨入新世纪之后面临的第一大攻坚课题。从产业上看，作为地处中国内陆腹地的成都高新区，当时的产业发展质量、规模与东部主要国家高新区相比差距巨大，且在地缘、政策、资源禀赋上的比较优势并不突出，产业集群还没有真正形成，在国内产业链、供应链结构中还缺乏存在感，更不用说在全球产业体系中整合资源了。面对"二次创业"的任务和扩大开放的任务，成都高新区必须肩负起服务国家自主创新、加快高新技术产业化的核心使命，同时又必须顺应产业发展的内在规律，千方百计补上产业规模化发展不足这一显著的短板。如果这些问题解决不好，既不能有效服务国家自主创新，又难以真正成为区域经济的发展极。

形势决定任务，思路决定出路。进入"二次创业"阶段，成都高新区经过科学分析和充分讨论，确定了"双轮驱动"的发展路径：一手抓"内培"，一手抓"外引"，从过去的主要用"一条腿走路"转变为主动用"两条腿走路"。由此，成都高新区的发展策略发生了重要转变，开始把发力点转向"内培"与"外引"并重，一边继续千方百计聚集科技创新资源、建设创新载体、提升自主创新和内生式增长动力，一边致力于通过招大引强，快速做大产业规模，做强优势产业集群，提升产业链竞争力。

成都高新区的这一发展思路得到了成都市委、市政府的明确支持。2003 年 6 月 23 日，成都市政府印发《关于推进成都高新技术产业开发区二次创业的意见的通知》（成府发〔2003〕44 号），要求全市上下要进一步提高认识，认真落实高新区的市级经济管理权限和优惠政策，继续全力支持高新区的发展，进一步增强高新区的竞争优势，使成都高新区在"二次创业"中实现新的飞跃，更好地辐射带动全市的跨越发展。44 号文件明确了这一时期成都高新区的定位：努力建设成为中国高新技术产业化的重要基地，省、市对外开放的窗口，"全国一流、西部第一"的高新区。在高新技术产业培育方面，文件提出，成都高新区要着力建设全国最大、最具实力的科技创新孵化基地，依托当时已有的创新创业中心、孵化园和南区正在规划建设的天府科技园区、西区正在构建的大学园区，进行科技成果创新孵化资源的整合和聚集，打造西部科技成果孵化的第一品牌。在对外开放方面，该文件把"突出招大引强，加强招商引资"作为"主要举措"的第一条，明确要求高新区始终坚持以招商引资为主线，通过更大力度的对内对外开放，聚集资源优势，统一资源配置，"力争在一两年内有一个大的飞跃"。文件要求，要加快基础设施建设步伐，超前规划，尽快增强招商引资承载能力，要在降低门槛、优化服务、提高办事效率、降低政府服务成本和企业商务成本上狠下功夫，瞄准知名跨国公司、世界 500 强和国内 100 强，力争在重大制造业和产业化项目的引进上有大的突破。在规模化发展方面，文件指出，要以壮大产业规模为重点，以企业发展为核心，按照抓重点、抓关键、抓突破的要求，采取特殊的政策、措施和服务，加快壮大重点优势企业，加快中小企业成长，加快科技成果转化，培育壮大支柱产业，提升高新区的产业竞争力和聚集度。

从总体上看，44 号文件继续重申了要继续落实成委发〔1996〕17 号文件精神，强化省市共建体制，全面落实市级经济管理权限，市级财政仍然不从高新区另外集中收入，同时，大幅强化对成都高新区招商引资和对外开放的政策赋能，并给予更大的自主权。44 号文件确定，在高新区进行城市规划编制、管理、监督三分离新体制试点，在高新区规划建设局加挂"成都市规划局高新分局"的牌子，负责审定高新区内建设性详规和建设项目，负责区内建设项目的初步设计和施工图审查；在高新区设立成都市国土资源局高新分局，负责依法办理区内土地的征用、拆迁安置、划拨、出让、交易、土地登记、土地权属调查等具体工作，优先安排高新区土地年度计划，满足高新区产业用地需要；支持高新区加快产业聚集，将高新区重点产业发展纳入全市总体发展规划，保证土地供应，市级各部门要支持和引导相关的项目、资金、基础设施、公益设施向高新区聚集。

为了强化"二次创业"的支撑和保障，满足成都高新区加快招商引资的步伐、强化科技创新园区和载体建设以及产业集群化发展的需要，顺应城市化发展步伐加快和更大力度扩大对外开放的需求，2003 年 12 月，成都市委、市政府确定，成都高新区区划进行第三次调整。当年，成都高新区西部园区面积由7 平方千米扩大为 35.5 平方千米，南区面积仍为 47 平方千米，全区总托管面积达到 82.5 平方千米。44 号文件明确，将西区起步区全部约 10 平方千米和绕城高速公路以外成灌高速公路与老成灌路之间西北片区约 12.5 平方千米区域纳入高新区管理范围。同时，通过对郫县的土地利用规划修编，对西区周边沿成灌高速公路以南、绕城高速公路以西约 50 平方千米范围的土地实行规划控制，作为高新区的后备发展空间，并纳入全市城市战略发展规划。成都高新区统一负责西区的招商引资、开发建设、经济管理和企业服务等方面的管理和服务工作，为投资者和区内企业提供投资、建设、科技、经济、企业注册、税务、银行等全方位服务。其他的准备工作也早已完备，2000 年 4 月，经国务院批准，四川成都出口加工区在成都高新区成立，这是全国首批、当时西部十二省（区、市）中唯一的出口加工区，也是当时在全国 53 个国家级高新区中设立的唯一的出口加工区。

功夫不负有心人，国家实施西部大开发战略，引起了境外跨国公司的关注。前期摩托罗拉的研发项目、西门子的光纤项目、住友的镀膜项目等落地，为外商投资成都打下了一定的基础。21 世纪之初，国际 IT 巨头英特尔决定在新的产业布局中，将中国西部城市纳入考察范围。成都的人才本底、服务效率、对 IT 产业的热情打动了英特尔。经过四川省委、省政府和成都市委、市政府以及多部门、多方面的共同努力，2003 年 8 月 27 日上午 10 时，全球最大的半导体芯片制造商英特尔公司首席执行官克瑞格·贝瑞特在成都宣布：经过两年半的周密考察和深入谈判，英特尔决定注资 3.75 亿美元，在成都投建第一座大型芯片封装测试工厂，这是英特尔的第 5 个全球制造基地。他的这一决定震惊全球。贝瑞特说："我非常高兴能把这些技术带来成都，我们不仅仅给英特尔带来了机会，也给成都以及成都人民带来了机会，我相信这将成为我们获得双赢的一个经典的合作机会。"

有了英特尔这个世界级企业，成都高新区的下一个目标是建立电子信息产业生态圈。在英特尔的示范带动之下，一大批世界顶级的跨国企业慎重地在地球仪上标出了成都的坐标，全球跨国企业纷至沓来，友尼森、宇芯、莫仕、德州仪器、西门子、飞利浦等一批跨国公司陆续入驻。2007 年，成都京东方落户成都高新区，成都的光电显示产业起步发展，由此电子信息产业形成"一芯一屏"两大领域。富士康、戴尔、联想等企业的落户圆了成都高新区打造终端产业的梦想。软件与信息服务产业作为成都市重点支持发展的新兴产业，全球软件 20 强中的大部分企业落户成都高新区。2010 年 10 月 18 日，国务院批准设立成都高新综合保税区，规划面积 4.68 平方千米。在四川省、成都市的支持下，在新世纪的开头几年，包括英特尔在内的这一批世界级企业绝大多数都聚集于成都高新区，这不仅为成都高新区加入全球产业链分工、参与国际经济大循环打下了坚实基础，而且大大加速了成都高新区发展速度，使其出现了两年翻一番、三年翻一番的规模化发展奇迹。不仅如此，在此过程中，成都高新区进一步熟悉了国际市场规则，提升了对全球产业链、供应链、价值链的了解程度，在此基础上推出了"三段式"服务等专业化服务措施，逐步在越来越激烈的全国产业竞争中脱颖而出。英特尔落户成都之后，又追加了几次投资。它的落户至今仍被看作成都发展历史中的一个具有标志性意义的事件。这一事件反映出成都高新区的招商引资工作已经从战略制高点上打开了局面，也反映出成都的投资环境、投资服务已经能够满足国际最领先的制造型跨国公司的需求。英特尔落户成都后，即使对投资条件要求最为苛刻的跨国科技巨头，也不需要再论证在成都投资发展的要素支撑能力了。尤其是电子信息领域，英特尔项目的成功引进，意味着成都已经与东部发达地区一道，进入了国内外重要科技企业的战略投资布局之中。图 3 为成都高新综合保税区。

图 3　成都高新综合保税区

2005 年 6 月 17 日，时任国务院总理温家宝在北京中关村视察时，提出了建设世界一流科技园区的设想，希望通过 5 年或者 10 年，或者再长一点时间的努力，能够把一批高新技术开发区建设成为世界一流高技术园区，为提高我国的综合国力做出贡献。2006 年 6 月 14 日，科技部召集北京、上海、深圳、西安、武汉、成都六个国家高新区在西安签署了《建设世界一流科技园区创新宣言》。宣言主要有以下五个方面：一是高举自主创新的伟大旗帜，加快推进二次创业，担当建设创新型国家建设的先锋，努力向世界一流高科技园区迈进。二是完善区域创新体系，努力使高新区成为促进技术进步和增进自主创新能力的重要载体。三是强化高新技术产业集群优势，壮大高新技术产业规模，努力使高新区成为带动经济结构调整和促进经济增长方式转变的强大引擎。四是推动国际化发展，带动我国出口增长和出口结构的优化，使高新区成为高新技术企业走出去参与国际竞争的服务平台。五是积极应对世界科技产业发展的竞争与挑战，使高新区成为抢占世界高新技术产业的前沿阵地。同年 10 月 13 日，科技部又召集以上六家高新区在深圳签署了《建设世界一流科技园区行动方案》，提出了建设世界一流高科技园区的原则、目标、思路。六个试点园区将针对自身的基础和特点，通过加速产业集群发展、推动企业内生成长和创新机制体制三个层面探索园区内生发展的路径和模式，提升园区的自主创新能力和竞争能力，力争到 2010 年，在全国范围内建成 2~3 个以上，真正在国际上具有重大影响力的世界一流高科技园区。

进入全国首批六家"建设世界一流高科技园区"试点单位之列，对于成都高新区来说，不仅是一个重要的政策机遇，更为关键的是，它成了一个面向未来的国际化创新发展的坐标。它意味着成都高新区"二次创业"阶段的一个梦想——成功迈入全国国家高新区第一方阵——真正成了现实。它也意味着成都高新区担负起了更为重要的创新责任，创新发展的坐标由"国内一流"跨越到了"世界一流"。通过连续几年在创新领域加大投入，高新国际广场、天府软件园、高新孵化园、西部园区科技产业服务中心等一大批创新创业载体建成投运并迅速饱和。到 2013 年，成都高新区科技型中小企业从"一次创业"末期的 300 家增至 4 000 多家、在孵科技型企业由约 100 家增至 1 700 余家、孵化器建筑面积从约 10 万平方米增加到 114 万平方米，培育出奥泰医疗、硅宝科技、依米康、银河磁体、阜特科技、迪康、海特、成飞集成等一批创新能力突出的科技型企业。当时，成都高新区高新技术企业总数占成都市的 60.5%；上市企业占成都市的 50% 以上；高层次人才和留学创业人员数量均占成都市的 60% 以上。2012 年，成都高新区专利申请总量达到 11 155 件，首次突破 1 万件大关。图 4 为成都高新国际广场。

图 4　2002 年 9 月开工、2005 年建成投用的成都高新国际广场

对于地方经济的支撑作用，也实现了"一次创业"阶段的梦想。2012 年，成都高新区的生产总值达到 879 亿元，占成都市生产总值的 11%。在 2008 年到 2012 年的 5 年间，成都高新区完成的工业总产值由 578 亿元增至 2 230 亿元，年均增长 40% 以上，连续跨越"一千亿"和"两千亿"两个大台阶。尤

其是 IT 产业的发展令人瞩目，电子信息产业完成工业增加值由 2008 年的 102 亿元增至 2012 年的 397 亿元，年均增长 40% 以上，是 2008 年的 3.9 倍；电子信息产业完成工业总产值由 2008 年的 225 亿元增至 2012 年的 1 729 亿元，年均增长 66% 以上，是 2008 年的 7.7 倍。成都高新区财力也迅速增加，全口径财政收入由 2008 年的 105 亿元增至 2012 年的 251 亿元，年均增长 24% 以上；地方财政预算收入由 2008 年的 30.3 亿元增至到 2012 年的 84.7 亿元，年均增长 29% 以上。

人类对健康的追求永无止境，进入 21 世纪，全球对于医疗健康的需求大大增加。前瞻产业研究院的数据显示，近 30 年内，全球生物医药销售额平均每年以 25%~30% 的速度增长。在中国，生物医药产业被看作朝阳产业，在技术创新的推动下，发展势头迅猛。成都高新区刚刚起步阶段，就已经把目光瞄准了这一产业。30 多年前，就在成都高新区刚刚呱呱坠地、蹒跚学步的时候，冯家湾片区，就成为成都高新区生物医药产业的启航地。1991 年，地奥进入成都高新区创业，1993 年，迪康科技成立。相比今天成都高新区生物产业的辉煌成果来说，"一次创业" 和 "二次创业" 阶段的入驻企业还很少，实际产值贡献也不大，但是，成都高新区的企业者们还是果断地播下生物医药的种子，精心地浇灌培育，极有耐心地等待它生根开花结果。到 2012 年，成都高新区已经成为国家中药现代化基地、国家生物产业基地、国家科技兴贸创新基地（生物医药）、国家生物医用材料与医疗器械高新技术产业化基地的重要承载地，通过 "外引" 与 "内培" 相结合的方式，聚集生物医药企业 260 多家，吸引生物医药从业人员达 2 万余人，初步形成了涵盖药物发现、药物开发、临床前评价、临床试验、中试生产等全过程的新药研发体系。

产城融合是这一时期成都高新区为全国高新区建设贡献的一个经验。我国不少高新区在初创阶段的开发时序都是 "先产后城"，成都高新区在 "一次创业" 阶段就提出了要实行产城同步规划和产城互动发展的理念，当时在全国是具有超前性的。这也与成都高新区 1996 年的体制机制改革间接相关，因为当年市委的 17 号文件已经明确，成都高新区要同时承担管辖区域内的产业发展、城市建设和社会事务的责任。当时的创业者们就已经提出，对于园区建设要坚持高起点规划，对于建设项目要坚持前瞻性设计，力争做到 "一次建好，不搞二次拆迁，避免走弯路"。2008 年 3 月，成都高新区在高新南区建设中明确提出了要打造一座 "产业发展和新城建设有机融合、互动发展的现代化、国际化新城"，其中，产业发展是推动新城建设的重要动力和源泉，也是提升新城品质和形象的关键力量；新城建设则致力于为产业发展搭建完善的载体和营造良好的环境。但这样的理念下，成都高新区的新城建设回归到了人本逻辑，与后来成都市提出的"人产城"营城逻辑有机契合。生产、生活、生态协同发展，人、城、境、业高度和谐统一，成都高新区不仅有国际化的城市、现代化的产业，还具有良好的生活导向、高品质的生活环境，使其产生了强大的凝聚力。如今的成都高新区，有玉林的小酒馆、环球中心、天府立交、桂溪生态公园、江滩公园、五岔子大桥、云端天府音乐厅、天府国际金融中心双子塔主题灯光秀、天府绿道等众多的"打卡地标"，为打造具有成都高新特色的公园城市构建了迷人的底色。城市发展是不是坚持以人民为中心的，最终要由人们"用脚投票"。第七次人口普查数据显示，成都高新区的常住人口已经增至125.75万人，在"六普"（55.34万人）的基础上增长了70多万人。这些富有"高新气质"的城市生活场景和高品质生活载体，对于年轻人产生了强大的吸引力。

三次创业：建设世界一流高科技园区

近十年来，国家经济发展的规模和质量已经达到一个崭新的层次。2010年，我国GDP超越日本，成为世界第二大经济体。2008年全球金融危机以后，发达经济体经济长期低迷，全球经济"东升西降"的态势明显。美国等西方国家实施"再工业化"，并试图推行贸易区域化政策，以挤压我国国际化发展空间。同时，中国经济进入工业化后期阶段，面临国际竞争加剧、"人口红利"优势削弱、产能过剩突出、供需矛盾加剧、环境危机凸显、经济下行压力加大等问题，产业转型升级和发展动力转换的任务更加迫切。

针对这些问题，党的十八大提出了系统解决方案。在创新方面，提出要把科技创新摆在国家发展全局的核心位置，走中国特色自主创新道路，以全球视野谋划和推动创新，提高原始创新、集成创新和引进消化吸收再创新能力，更加注重协同创新。由此，科技创新成为中央治国理政的核心理念之一，创新驱动成为国家发展的一项核心战略。党的十八大以来，习近平总书记把创新摆在国家发展全局的核心位置，高度重视科技创新，围绕实施创新驱动发展战略、加快推进以科技创新为核心的全面创新，提出了一系列新思想、新论断、新要求。

2012年9月23日，中共中央、国务院印发《关于深化科技体制改革加快国家创新体系建设的意见》（中发〔2012〕6号），要求以提高自主创新能力为核心，以促进科技与经济社会发展紧密结合为重点，加快建设中国特色国家创新体系，到2020年基本建成国家创新体系，进入创新型国家行列。

2013年，习近平总书记连续视察了武汉东湖国家自主创新示范区和大连高新区。同年9月30日，中共中央政治局在中关村国家自主创新示范区举行了以"实施创新驱动发展战略"为主题的十八届中央政治局第九次集体学习。习近平总书记在讲话中指出："创新驱动是形势所迫。我国经济总量已跃居世界第二位，社会生产力、综合国力、科技实力迈上了一个新的大台阶。同时，我国发展中不平衡、不协调、不可持续问题依然突出，人口、资源、环境压力越来越大。我国现代化涉及十几亿人，走全靠要素驱动的老路难以为继。物质资源必然越用越少，而科技和人才却会越用越多，因此我们必须及早转入创新驱动发展轨道，把科技创新潜力更好发挥出来。"

按照中央统一部署，2013年3月，科技部印发了《国家高新技术产业开发区创新驱动战略提升行动实施方案》（国科发火〔2013〕388号）指出，国家高新区的建设和发展经过十年的初创发展阶段和十年的"二次创业"发展阶段，正迈入新的发展阶段，这个阶段的总体要求是创新驱动、战略提升。该方案提出了"四个跨越"的内涵，明确要求要"从前期探索、自我发展向肩负起创新示范和战略引领使命跨越"，充分发挥国家自主创新示范区、国家高新区的核心载体作用，以更强大的创新能力服务于创新型国家建设。该方案划分了世界一流高科技园区、创新型科技园区、创新型特色园区，明确了这三类园区的创新驱动战略提升阶段的发展目标，并对国家高新区评价体系进行了再次修订。

2013年10月16日，成都高新区党工委管委会正式宣布，正式开启成都高新区"三次创业"。2013年11月，105个国家高新区主要负责人在武汉东湖国家自主创新示范区，联合发表《国家高新区率先实施创新驱动发展战略共同宣言》（以下简称《宣言》），强化了率先实施创新驱动发展战略，当好创新驱动发展的先锋的使命和责任，倡导要"发扬国家高新区敢为天下先的光荣传统，率先实施创新驱动发展战略，围绕又'高'又'新'的目标，迈向新征程，实现新跨越，为实现中华民族伟大复兴的'中国梦'做出应有的历史贡献"。以上这一系列的重要会议和文件，包括《宣言》的发布，意味着国家高新区已经迈入了"三次创业"的新起点。图5为2013年第17次专题新闻发布会。

图5　2013 年 10 月 16 日，在成都市政府新闻办召开的 2013 年第 17 次专题新闻发布会上，成都高新区正式发布启动"三次创业"建设世界一流高科技园区的战略计划

从全国来看，"三次创业"阶段，国家高新区的地位和作用尽管更加突出，但是其外部政策环境和建设发展的动力机制等方面已经发生了重要变化。

首先，全国国家高新区加快扩容，国家高新区的政策效应明显稀释。与"一次创业"末期严格要求限制扩大国家高新区扩大规模不同，"二次创业"后期，鉴于国家高新区在推动科技创新、促进经济内生式增长、引领区域经济发展中的重要作用，国家加快了国家高新区扩容的步伐。从地方政府的角度看，"三次创业"阶段，尽管已经没有高新技术企业认定以及这些企业享受相关税收优惠政策的区域限制，科技孵化已经不受地域的约束，但国家高新区仍然需要国务院批准，科技部仍然要对其进行管理与评价，通过这一平台，能够得到科技部以及所在省、市更多的关注和资源对接机会，能够产生更大的区域和市场品牌影响力，不少省级高新区仍然渴望升级为国家高新区。国务院在前期批准 52 个国家高新区的基础上，1997 年增加杨凌农业高新技术示范区、2006 年增加苏州工业园区、2007 年增加宁波高新区、2009 年增加湘潭高新区和泰州高新区，总量达到 57 家。2010 年起，国家高新区迎来了几次大规模扩容，2010 年末总数达到 84 家，2011 年达到 89 年，2012 年增到 106 家，2013 年达到 115 家，2014 年新增镇江高新区，2015 年达到 147 家，2017 年达到 157 家，

2018 年增至 169 家。

其次，地方发展的协同性要求增强，国家高新区到了反哺城市发展的阶段。与此同时，"三次创业"阶段，全国性的创新创业已经蔚然成风，在国家高新区之外的高校、企业、科研机构、社会主体全方位地参与到高新事业的发展中来。随着产业的转型升级、结构调整以及产业集群化发展，不少地方的经开区与高新区在业态上已经没有实质性的区别，对于企业来说，即使不在高新区和经开区，只要自身有需求、有实力，也同样能够获得政府在科技创新等方面的服务和支持。由此可见，在这一阶段，高新区与高新技术产业、高新技术企业之间的黏性显著降低。如果说过去企业到高新区发展是"非此不可"或者说"非此即彼"，那么现在则有了极大的随意性。同时，由于各个地区在经济发展中不可能仅仅依靠高新区这样一个唯一的增长极，除了高新区之外，经开区和其他各种产业功能区、产业生态圈、专业化产业园区等，都逐渐增多，这就明显削弱了地方政府对所在地的国家高新区的支持力度。所在城市为了更高质量、更加均衡、更可持续地发展，已经不可能再不遗余力地集中支持一个高新区，而是普遍要求各国家高新区要在财政收入、土地收益等方面为城市发展做出更大的贡献。这些城市曾经"砸锅卖铁"支持建设发展起来的国家高新区，已经到了反哺城市整体发展的阶段了。

最后，部分先行的国家高新区逐步获批国家自主创新示范区，普遍被赋予创新动力源的职责。对于率先发展起来的"头部"国家高新区，经历了"一次创业"的"从无到有"，到"二次创业"的"从小变大""由弱变强"，这一批国家高新区在经济体量和优势发展资源聚集上已经取得了巨大的进展，需要进入"由量到质"的发展新阶段，从区域的产业增长极进一步转变为创新增长极，在国家创新体系中发挥更加突出的引领和支撑作用。由于全国国家高新区的大量增加，从国家层面上讲，对国家高新区的政策支持力度也已经明显弱化；从省、市层面来看，对所在地国家高新区的支持力度、资源导入力度已明显减弱，同时，也越来越期望国家高新区对区域经济发展发挥积极的辐射带动作用。这一阶段，"头部"国家高新区需要更加强有力的"内生"动力，国家高新区的考核越来越多地从服务国家科技创新的实际贡献来考量。这些"头部"国家高新区陆续被国务院批准为国家自主创新示范区，并分别赋予不同的科技创新方向。国务院明确要求国家自主创新示范区要在推进自主创新和高技术产业发展方面先行先试、探索经验、做出示范。

成都高新区的创业者们从新的历史阶段、新的创新使命来审视自身的发展历程。"一次创业"阶段，主要解决了"立区"的问题；"二次创业"阶段，主要解决"兴区"的问题；"三次创业"阶段，则要努力实现"强区"之梦，全力以赴建设世界一流高科技园区。与前两个创业阶段一样，"三次创业"以来，成都高新区同样得到了国家和省、市的大力支持。2014年9月，四川省政府出台《支持成都高新技术产业开发区创建国家自主创新示范区十条政策》。2015年6月，国务院批准成都高新技术产业开发区建设国家自主创新示范区，这是我国批复的全国第八个、西部第一个国家自主创新示范区。国家自主创新示范区是依托具有较强实力的国家高新区打造的"升级版"，目的是调动各地积极性，通过竞相创新发展，集聚创新要素，完善创新生态，发展新经济新产业新业态，在中国经济发展新动能中更好地发挥创新支点作用。国务院在批复中，要求成都高新区结合自身特点，在推进创新创业、科技成果转化、人才引进、科技金融结合、知识产权运用和保护、新型创新组织培育、产城融合等方面进行积极探索，建设成为"创新驱动发展引领区、高端产业集聚区、开放创新示范区和西部地区发展新的增长极"，要求国家有关部门、四川省人民政府结合各自职能，在重大项目安排、政策先行先试、体制机制创新等方面给予支持，建立协同推进机制。2015年9月6日，四川省委、省政府召开成都高新区建设国家自主创新示范区动员大会，要求成都高新区加强顶层设计、发展高端现代产业、破解体制机制障碍、推动区域协同创新、优化环境集聚创新人才，努力建成"创新驱动发展引领区、高端产业集聚区、开放创新示范区"。2017年4月1日，中国（四川）自由贸易试验区成都天府新区片区（高新）（简称"成都高新自贸试验区"）挂牌运行，为更大力度推动改革开放方面的先行先试提供了政策便利。2018年12月，四川省人大常委会审议通过《成都国家自主创新示范区条例》，既从根本上解决了成都高新区作为非行政区的法定地位问题，又从规划建设、创新创业、科技金融、人才支撑、开放合作、管理服务等方面对示范区的开发、建设和管理赋予一系列特殊的法定权限。

成都市委、市政府继续为成都高新区发展提供空间、土地等政策要素和资源要素保障，同时更加突出发挥成都高新区作为创新极核、经济极核的作用，促进区域协同发展。早在"二次创业"阶段，2010年5月，成都市将原双流县

（已更名为双流区）中和街道整体及华阳街道部分区域，共 35 平方千米划入成都高新区托管范围。2016 年 3 月，经市委、市政府批准，成都高新区与双流区共建天府国际生物城，总面积为 44 平方千米。为了加快成都市"东进"战略实施，2017 年 4 月，成都高新区托管简阳市 12 个乡镇，总面积为 483 平方千米，致力于建设天府国际空港新城。2020 年 1 月 3 日，中央财经委员会第六次会议将成渝地区双城经济圈建设上升为国家战略。同年 4 月 28 日，经省政府批复同意设立成都东部新区，原成都高新区托管简阳市的行政区域全部划归成都东部新区管辖。同时，成都市委、市政府决定，按照经济区与行政区适度分离的原则，在成都东部新区划定 60.4 平方千米范围建设成都未来科技城，由成都高新区与东部新区协同建设。

站在新的历史阶段，成都高新区看到，面对正在不断改写的全球科技和产业版图，在部分优势科技创新和产业领域，成都高新区已经与东部发达地区和一些发达国家站在了同一起跑线上。这既为成都高新区提供了"迎头赶上"的历史机遇，又使其有机会、有可能在一些有基础、有条件的领域抢占创新制高点。

这一阶段，全球基础科学研究从总体来看仍然缺乏颠覆式成果，但是全球科技创新活动却空前密集活跃，各国都希望在新一轮科技革命和产业变革中拔得头筹，建立先发优势。其中，人工智能、物联网、区块链、量子信息、通信、新型互联网等新一代信息技术更加成熟，并广泛向各个产业领域渗透，新经济、新业态、新模式层出不穷，数字的产业化与产业的数字化加速演变。美国、英国等西方国家纷纷布局发展新经济。2016 年，我国首次将"新经济"一词写入政府工作报告。2017 年，成都市率先提出发展新经济、培育新动能，并以"场景"思维创新打造最适宜新经济成长的城市，将新经济作为推进经济高质量发展、城市高效能治理、市民高品质生活的重大战略部署全面推动实施。这是成都市立足新发展阶段、适应新技术趋势，推动城市发展战略转型、实现经济变道超车、重塑经济竞争优势的重要抉择。2017 年 11 月 23 日，成都高新区召开新经济工作会，确定新经济发展目标：力争将成都高新区打造成为具有全球影响力的新经济策源地和集聚区。2018 年，成都高新区发布了《高质量现代化产业体系建设改革攻坚计划（2018—2020 年）》和"独角兽梯度培育计划"。在新经济的引领下，成都高新区的发展动能获得空前释放。成都高新区数据显示，"十三五"期间，成都高新区独角兽企业从 0 家增长到 5 家；

培育平台生态型龙头企业、瞪羚企业、种子期雏鹰企业 898 家；区内国家高新技术企业数量达到 2 703 家，较"十二五"末增长 271%，涌现出一大批上市企业，基本具备上市条件的拟上市企业数量快速增加；园区新经济企业总量突破 10 万家，一大批有优势有潜力的企业在此快速成长。在创新领域形成了更加突出的全国示范效应，已经初步构筑起"北有中关村、南有深圳湾、东有长阳谷、西有菁蓉汇"的全国"双创"区域引领新格局。

在新经济加快发展的同时，电子信息和生物医药两大主导产业也同样取得了重大成就，截至 2020 年，成都高新区规上电子信息工业企业数量较 2015 年增长 40%，产值复合增长率达 15%；生物产业连续 4 年保持 20% 以上的增速，生物医药园区在全国的排名跃升至第 3。尤其是成立仅 5 年的成都天府国际生物城，确定生物技术药物、创新型化学制剂、高性能医疗器械、生物服务和大健康服务五大细分领域，聚焦新型疫苗、体外诊断、药物研发及生产外包等 14 个子行业，落户项目已达 150 个，其中包括 5 个"诺奖"团队、4 个国家级院士团队和 51 个高层次人才团队，已经成为四川省和成都市发展生物医药产业的核心集聚空间。

国际化发展，是"一次创业"阶段成都高新人的一大梦想。"二次创业"阶段这一方向已经取得突破性进展。在"三次创业"中则已经形成了突出的比较优势，成都高新区已经成为中西部国际化发展水平最高的区域之一。成都高新区紧抓"一带一路"倡议和泛欧亚开放合作机遇，加快"中国—欧洲中心"泛欧亚国际合作平台建设，不断开启全面开放合作新局面。2017 年，发起全球顶级科技园合伙人计划（TSPPP），作为链接全球顶级科技园区和创新区域的国际化网络平台，与法国索菲亚—安蒂波利斯科技园、西班牙巴塞罗那创新产业园、荷兰阿姆斯特丹科技园、上海张江高新区、深圳高新区等园区共同发起成立"世界一流科技园区联盟"。截至 2020 年年底，成都高新区聚集世界 500 强企业 130 家，较 2015 年末增加 31 家。"十三五"期间，成都高新区累计实际到位外资 111.73 亿美元，较"十二五"期间增长 30.3%。截至 2020 年年底，成都高新区综保区进出口总额连续 33 个月位列全国第一。

"三次创业"阶段，成都高新区的发展规模与创新能级已经达到一个前所未有的水平，深刻地改变和重塑了区域的产业链、供应链和价值链结构。更大程度地发挥辐射带动作用、促进协同发展不仅是国家、省、市的要求，也是其产业链高端化发展的内在需要。2020 年，即使面对新冠肺炎疫情的复杂影响，成都高新区的经济增速仍然达到了 8.3%，全年地区生产总值达 2 401.9 亿元，同比增长 8.3%，占成都市 GDP 的比重从上年的 12% 提高到了 13.6%；一般公共预算收入完成 207 亿元，同比增长 3.5%；实现固定资产投资 658.6 亿元，同比增长 9.4%；外贸进出口总额逆势上扬达 5 078 亿元，同比增长 27.6%，占四川省的 62.8%；创新驱动纵深推进，高新技术企业分别占四川省、成都市的 33% 和 44%，独角兽企业数量 6 家，居中西部第一，科创板上市及过会企业占全省一半，已成为省市发展质量效益最好、科技创新实力最强、高科技企业和创新型成长型企业密度最高的区域。2017 年 7 月，自成都市启动建设"主导产业明确、专业分工合理、差异发展鲜明"的产业功能区以来，成都高新区陆续承担成都电子信息产业功能区、成都新经济活力区、成都天府国际生物城、交子公园金融商务区、成都未来科技城等产业功能区建设任务，其产业功能布局有序向周边区域辐射。积极加快与省内园区协同发展，2016 年，与绵阳科技城管委会签订战略合作协议，共同助推成德绵协同创新；2017 年，与自贡高新区共建自贸试验区平台；2018 年，与内江高新区开展产业、人才、科技、金融等方面合作。2019 年底，广安生物医药协作研发基地在天府国际生物城开工建设，践行"研发创新在成都、生产转化在广安"的理念，开启了"干支协同"新篇章。2020 年 4 月，与重庆高新区签署《"双区联动"共建具有全国影响力的科技创新中心合作协议》，助推成渝地区双城经济圈建设，共建具有全国影响力的科技创新中心。2020 年 11 月，与资阳高新区共建成资同城化高新技术产业协同发展先行示范区，推进成德眉资同城化发展。此外，还积极推动盈创动力科技金融服务模式（面向中小企业的一站式投融资信息服务）等成熟的改革创新经验在省内各地推广运用，助力全省科技金融服务和科技型企业发展。

回顾 30 多年的发展历程，在国家、省、市全方位的支持下，从电子信息产业到生物医药产业再到新经济产业，成都高新区的每一次产业决策，都牢牢把握住了全球产业格局变迁与技术创新迭代的"黄金机遇"。在世界经济格局不断演变的 30 多年里，成都高新区始终坚持"发展高科技，实现产业化"的宗旨，坚持以科技创新为主线、以改革开放为动力、以创新驱动为方向，不断推动高新技术产业聚集发展，不断完善自身的核心竞争优势，尤其是以电子信息产业为代表的优势产业全面融入世界产业版图，为城市战略格局提升和战略位势重塑做出了重大贡献。从园区基础设施建设、招商引资、招才引智、产业集群化发展，到特色产业链培育、产业生态圈打造、产业功能区建设，从产业的自我发展、自我壮大到主动服务区域协调发展和成渝地区双城经济圈建设，成都高新区正不断向着高质量发展、区域协同发展优化升级，在高质量建设世界一流高科技园区的道路上破浪前行。

在"十四五"时期的关键阶段，2020 年 7 月 13 日，国务院下发《关于促进国家高新技术产业开发区高质量发展的若干意见》（国发〔2020〕7 号）（以下简称《意见》），提出了新时期、新阶段进一步促进国家高新区高质量发展，发挥好示范引领和辐射带动作用的总体要求和重点措施，明确了 2025 年和 2035 年两个阶段的发展目标。《意见》要求，要牢牢把握"高"和"新"的发展定位，以培育发展具有国际竞争力的企业和产业为重点，抢占未来科技和产业发展制高点，将国家高新区建设成为创新驱动发展示范区和高质量发展先行区。与此前的相关文件一样，《意见》同样要求国家相关部门、省、市政府给予国家高新区相关支持和保障，同时，强调要坚持党对国家高新区工作的统一领导，通过制定新的考评体系，引导和推进国家高新区高质量发展。2021 年10 月，党中央、国务院正式印发《成渝地区双城经济圈建设规划纲要》，明确提出"统筹天府国际生物城、未来科技城和成都高新区等资源，建设西部（成都）科学城"，这是对成都高新区的明确政策赋能和重大政策利好。成渝地区双城经济圈建设将有力促进产业、人口及各类生产要素合理流动和高效集聚，加快形成改革开放新动力，加快塑造创新发展新优势，加快构建与沿海地区协作互动新局面，加快拓展参与国际合作新空间，推动成渝地区形成有实力、有特色的双城经济圈，打造带动全国高质量发展的重要增长极和新的动力源，这是成都高新区目前面临的最大政策机遇。

面对新征程、新任务，成都高新区经过充分讨论和审慎决策，决定在"十四五"时期要奋力实现"加快打造成渝地区双城经济圈建设的重要增长极、中西部创新驱动发展示范区、国家高质量发展先行区，加快建设世界一流高科技园区"四个发展目标，力争到 2035 年迈入世界一流高科技园区行列。未来五年，主要从"推动创新主体提能升级、厚植区域创新策源能力、担当国家使命打造硬核科技"三个方面集中发力，在"十四五"末期，努力把建设世界一流高科技园区的进程往前推进一大步。为充分发挥创新引领和示范带动作用，

2021 年起，成都高新区启动揭榜挂帅型研发机构"岷山行动"计划，明确未来 5 年要投入 300 亿元建设 50 个新型研发机构，集中攻克一批关键核心技术，孵化一批科技创新企业，构筑主导产业发展核心动力源。图 6 为"岷山行动"计划暨首批需求榜单发布会。

图 6   成都高新区揭榜挂帅型研究机构"岷山行动"计划
暨首批需求榜单发布会

创新正当时，风好正扬帆。为了实现新时代的光荣与梦想，成都高新区不断加快体制机制改革创新，持续推动服务升级。2021 年 10 月，成都高新区党工委、管委会提出，要着力打造"经济发展主战场的野战军和敢闯敢拼的狼性团队"，奋力开创成都高新区"十四五"高质量发展新局面，加快打造省市经济发展主战场，全力建设世界一流高科技园区。高新精神薪火相传。新一代创业者正以"一切归零、从头开始，而今迈步从头越"的创业者姿态，在新发展阶段的黄金机遇窗口改革创新再出发，奋力书写成都高新区新时代发展的崭新篇章。

第一篇
惟高惟新之产业密码

"大工业把巨大的自然力和自然科学并入生产过程，必然大大提高劳动生产率。"

——卡尔·马克思

惟高惟新，加快建设世界一流高科技园区，是成都高新区念兹在兹的长远目标。世界一流的园区，重在产业的一流——产业不仅要嵌入国际生产力网络，也要在细分产业领域形成世界影响力，并有一大批高能级企业作为支撑。从世界经济发展脉络来看，一个区域参与生产力的全球布局有两种基本形式：一种是将跨国公司引入本区域以推动本地产业要素融入全球生产网络，另一种则是培育和推动本土企业进行全球性的规模扩张。从规模增长的内在逻辑看，一个产业要实现突破，首先要增强对要素资源的吸引集聚能力，进而要优化要素资源的组织配置方式，从而推动产业发展从外延式增长到内涵式增长。

成都高新区是中国西部内陆地区接连汇聚这两种基本形式、相继实现这两个内在逻辑的最为成功的案例和典范，它坚持以"高"谋产业、以"新"引产业，形成了"惟高惟新"的产业发展逻辑，并按照"产业生态圈"和"产业功能区"变革经济组织方式，促进产业链、价值链、供应链、创新链有机融合，从而推动产业结构随着国内外科技和产业发展趋势不断优化升级。

三十余年间，"惟高惟新"的产业发展逻辑支撑成都高新区从外资企业引进转向自主培育、从依靠国外转向国产替代、从传统行业转向新的赛道，这些都推动成都高新区走出了一条中国西部内陆地区产业高质量发展之路。今天，成都高新区已经成为中国西部高新技术企业的集聚之地和世界产业版图中的组成部分——截至 2020 年年底，成都高新区聚集市场主体 23.71 万户，其中企业超 15 万家，科技型企业 5.6 万家，累计培育上市企业 40 余家；经认定的高新技术企业超 2 700 家，2020 年当年新增专利授权量 15 741 件，万人有效发明专利达 212.7 件；培育科创板上市及过会企业 5 家，聚集各类人才 60.59 万人。一个现代化、开放型、有包容性、创新驱动的产业体系正不断在这里茁壮生长，成都高新区成为若干领域产品定义和标准诞生的策源地。

第一章　产业逻辑：惟高惟新与反梯度发展

　　产业逻辑是成都高新区打造世界一流高科技园区的首要密码，它是在世界经济模式转变和全球分工体系调整中不断完善、不断突破、不断更新的。伴随着世界产业发展趋势的主线，成都高新区依托中国产业发展的特有模式，坚持"有所为有所不为"，坚持产业的前瞻性布局，坚持跨行政区的功能区发展模式，形成了自身的高新技术产业发展特色。尤为难得的是，成都高新区没有按照传统梯度发展理论进行发展，而是从一开始就秉持"反梯度"的产业发展思维，坚持"惟高惟新"的产业逻辑，通过引进新技术、高价值的产业类型，以开放汇聚全球资源，成为"反梯度发展理论"的一个成功实践者。成都高新区不仅探索出了符合自身发展之道的产业逻辑，而且是中国西部内陆地区嵌入全球生产力网络的一个典型案例，并提供了一种先进经验。因此，唯有对其产业逻辑进行深度解读，才能揭示成都高新区三十多年来的生存发展之道。成都高新区南部园区俯瞰图如图7所示。

图 7　成都高新区南部园区俯瞰图

立足"雁阵模式"，产业反梯度发展的中国西部实践者

"雁阵模式"（也称"雁阵模型""雁行模式"），是由日本学者赤松要总结的关于产业结构在西太平洋地区国家及地区间传递的学说，其基本思想是指各国及地区发展产业的时序像飞行的大雁一样排序，即"领头雁"为日本，落后一个身位的是韩国、中国台湾地区、中国香港地区、新加坡，俗称"亚洲四小龙"，再落后一个身位的是泰国、马来西亚、菲律宾等东盟国家。改革开放以后，我国东部沿海地区也逐渐参与到东亚地区的"雁阵分工"中，成为新的"尾雁"。

这一假说与当时全球产业格局的基本特征相符。第二次世界大战以后，美国奠定了世界头号经济体和科技体的地位，而作为战败国的日本，虽然军事实力大为削减，但其不甘于沦为大国的附属，开始利用其相对科技优势发展产业经济。日本大力实施出口导向和进口替代战略，推动其国民经济迅速恢复，其电子产业、汽车产业、化工产业等在亚洲地区独领风骚，并在 20 世纪 70 年代初成为亚洲的头号经济体。此后，为了使生产更加接近市场，日本企业开始跨国扩张，其部分产业逐渐向外转移，韩国、中国台湾地区、中国香港地区、新加坡首先承接了日本的产业转移，随后东盟国家也加入了这一国际产业分工体系。20 世纪 80 年代以来，我国东部沿海地区也开始参与东亚地区的产业分工。中国大陆凭借庞大的市场和相对低廉的劳动力逐渐取代了其他亚洲国家及地区，成为西方发达国家尤其是欧美优势产业的代工厂，由此被称为"世界工厂"。

但是，中国大陆这个"世界工厂"却受到区域发展不平衡、不充分的限制。在相当长的一个时期，"世界工厂"的主体在东部沿海地区，广大的中西部地区实现开放发展的条件欠佳，只能源源不断地将劳动力输送到东部沿海地区。四川、贵州、陕西等西部内陆省份长期以农业和轻工业为主，就业吸纳能力相对较弱，工资收入偏低，是劳务输出的大省。根据"雁阵模式"的原理，如果不对这一产业分工逻辑进行主动干预，那么西部地区将很难拥有如东部沿海地区一样的发展机会。如何主动拥抱世界先进产业发展浪潮、破除自身的区位劣势，这是当时西部地区众多省（区、市）都在深思的问题。而这时，距离

中国东部海岸线 2 000 多千米的西部内陆城市——成都，敏锐地察觉到了世界产业转移浪潮将会为中国西部带来新的发展机会。成都的决策者们相信，随着"雁阵模式"继续扩张，"尾雁"进一步转移，中国西部地区有很大的机会成为新的"尾雁"，成都有极大的机会凭借"雁阵模式"的产业转移规律直接参与到国际分工中。成都决心抓住这一发展机遇。20 世纪 80 年代末、90 年代初启动建设的成都高新技术产业开发区便是这种努力的一部分。

可以说，成都高新区自诞生之初就承担起了推动区域产业经济崛起的重任，因此其成立之后的头号目标就是引进产业。成都市的决策者和成都高新区的初创者们明白，当时西部内陆地区的产业水平落后，市场化的高新技术产业几乎还处于一片空白，还不存在培育自身优势产业的基础和能力，只有依靠引进国外和东部地区的产业，才能实现"从 0 到 1"的突破，才能让地处中国内陆的成都逐渐参与到世界产业分工体系当中。

确定了招商引资的主线路后，选择什么行业、选择什么企业、怎么制定招引方案等成为摆在成都高新区创业者面前的新课题。如果按照梯度发展理论，那么成都高新区应该顺应转移趋势，在中国东部地区承接发达国家产业转移过程中，继续承接纺织、化工等上一轮国际转移的产业，这是最轻松的一种发展路径，但这同时也意味着成都高新区发展的"天花板"已经确定，这显然不符合"惟高惟新"的产业逻辑和成都高新区成立的初衷。

从当时世界高新技术产业的发展趋势来看，成都高新区发现电子产业具有极强的高新技术特征，并出现了席卷全球的倾向——经过了第一次转移（从美国到了日本、韩国和中国台湾地区）并正在酝酿第二次转移——中国大陆凭借劳动力成本优势和巨大的市场空间，成为欧美、日韩、中国台湾地区等电子企业投资设厂的目标地区。虽然这些国际企业在战略布局上主要考虑北京、上海、广州、深圳等城市，但成都为了打破"梯度发展"的魔咒必须要全力竞争。最终成都高新区决定，选择电子制造业作为招商引资的主方向。

成都高新区在 20 世纪之初成功引进英特尔（Intel）的故事，已经成为内陆地区产业"反梯度"发展和招引国际高科技产业巨头的一个经典案例，许多 MBA 教材和课件对此进行了或深或浅的剖析，本书后文会详细介绍。普通人很难想象，引进英特尔在当时是一场多么具有决定性意义的"战役"。之所以用"战役"一词，是因为只有"战役"才能决定走势。如果没有英特尔落户成都高新区，很难想象成都能够如此快速地进入全球电子信息产业的生产力布局中，更不要说成为其中一个重要的节点。英特尔落户成都高新区之后产生的集聚效应是巨大的，之后逐渐有德州仪器、戴尔、西门子、联想、富士康等一批国际电子制造巨头落户成都高新区，使这里在电子制造的全球产业格局中占有了一席之地。越来越多的国内外电子制造企业到成都高新区设立制造基地、区域总部、研发中心等，成都高新区的电子信息产业已经镶嵌在全国乃至全球电子产业体系当中。面向未来，随着规模的持续扩张、效率的持续提升、创新的不断突破，成都高新区在全球电子信息产业格局中将会变得越来越重要。

突破"被动分工"，主导创造机会的分工越位者

"分工"是经济学中的一个经典概念，也是主导世界经济体系演变的一个重要规则。自 15 世纪末以来，"新大陆"的发现使得国际贸易迅速扩张，英国工业革命爆发又驱动世界产业迅速进入分工协作的新阶段。亚当·斯密、李嘉图、赫克歇尔、俄林等经济学家提出了资源禀赋论、比较优势论、"中心-外围"论、协议分工论等理论，马克思则在分析资本主义生产过程中明确提出了更加完善的分工理论。无论是从理论演变还是从事实特征来看，世界经济分工体系长期都是以掌握了科技和资本核心竞争力的欧美发达国家为核心的。发达国家的跨国公司负责技术研发、品牌打造、全球管理，将具体业务特别是加工、制造、包装型的业务外包给发展中国家，最后又将产品销往全球市场。广大发展中国家和欠发达国家主要是提供低成本的劳动力资源和自然资源，只能被动接受世界经济分工。

从东亚地区的分工模式来看，改革开放初期我国虽然主动参与了全球产业分工，但主要是"被动接受者"，即跨国企业发出生产、加工指令，由我国进行初级加工。比如，"珠三角"从 20 世纪 70 年代开始逐渐发展起来的"来料加工""来件装配""来样加工""补充贸易"等形式，简称"三来一补"，就是典型的承接简单加工的工序模式。发达国家利用我国劳动力成本较低和市场广大的特点，将其不盈利的或者发展前途不大的产业向我国转移，并且还向我国地方政府索取名目众多的优惠政策。对于地方政府来说，在承接全球产业转移过程中曾经有一个较长的时期是难以真正拥有主动权和话语权的。

　　在这种背景下，成都高新区如果继续按照国际产业转移的一般路径，被动承接初级加工业务，势必会成为国际分工链条的末端环节。因而只有主动创造机会，越过东部地区在改革开放初期探索的产业模式，直接进入到下一个分工阶段，才能成为产业分工的主动"越位者"。这意味着成都高新区必须抓住最新的产业发展和科技创新趋势，不仅要在既有的电子信息产业的基础上进一步引进其高端和前沿部分，也要在其他产业赛道上寻求突破，瞄准世界各国竞相发展的产业门类努力聚集资源要素。由此，生物医药产业成了成都高新区的"新靶向"。

　　进入21世纪以来，以基因工程、细胞工程、酶工程为代表的现代生物技术迅猛发展，现代生物技术应用于经济社会领域的场景呈现爆发式增长。同时，生物医药产业具有技术含量高、进入门槛高、附加值高、回报率高等特点，使得世界主要经济体都将目光聚焦于这一庞大的产业蓝海，美国、日本、印度等国家以及欧盟均将生物医药产业作为优先发展的战略性新兴产业。尤其是美国，其不仅提出和实施了《生物技术产业激励政策》，同时还形成了旧金山、波士顿、华盛顿、北卡罗来纳等生物医药产业集聚地。对我国而言，生物医药产业起步较晚，相关产品长期依赖国外进口，国内企业还不具备同发达国家成熟企业竞争的优势。正因为发展基础普遍较弱，长三角、渤海湾、珠三角等地的生物医药产业与国际同行相比差距一直较大。从总体上看，对于生物医药产业来说，中国西部地区理论上与东部沿海地区处于同一发展阶段，同样具有发展生物医药产业的巨大潜力。

　　成都高新区精准地抓住了生物医药产业发展的巨大机会，并由此主动参与到国家在此领域的前沿分工中。但是，主动"越位"在带来机遇的同时，也蕴含着风险。成都高新区在创业初期并不具备发展生物医药产业的基础，为此必须要进行大量先期投入；而生物医药产业又是全球公认的高投入、高回报、高风险的"三高"产业，创业失败的风险比较大。这可以说是一种产业"赌博"——如果"赌"输了，那么过去投入的巨大资源就会白白流失。面对这一潜在风险，成都高新区并没有惧怕和后退，而是系统地学习国内外的经验并竭力控制风险。从20世纪90年代起，成都高新区决定坚定不移地发展生物医药产业。

　　正是因为这一选择，成都高新区作为中国西部较早"投注"生物医药产业这一赛道的区域，在国际上加速赛跑——多个诺贝尔奖团队在此聚集，致力于攻克全球性医药研发难题；每年获批生产的药品品种呈上升态势；诸多临床试验也在此进行。多年来，成都高新区生物医药产业保持了20%的高速增长，目前这里已经聚集了近3 000家生物医药企业，并诞生了成都先导、苑东生物等科创板企业。根据成都高新区的相关规划，其将不断加强生物医药科技创新能力建设，持续推进产业结构优化升级，瞄准重大传染病疫苗研发、生物安全体系建设、精准医疗、GCP、高端医疗器械研发等关键环节和重点领域，主动争取代表中国生物医药行业参与国际合作和竞争。短短三十多年时间，成都高新区便改变了长期的"被分工"局面，突破了内陆地区难以主动参与国际分工的困境，展现了敢于推动产业"越位"的魄力和能力，这不得不说是一个"西部奇迹"。

把握"共轭环流"，新兴市场经济中的价值攀登者

"共轭环"，是一种环形和鞍形相结合的环形形状，有学者使用"共轭环流"代指当前国际价值链的特征，即发达国家价值链环流与发展中国家价值链环流相互联系并且中国逐渐在"共轭环流"中处于枢纽地位。这与我国提出的逐步形成以国内大循环为主体、国内国际双循环相互促进的新发展格局的内涵具有一致性。21世纪以来，全球经济从最终产品分工转向了生产要素和生产时序分工，进入了价值链主导经济全球化的时代。其中，掌握核心科技的发达国家基本垄断了全球产业的高附加值环节，比如半导体研发、生物技术创新、高端装备制造等；而发展中国家根据自身的资源禀赋，嵌入发达国家主导的价值链中，成为全球价值中低端产业的主力军。对于广大的发展中国家而言，嵌入全球价值链是一种必要之举，而追求价值链的攀升则是一种必然趋势。

当前，中国经济的"痛点"和"难点"之一便是主导产业处于"共轭环流"的价值中低端以及中国企业普遍被局限在低附加值环节。因此我国一直致力于推动中国产业在全球价值链中的地位攀升，特别是要在"共轭环流"中构建自己的价值链枢纽地位。上海、浙江、福建、广东等东部经济发达地区主要承担了这一任务。中国西部内陆地区的成都、重庆、西安等城市虽然已经着力尝试嵌入全球价值链，但其引领带动作用还明显不足，西部广大区域仍然处于

全球产业分工体系末端环节。因此，按照区域经济发展的梯度转移理论，中国西部地区应该沿着现有的优势产业链进行拓展，循序渐进地实现产业扩张。

成都高新区却不满足于这种"按部就班"，而是以一种"只争朝夕"的态度更加主动、积极甚至激进地选择了全球价值链的高端赛道，立志于在西部内陆地区率先走出一条产业价值链攀升之路。那么，什么样的产业类型符合成都高新区所需，成为这个"价值攀升者"面临的第一个难题——这种产业既要有高附加值，又要在国际产业竞争中还没有被欧美发达国家垄断；这种产业既要有发展机会，同时又能匹配成都高新区所能组织的资源要素。经过成都市各方面的审慎决策，终于瞄准了"新经济"这一产业形态，它以新一代信息技术为基础、以新算法为支撑、以模拟延伸人的智能为目标，具体涵盖了 5G、人工智能、大数据、网络视听及其他数字技术的产业应用，呈现出让人为之振奋的具有明显未来产业特征的广泛应用场景。

经过短短十数年的发展，今天的成都高新区不仅是成都新经济产业的主阵地，也是中国西部数字经济的试验区，同时在技术开发和场景应用方面在全国乃至全球范围都具有一定的领先性。比如在人工智能领域，成都高新区目前已经聚集了华为、腾讯、字节跳动、新华三、启英泰伦等一批具有先进技术的企业，建立了华为成都人工智能大数据中心、成都超算中心、百度 Apollo 西部智能驾驶创新中心、四川省人工智能研究院、中移成都研究院等一批聚焦前沿领域的研发创新中心。可以说，成都高新区已经成为中国人工智能产业的重要高地之一。根据《成都高新区创建成都国家人工智能创新应用先导区行动计划（2021—2023 年）》，成都高新区已经在产业规模、关键技术、基础设施、应用场景、产业社区等方面进一步瞄准了世界先进水平，正在全力推动国家人工智能技术自主创新并积极抢占世界人工智能价值链高端。

构建"产业生态"，产业生态圈和功能区建设中的探索者

生态圈，本是自然科学中的一个专有名词，指地球表面有机体及其所依存环境的总称；而产业生态圈，则是指在一定地域范围内形成的以某主导产业为核心的具有较强竞争力和可持续发展特征的地域产业多维网络体系。具体来说，产业生态圈不仅包含了狭义范围内的某种产品或者服务的生产制造过程，

也包含了此过程中的各项配套服务，例如科技、教育、金融、物流、中介等服务。而产业功能区是产业生态圈构建的物化承载，是一种面向未来的城市发展新形态。当前，产业生态圈和产业功能区已经成为国内外最前沿的一种区域产业发展模式。

成都高新区是中国西部内陆地区探索产业生态圈和产业功能区的先行区域，且已经打造形成了电子信息、生物医药、新经济三大产业生态圈，并正在建设新经济活力区、电子信息产业功能区、天府国际生物城、交子公园金融商务区、未来科技城五大产业功能区（见表1）。每一个产业生态圈和产业功能区都各具特色，均是该产业先进要素的集聚区、高端制造的示范区、高效服务的集成区。

表 1　成都高新区五大产业功能区发展定位及情况

功能区	发展定位及情况
新经济活力区	新经济活力区以大数据与网络安全、网络视听与数字文创、5G 通信与人工智能三大新经济产业为主攻方向，已聚集新经济企业 92 279 家（占全市新经济企业总量近四分之一），高新技术企业超 1 500 家（占成都市同类企业总量近四成），拥有以腾讯、咪咕为代表的行业龙头企业，以新潮传媒、医云科技、壹玖壹玖、华微电子、极米科技为代表的 5 家独角兽企业，以智元汇、四方伟业为代表的 200 余家瞪羚企业。这里以占成都市 0.5% 的土地创造了全市近 10% 的 GDP
电子信息产业功能区	电子信息产业功能区围绕"芯—屏—网—端"四大主导细分领域，聚集了英特尔、京东方、富士康、业成、联想、戴尔、德州仪器、路维光电、中光电等一批电子信息制造企业，涵盖集成电路、新型显示、终端制造、网络通信等领域，初步形成了 IC 设计、晶圆制造、封装测试完整的集成电路产业链。同时形成了以京东方为核心，由上游原材料和零部件、中游显示面板和模组、下游显示应用组成的新型显示产业链
天府国际生物城	天府国际生物城以成为全球生物医药创新创业人才栖息地、世界级生物医药创新与智造之都、国际化的生命健康小镇、融入全球产业链高端和价值链核心的创新实践区为目标，以构建"五链融合"（产业链、创新链、供应链、要素链、价值链）生物产业生态圈为路径，以人才聚集为产业发展的核心引领要素，围绕生物医药、生物医学工程、生物服务、健康新经济四大产业主攻方向，重点发展生物技术药物、新型化学药制剂、现代中（医）药、高性能医疗器械、智慧健康+精准医学和专业外包服务等六大产业细分领域，加快建设形成全球生物医药供应链服务中心、全球新药研发外包服务交易中心、药物及医疗器械国际临床研究服务中心、生物技术药物全球外包生产中心、天府国际医疗中心五大中心功能

表1（续）

功能区	发展定位及情况
交子公园金融商务区	交子公园金融商务区定位于全国一流的创新金融中心和具有国际影响力的新商圈，以科技金融与时尚消费为主导产业，为全国重要消费中心和金融中心建设提供支撑作用。重点发展以资本和要素市场、银行服务、保险服务、金融科技、金融区块链、创投融资为发展主体的金融细分领域，以金融信息服务、专业服务和金融文化、高端商业服务构建的配套功能，以个性化、高端化商业零售为主的时尚消费产业
未来科技城	成都未来科技城着眼深化拓展四川省"一干多支、五区协同"的战略部署，锚定国际创新型大学和创新型企业汇集区，高质量打造国际一流应用性科学中心、中国西部智造示范区和成渝国际科教城。基于生态本底和自然地形地貌，构建以新镇单元为基础的"两轴三片"空间格局，重点发展航空航天、电子信息、高端制造、科技服务业和量子科技等未来产业，构建"3+1+X"产业体系，着力建设未来创新人才、未来产业业态、未来城市场景协同发展、城市空间、生活空间、生产空间、生态空间深度融合、科学布局、面向未来的国际一流科技城

　　产业生态圈突破了传统的企业集聚理论和产业集群理论。传统的产业集群理论主要强调产业链上企业因相互吸引从而高度聚集，进而迸发出更高的生产率。产业生态圈除了这些内容外，还将产业间的服务纳入其中，比如为某产业提供的金融服务、物流服务、科技服务等。同时，产业生态圈还扩大了"政产学研"的协同空间，将当地政府以及相关的高校、科研院所乃至科研人员都纳入其中，形成了一种产业共同体的组织方式。以成都高新区的人工智能产业生态圈为例，其不仅聚集了华为、百度、腾讯等企业，同时有电子科技大学、四川大学等高校以及成都高新区管委会及其电子信息局的参与，囊括了智能网联、人工智能芯片、人工智能医疗、AI编程教育、工业云制造等多个领域、多个方面的资源要素。产业生态圈强调的并非仅仅是一种产业的上下游关系，而是希望通过这些"细胞单元"的有机组合能够激发出更多的可能性和创造力，是"规模提升+效率提升+新的可能"的组合。产业生态圈十分强调人才的参与，除了引进多种层次、各类人才之外，成都高新区围绕产业发展创新性地实施了"产业教授计划"——2020年，成都高新区在"双一流"高校选聘了9位学者担任"产业教授"，并在企业界选聘了16位优秀企业家担任高校"校外导师"，以此进一步完善产业生态圈的综合能效。

　　产业功能区则突破了一般的经济开发区模式，也迭代了传统的产城分离的工业园模式，更加强调生产功能与生活、生态功能的交融，同时发展重心从"产—城—人"向"人—城—产"转变。比如，交子公园金融商务区虽然主要发展金融业，但其总体规划是以"三生合一，城景相融"为理念，将金融这一主导产业之外的商业、文创、旅游、体育等进行多元融合布局，同时从城市空间、产业空间、职住空间等方面实施高品质规划建设，实现商业空间全域覆盖和无处不在的零距离体验。未来这里不仅将有比肩伦敦金融城的天府国际金融中心，同时也将形成"10 大购物中心+5 条商业街+5 个特色街区+9 个公园消费体验节点"，成为具有公园特色的城市商圈。图 8 为成都高新区未来科技城产业功能区概念图。

图 8   成都高新区未来科技城产业功能区概念图

产业生态圈模式目前已经被一些全国经济开发的热点区域所接受和推广。比如，天津静海规划打造以人工智能、高端智造、电子信息、科技服务等产业为主导的智能产业生态圈；贵州提出打造大数据产业生态圈，涵盖 5G、集成电路、人工智能、区块链、服务外包、智能制造、数字农业、智慧旅游、智慧健康、智慧物流、电子商务 11 个重点方向；广西提出打造中国—东盟数字经济产业生态圈等。可以说，产业生态圈和产业功能区模式已经在全国形成燎原之势，成为区域经济发展的一种"高配"，未来或许会在更多具有条件的地区成为一种"标配"。

产业是世界经济的核心，而生产过程分散化则是全球产业格局不断调整的驱动力。成都高新区成立至今仅有 30 余载，便打破了"梯度发展"的一般规律，不断根据世界产业发展趋势调整优化自身产业结构，形成了以电子信息、生物医药、新经济三大主导产业为核心的产业生态。"十三五"时期，成都高新区经济发展高位高进，成为四川首个经济规模跃上 2 000 亿元的高科技园区，经济总量占省市比重分别达 4.9%、13.6%，全口径税收收入在全省、全市的占比分别达 8.76%、17%。截至"十三五"末，成都高新区 148 家电子信息规上工业企业全年累计实现产值 3 776.89 亿元，同比增长 13.56%；生物医药产业规模首次突破 600 亿元，其中实现规上工业产值 266 亿元，增长 10%；以新经济为代表的营利性服务业企业实现营业收入 1 103 亿元，同比增长 30.3%。成都高新区已成为中国西部发展质量效益最好、科技创新实力最强、高科技企业和创新型成长型企业密度最高的区域。

　　成都高新区的三大主导产业代表了成都高新区的产业灵魂，它们既遵循高新技术产业发展客观规律的一致性，能够反映出成都高新区产业发展的主攻方向与主要脉络；又各具发展特质，具有不同产业的差异化的产业逻辑。因此，接下来本书将对电子信息、生物医药、新经济这三大主导产业分别进行剖析，由此见证中国西部高新技术产业之光，领会成都高新区长期孜孜以求、探索不息的产业之道。

第二章　电子信息：成都高新的"全球坐标"

　　电子信息产业是成都高新区的第一大主导产业，也是自成都高新区成立之初就坚定发展的产业。30 多年来，成都高新区成功引进了英特尔、德州仪器、戴尔、富士康等一大批国际电子信息产业龙头企业，让世界找到了成都的"全球坐标"；为京东方、联想、华为、腾讯等国内电子信息龙头企业提供了展示舞台，推动中国西部内陆地区构成了国家电子信息产业布局的重要一极；培育壮大了极米科技、纳能微电子、纵横大鹏、数之联等一批本土电子信息产业"单项冠军"，成功打造了具有影响力和示范性的电子信息产业特色生态圈和功能区；实现了产值规模量级的不断突破——2020 年，成都高新区 148 家电子信息规上工业企业全年累计实现产值 3 776.99 亿元，同比增长 13.56%，展现了成都高新区电子信息产业的整体实力。面向未来，成都高新区将继续凭借其产业发展密码深度融入万物互联的智能时代。图 9 为成都高新区电子信息产业功能区。

图 9　成都高新区电子信息产业功能区

万物互联，改变生产与生活方式的技术驱动型产业

电子信息产业，是指为了实现制作、加工、处理、传播或接收信息等功能或目的，利用电子技术和信息技术所从事的与电子信息产品相关的设备生产、硬件制造、系统集成、软件开发以及应用服务等作业过程的集合。从领域来看，电子信息产业主要包含了电子信息制造业、软件与信息技术服务业两大类，其中电子信息制造业包括计算机设备制造、通信和网络设备制造，也包含我们通常说的半导体、集成电路等；而软件与信息技术服务业主要包括计算机服务、移动电子端服务、软件服务、数据库等。

电子信息产业是一个典型的技术驱动型产业。如果说语言、文字、印刷构成了人类信息文明的前半段篇章，那么电磁波的发现及应用则开启了人类现代信息文明时代。自 19 世纪初开始，人类通信实现了根本性突破，使用金属导线上的电脉冲进行信息传递以及通过电磁波进行无线通信成为通信领域两大新方向，这两项技术推动着电报、电话、广播、电视等的出现以及美国无线电公司、通用电气公司、美国国家广播公司等企业的诞生，这构成了最早的电子信息产业。20 世纪中叶开始，微电子技术、晶体管、计算机以及集成电路的发明创造，使得各式各样的计算机逐渐成为人类工作和生活的必备产品，这推动着以计算机整机及半导体等零部件生产和软件开发成为电子信息产业的主要类型。20 世纪末，网络技术的出现和软件开发的不断拓展使得各种信息都在全球性的网络上交汇，推动全球进入了互联网时代，国际产业合作日益紧密。从电子管到晶体管再到集成电路，从单一集成电路到大规模集成电路，从有线通信到无线通信再到 5G 技术，电子信息技术的更新迭代一直是电子信息产业发展的原动力。电子信息技术的发展历程如表 2 所示。

表 2　电子信息技术的发展历程

阶段时间	电子信息技术	产业应用	代表企业
第一阶段，始于19 世纪初	金属导线的电脉冲传递信息电磁波进行无线通信	1837 年美国莫尔斯研发有线电报机；1875 年苏格兰亚历山大·贝尔发明电话机；1920 年美国康拉德建立世界第一家商业无线电广播电台；1933 年法国克拉维尔建立英法第一条商用微波无线电线路	美国无线电公司 RCA 通用电气公司、美国全国广播公司、AT&T 等
第二阶段，始于20世纪中叶	微电子技术晶体管集成电路计算机	1946 年美国宾夕法尼亚大学研发出第一台电子计算机；逐渐从晶体管计算机、集成电路计算机向大规模集成电路计算机转变	仙童半导体惠普公司IBM、英特尔等
第三阶段，始于20 世纪末	网络技术搜索引擎软件工程智能手机	1969 年美国成功建成了 ARPANET 网络，是世界上首个采用分组交换技术组建的计算机网络，这也是今天计算机因特网的前身；1986 年，美国建成了国家科学基金网 NS-FNET；1991 年，因特网进入商业应用领域	网景公司、雅虎、微软、甲骨文、腾讯、华为等

今天，电子信息技术仍在以一种"摩尔定律"般的速度发展，推动着人类的生活方式、社会的经济形势继续发生深刻复杂的转变。在中国，通过智能手机就能够方便地进行工作（钉钉）、就餐（美团）、住宿（携程）、娱乐（微博）、运动（keep）、学习（VIPKID）、支付（支付宝）① 等，可以说电子信息产业基本覆盖了人们的工作和生活所需。在印度，智能手机普及率和更换率位居亚洲第一，其也是世界上增长最快的应用程序市场。同时，中国和印度的软件工程师们还能够通过计算机和互联网，为来自美国、欧洲等地区的客户提供服务。正如美国经济学家托马斯·弗里德曼在其著作《世界是平的》中描述的那样，科技和通信领域如闪电般迅速地进步，使得全世界人们空前地彼此接近。网络和智能手机使得人们与世界相连，信息和电子终端又推动万事万物互联。

一个更加紧密互联的世界催生出庞大的电子信息产业。根据多个研究机构

---

① 括号内为举例使用的手机软件名称。如"住宿（携程）"，是指通过携程软件能够实现住宿的功能。

测算，全球电子信息产业规模已达到 30 万亿元，且继续呈现强烈的增长态势。世界各国都将电子信息产业作为战略性新兴产业，我国也不例外，广东、上海等城市电子信息产业发展十分迅速，人民日报将"电子信息+"称为促进我国经济社会发展的动力引擎。电子信息产业也因此成为关乎全球各国国民经济的基础性、战略性、支柱性的产业。

震惊业界，中国内陆地区也能引来英特尔（Intel）

正是由于电子信息产业具有兼顾技术驱动和经济效益的特征，十分符合成都高新区"惟高惟新"的产业发展逻辑，因此成都高新区在成立之初就"盯上"了这一产业。

有了准确的产业研判，如何引来国际科技巨头，成为 21 世纪伊始成都高新区产业发展的重要目标之一。2001 年，国际芯片巨头英特尔公司正在准备进行企业扩张，并在全球范围内考察新的生产基地，中国凭借"世界工厂"的优势成为其首选之地。这一年，在成都市委、市政府的极力邀请下，英特尔考察团首次到成都进行项目考察，由此拉开了成都高新区在 21 世纪之初开启的国际高科技企业招商引资的"第一战"。从 2001 年英特尔考察团与成都首次近"零距离"接触，到 2002 年成都市委主要领导组建特使团飞赴美国旧金山出访英特尔总部，再到 2003 年 8 月英特尔公司首席执行官克瑞格·贝瑞特到成都宣布最终的决定，成都高新区在成都市委、市政府的领导下，在两年多时间内相继成功通过了英特尔公司组建的七个专业调查组（人力、物流、电信、建筑、社会治安、税收、通关）的轮番考察。最终，贝瑞特向全球电子信息行业宣布了足以令他们震惊的消息——英特尔大型芯片封装测试工厂、英特尔全球第五个制造基地落户中国西部的成都，项目投资金额高达 3.75 亿美元。

沿着成都蜀西路向城西方向行驶 15 分钟的地方，是成都高新区的西区板块。很难想象，这里在 2000 年左右还是一片荒地；而今天，这里屹立着全球电子信息产业的一个重要节点——英特尔全球最大的芯片封装测试中心之一和英特尔全球三大晶圆预处理工厂之一，从这里运出的芯片配置在了全球一半以上的笔记本电脑中。同时，这里还集聚了西门子、戴尔、德州仪器、京东方、富士康等一大批世界知名电子信息企业。这里有一条通往高新区西部园区、被许多老成都人称为"IT 大道"的城市道路，它见证了成都引进英特尔等国际巨头、全力发展 IT 产业的故事。

成都高新区通过引进英特尔项目积累了丰富的产业招商经验和跨国谈判经验，这为其后来引进其他国际项目奠定了基础。"英特尔在这里建厂，以前的小鸟会飞到哪里去""英特尔在这里建厂，会不会破坏厂址下方土壤的生态"等看似是生产之外的问题，在英特尔项目谈判中令成都高新区的团队招架困难，但却使得他们在后来的项目磋商中显得愈发从容，甚至给其他考察团队提供了超出预期之外的详细方案和报告，使得来访考察的企业和企业家大为赞叹。英特尔项目之于成都高新区，不仅在于项目的投资体量大、在业界的引领性强，而且在于它的引进过程全面重塑了成都高新区对产业的招商认知，使得成都高新区的团队更有信心引进更多的国际巨头企业。由此看来，一个个国际性、复杂性、系统性的产业项目的落户，对于中国内陆城市和区域来说，也是一次次洗礼和再造，也因此为成都高新区造就了一支熟悉产业、接近市场、了解企业家的干部队伍。

英特尔落户成都高新区，不仅对于成都来说是一件大事，对于全球电子信息行业来说同样十分"惊人"——过去业界只听说过中国的北京、上海、广东具有发展电子信息产业的基础和规划，根本没想到距离中国沿海 2 000 多千米的西部内陆地区，也能发展这种高技术型和高附加值的产业。这也让产业界愈发好奇——成都高新区在哪里？成都高新区怎么样？成都高新区能不能成为自己生产力布局的下一个选择？诸如此类的问题诱发了国内外诸多行业对成都高新区、对成都、对中国西部的好奇。可以说，英特尔之落户成都高新区，就像打开了一扇通往产业新世界的大门。在成都市、成都高新区的接续努力下，随之而来的是国内外各类项目考察团爆发式增长，这为成都高新区"二次创业"期间的高速增长奠定了关键的市场要素基础。

环顾世界，西部诞生了中国电子信息第四极

在 1988 年启动筹建之初，成都高新区的创业者们就曾想象过引进国外高技术产业，想象过培育本土的创新创业团队，也想象过在全国的高新技术产业

版图上拥有一席之地。对于他们来说，成都高新区今天的发展程度似乎已经超出了当初的预期。估计很多人没有想到的是，短短二十余年，成都高新区在产业发展上就已经具有了现在这样的规模和影响力。尤其是成都高新区的电子信息产业，不仅有力地支撑成渝地区成为中国电子信息产业第四极，而且目前也成为成渝地区双城经济圈最有代表性和支撑力的核心产业。中国电子信息产业主要区域分布如表3所示。

表3 中国电子信息产业主要区域分布　　　　单位：亿元

区域	城市	电子信息制造业	软件与信息技术服务业	总计
长三角地区	上海	6 140	5 100	11 240
	江苏	35 402	8 446	43 848
	浙江	7 992	6 000	13 992
	安徽	5 534	2 000	7 534
	合计	55 068	21 546	76 614
粤港澳大湾区	广东	43 833	12 000	55 833
	合计	43 833	12 000	55 833
京津冀地区	北京	3 541	12 000	15 541
	天津	2 765	2 000	4 765
	河北	1 292	400	1 692
	合计	7 598	14 400	21 998
成渝地区	重庆	5 768	300	6 068
	四川	5 477	3 500	8 977
	合计	11 245	3 800	15 045

数据来源：根据公开资料整理而得。

成都高新区围绕电子信息产业生态，打造了集"芯—屏—端—网"为一体的高质量电子信息产业生态圈（见表4），集聚了一大批市场主体和研发机构，在集成电路、新型显示、智能终端、高端软件、人工智能、信息网络六大领域均具有国际竞争力和区域带动力。

表 4　成都高新区电子信息产业生态圈四大领域

领域	特征	代表企业
芯	主要指集成电路产业，包含了上游材料设备、中游生产制造、下游行业应用全产业链。在 IC 设计、封测领域具有较强竞争力，英特尔成都工厂对全球 50% 以上的笔记本电脑 CPU 进行封装测试，是全球的重要一极	上游材料设备：超硅、时代立夫、硅宝、ASM 中游生产制造：ARM、芯源、海思、德州仪器、紫光 下游行业应用：戴尔、极米、华为、西门子、长虹、九州
屏	主要指新型显示产业，包含玻璃基板、曝光机等上游材料，TFT-LCD、OLED 等中游面板模组；电视、平板电脑、车载终端等下游应用。在玻璃基板、掩膜版等领域具有较强竞争力	上游材料设备：中光电、路维光电、爱发科、翰博高科、出光兴产、LG 化学、华兴源创 中游面板模组：京东方、天马、维信诺、业成、吉锐触摸 下游应用：TCL、富士康
端	主要指智能终端产业，包含电脑、手机、平板、电视等领域，其中全球 70% 的平板电脑和近 20% 的笔记本电脑在这里组装，是全球重要一级	联想、戴尔 TCL、极米 鸿富锦、 奇宏
网	主要指信息网络产业，包含 5G 网络与设备、5G 云平台、5G+无人机、5G+大视频等领域，是全国重要的 5G 基地，具有 5G 先发优势和较强的产学研能力	华为、索尔思、光创联科技、汇源光通信、博创科技、光恒通信、普天电缆

资料来源：根据公开资料整理而得。

在芯片领域，成都高新区在多个行业都处于国内领先地位。IC 设计方面，海光、MPS、振芯、芯原、华大、联发科等公司奠定了成都高新区的"江湖地位"；封装测试方面，英特尔、达迩、宇芯等公司支撑成都高新区成为全球节点；晶圆制造方面，德州仪器也能代表成都高新区参与国际分工；ASM、林德气体、梅塞尔等配套公司共同构成了芯片生态圈，成为中国芯片的重要一极。

在显示领域，成都高新区已聚集了京东方、天马等企业，实现了从核心材料、关键部件、高端设备、触控模组、终端应用和新兴显示技术的全产业链覆盖，并建成京东方全球第二条、国内首条全柔性 AMOLED 生产线。

在终端领域，成都高新区深度融入全球产业分工，特别是在 PC 电脑和平板电脑两大领域贡献巨大——全球 20% 的台式电脑和全球 60% 的苹果平板电脑在这里制造，是全球领先的智能终端产业重要一极。

在新一代互联网领域，成都高新区是全国重要的通信技术研发基地，已聚集了以中国电信西部信息中心、中移（成都）产业研究院、中国联通（成都）5G 创新中心等为代表的 5G 通信企业和机构超过 100 家，在 5G+大视频、5G+智慧医疗、5G+工业互联网、5G+无人机、5G+智能交通等方面具有较大优势，是成都创建中国 5G 创新名城的主战场。

环顾世界，成都高新区的"芯—屏—端—网"四大领域，不仅是国内电子信息产业的优势领域，同时也是世界电子信息产业的主要赛道。成都高新区以一种开放态势，集聚了大批国际产业巨头，又以一种竞争精神，培育了大量本土产业"新星"。在成渝地区双城经济圈电子信息产业成为中国电子信息产业第四极的版图上，成都高新区的电子信息产业，无疑是夜空中最闪亮的那颗星。

再次出发，打造全球电子信息产业发展高地

"十三五"末，成都高新区已经聚集了 140 余家集成电路企业，涵盖了传感器、功率器件、光电器件、模拟、通信、存储、微处理、配套八大技术领域，产业规模接近 1 200 亿元，占比超过成都全市的 90%，已经是中国西部地区规模最大的电子信息产业集聚地，并且还在持续不断地迭代和突破。对于成都高新区而言，在进一步做大产业规模的同时，必须要迈向电子信息产业高端，瞄准若干中国电子信息被"卡脖子"的技术环节，推动电子信息产业从"量变"到"质变"的升级。争做全球电子信息产业发展高地，已成为成都高新区电子信息产业面向"2035"的主要目标。

中国正在迈上产业强国之路，其中电子信息产业是重中之重。从目前全球电子信息的产业链分布来看，电子信息的上游环节有芯片设计、硅片材料、制造设备，主要掌握在美国、日本和欧洲国家手中；电子信息的中游环节有集成电路、光电器件、分立器件、传感器等制造以及集成电路的封装测试，主要由中国台湾和中国大陆占据；电子信息的下游环节有 PC 电脑、信息通信设备、智能手机、电视机音响等消费电子、汽车电子等，由中国和部分东南亚国家占据优势。中国在电子信息领域的主要优势在于集成电路的封装测试以及 PC 电脑、网络通信、智能手机等消费电子，而向电子信息上游和高端发展存在较大压力。

以电子信息产业链上游的半导体材料为例，国际上已经普遍从第一代半导体材料迈向第二代半导体材料、并向第三代半导体材料发展，而这在中国还是一片空白。目前全球90%以上的半导体产品还是以硅为衬底制成的，但是这种材料却逐渐难以满足5G基站、新能源汽车等新兴产业的需求，这类器件所要求的高功率、高频性能、高压承受等均要依靠更新第一代半导体材料的支撑。以第三代半导体碳化硅（SiC）材料为例，其又称宽禁带半导体材料，它与传统硅材料的主要区别在于禁带宽度（判断一种半导体材料击穿电压高低的重要指标）上，禁带宽度数值越大，则该种材料制成器件的耐高压能力越强。根据专门从事碳化硅研发生产的天科合达的公开资料，其主导的碳化硅禁带宽度为3.2eV，是硅材料的3倍，由这种碳化硅制成的功率器件能够很好满足5G基站、新能源汽车等的需求。同时，碳化硅制成的功率器件，在损耗、散热、开关频率等指标上也显著高于传统硅基材料。总的来说，碳化硅等第三代半导体材料的性能有了极大的提升，这也是全球半导体巨头都在不断加大对其研发投入的原因。同样，在中游的芯片制造领域和中下游的封装测试领域，中国也面临"卡脖子"的挑战。比如，中国拥有较强的芯片设计能力，但缺乏相应的制造生产能力。

成都高新区意识到，只有培育出具有强劲产业集聚效应的产业主体，才能够整合各方资源，在集成电路领域发挥"集中力量办大事"的作用，支持中国半导体行业"突围"。于是，成都高新区果断出击，在"岷山行动"计划的首批榜单中，策划了成都岷山功率半导体技术研究院榜单。最终，由台积电前高管张帅博士（从事功率半导体研发工作超过22年）、IBM半导体微电子部原副总裁白杰先（在半导体技术领域和大中华区的市场领域拥有超过25年的国际商务经验）、功率半导体著名专家张波（国家"核心电子器件、高端通用芯片及基础软件产品"科技重大专项总体组专家和国家"极大规模集成电路制造装备及成套工艺"科技重大专项总体组特聘专家）等核心成员组成的专家团队揭榜，研究院具备将工艺技术、器件结构、版图设计、器件模型开发、产品设计、系统应用完美结合的能力，具有向国际前沿高端冲击的潜力。

成都高新区和专家团队构建了"政府引导、企业主导"的联合发展模式，目标是推动研究院瞄准全球功率半导体的高端前沿领域，打造一个覆盖车规级、工业级和消费级功率半导体的新型产业化研发机构，并推动成都高新区和中国的半导体产业进一步发展。研究院依托四川省功率半导体技术工程研究中心，聚焦硅基功率半导体分立器件和功率集成技术、第三代宽禁带功率半导体器件、电源管理模块及工艺开发，打造晶圆减薄、可靠性测试等公共技术服务平台，重点关注功率器件、模块及功率 IC 的设计、制造、封测、应用（包括目前主流的硅基功率半导体和下一代宽禁带功率半导体）。同时，研究院将整合国内外功率半导体供应链资源，发展新技术、开发新产品、提出新解决方案、孵化新公司，以满足市场对硅基和化合物功率半导体的"爆炸式"需求。

研究院张帅博士对未来发展信心满满，他表示，"我们会充分利用成都的人才资源，整合国内外晶圆厂资源及封装测试等产业链资源，针对产业化应用，加强功率半导体技术平台的开发，实现从硅基功率器件、功率模块、功率集成电路到宽禁带功率半导体的完整系列，并逐渐在制造领域建立相应的能力，努力拉动和促进成都甚至整个西南半导体形成集群，带来良好的经济效应和社会效应，为国家的功率半导体芯片国产化做出应有的贡献"。根据成都高新区的规划设计，功率半导体技术研究院计划在未来成功孵化出超过 10 家具有市场竞争力及核心技术研发能力的公司，并重点支持形成年销售超过一亿美金并极具核心竞争力和发展潜力的多家独角兽型功率半导体企业，同时将搭建 IP、EDA、制造工艺开发、材料、测试、人才培养等面向市场的公共技术平台，带动成都市功率半导体产业链发展。

可以预见，在成都高新区和功率半导体技术研究院的共同推动下，一大批新型研发机构等产业技术创新组织将会在成都聚集，一大批支撑产业和区域发展的关键核心技术将会被接连攻克，一大批自主可控、国际领先的产品将不断形成，成都高新区电子信息产业发展"卡脖子"的问题也将得到极大改善。尤为重要的是，成都高新区在攀登科技高峰、完成国家使命中又能够取得新的成绩。

电子信息产业的"群星璀璨"，是成都高新区抢抓全球产业转移发展机遇的一次成功探索，也是成都高新区不惧挑战奋勇争先的一次绝地突围，更是成都高新区"惟高惟新"产业逻辑下的一次生动实践。电子信息产业不仅是成都高新区的"立身之本"，也是成都高新区的"动力源泉"。即使到今天，在电子信息、生物医药、新经济"三足鼎立"的产业格局下，电子信息依旧是成都高新区贡献最多、产出最好、发展最稳的产业。展望未来，电子信息之"高"在于抢占 IC 设计、半导体材料、半导体设备等价值链、创新链高端，电子信息之"新"在于推动建立适用于新能源、新材料、新装备、新场景的产品和服务。电子信息之"高"之"新"就是成都高新区追逐"高新"梦想之所在。

第三章　生物医药：生命科学的"头号赛道"

医药行业是全人类共同关心的重要领域，是关系国计民生的关键产业，也是世界各国国民经济不可或缺的组成部分。生物医药是医药领域的一个新兴分支，也是医药行业中增长最快的新兴部分，并且正在以一种颠覆式、更迭式的"浪潮"重塑全球医药行业格局。成都高新区生物医药产业起步并不早，但却在短短十几年间成了全国生物医药产业格局中的重要一极——2020年，成都高新区3 000余家生物医药产业实现产值超过600亿元，产业增加值年均增长超过20%。而在全人类抗击新冠肺炎疫情的过程中，成都高新区也贡献了一份力量，在疫苗研发中取得了较大突破。这不得不说是一个中国西部内陆地区"后发先至"的精彩故事和成功案例。面向未来，成都高新区致力于打造千亿级的生物医药产业生态圈，继续保持一种"惟高惟新"的产业发展逻辑，朝着国际生物医药产业领先区迈进。图10为成都天府国际生物城夜间实景图。

图10　成都天府国际生物城夜间实景图

生命科学，一个全人类关心全世界争夺的领域

药，是一个既古老又年轻的词汇。说它古老，是因为早在数千年前的中国古代，就有人类使用药物、研究药物的记录，中药研制和使用已经有上千年的历史；说它年轻，是因为随着化学和药学的发展，化学药开始在西方诞生，并且不断演化出更多新的药品用于疾病预防、诊断和治疗的过程中。药既有新旧之分，也有中西之分，更有品类之分，但无论是什么样的药，其本质都离不开生命科学。探索生命奥秘、掌握生命运动规律是生命科学的永恒追求，而医药则是人类基于生命科学理论，研制出的预防疾病、治疗疾病、减少痛苦、增进健康的一个产物。

随着人类对生命科学的探索，以及药学、化学、生物学、生态学等学理的发展和应用，医药也大致经历了自然药、化学药、生物药三大阶段（见表5）。人类在石器时代、农耕文明时期及工业化早期基本都依靠自然药。比较典型的是传统中药，《神农本草经》《本草纲目》等著作代表了中国古人使用草药、提取草药成分进行医疗的漫长历史。西方世界也很早就将草本植物和动物身体内令人有舒适感和明确治疗效果的物质用作药物。英国工业革命后，有机化学工业迅速发展，西方将化学结构和药理结合起来，发明并合成了磺胺药物，以及后来的抗生素，全球进入以化学合成药为主的时代。进入21世纪，在分子生物学、遗传生物学、细胞生物学、神经生物学、生态学等现代生命科学的基础理论发展推动下，人类综合利用微生物学、化学、生物技术、药学等原理和方法制造出用于预防、诊断、治疗的药品，比如融合蛋白药物、单克隆抗体、疫苗、抗体偶联药物等，使得生物药成为继化学药后的一个新方向，受到各国政府、产业界、学术界的重视。

表5   医药发展的三个阶段

阶段	特征	学理	典型
第一阶段 自然药	直接使用具有药效的草本、动物或者从草本、动物上提取出来具有药效的物质	植物学、动物学	神农尝百草、埃伯斯伯比书
第二阶段 化学药	将具有药效的物质加入基础化合物进行简单的化学反应合成	化学、药学	磺胺药物、抗生素

表5（续）

阶段	特征	学理	典型
第三阶段 生物药	通过培养微生物菌种并在适宜条件下提取活性成分再进行合成	分子生物学、细胞生物学、神经生物学	融合蛋白药物、单克隆抗体、疫苗、抗体偶联药

中国医药行业起步晚于欧美等国家，在化学药和生物药方面都处于全面追赶阶段。近年来，中国老龄人口增多、人均收入增长、健康意识上升等因素推动中国医药市场迅速发展壮大。根据相关机构①的预测分析，中国医药产业规模有望在 2025 年突破 5.3 万亿元。

许多国际医药巨头早就瞄准了中国市场，并积极在中国大陆进行布局。早在我国改革开放之初，就有许多国外药企到中国来成立合资公司，比如无锡华瑞、中美史克、上海强生、西安杨森等。到 20 世纪末，已经有默沙东、拜耳、罗氏制药、葛兰素史克、阿斯特拉、武田等一大批跨国制药企业在中国设立公司。进入 21 世纪后，跨国药企在中国的布局进一步扩张，已经从上海、苏州、广州、天津等沿海地区深入成都、西安、重庆、武汉等内陆腹地，中国成为全球药企竞争最激烈的战场。

激烈竞争的背后，不仅是全球各国发展医药产业的大比拼，更是各国应对人口结构变化的大比武。从世界人口发展趋势来看，欧美日韩等发达国家已经或即将进入老龄化社会，日韩等国家老年人占比很高；而世界人口占比最多的中国，则开始进入老龄化和少子化阶段，因此全球医疗需求将呈现爆发式增长，药品的研发制造对于全人类将愈发重要，世界对于生命科学的追求将达到新的高潮。可以说，在 21 世纪中后期，谁掌握了最新生命科学理论，突破了生物医药技术，更新了医药制造工艺，那么谁就赢得了全球市场和世界话语权。

因此，成都高新区发展生物医药产业，不单是一个开发区发展产业的故事，而是中国西部内陆区域在全球医药产业竞争格局中寻求机会、在世界大力推动医药产业发展的机遇中去实现突破的一个典型经验。成都高新区把握了生命科学理论发展之势、抓住了医药技术竞争之时、占住了中国医药突破之机，最终赢得了自身产业之发展。

---

① 根据前瞻研究院预测，我国医药市场规模将以 14%~17% 的速度增长。

后发先至，化学药和生物药"双轮驱动"

从发展时间来看，欧美日等国家普遍从 20 世纪初就开始研发化学药，而中国大规模进军化学药则是在 20 世纪末期，落后于西方国家大半个世纪。从中国国内来看，西部地区发展生物医药产业普遍是从 21 世纪初开始的，又比东部地区晚发展近二十年。即使是成都、重庆、西安等相对发达的西部城市，医药产业也比北京、上海、广州等城市落后十年。

在这种背景下，成都高新区作为成都市发展医药产业的主阵地，承担着追赶东部地区医药产业、缩小与发达国家医药产业差距的重大使命。如何在既有的中药和仿制药基础上，发展更加高端的化学药和生物药，成为成都高新区决策者们必须要思考的重大问题。

经过对成都既有医药产业的摸底走访以及对国内外医药公司的拜访调研，成都高新区决定走化学药和生物药并行发展的道路，再加上医疗器械和医疗服务两个前后端，形成"四驾马车"的产业体系。在顶层设计之下，成都高新区制定了"两步走"战略：第一步，推动现有医药产业转型升级，重点是鼓励和支持本地中药材贸易、中药材加工、原料药生产、低端仿制药企业进行技术改造、工艺升级；第二步，面向全球引进和培育一批从事高端化学药、生物药、医疗器械研发制造和高端医疗服务的企业。

在化学药领域，成都高新区培育出了苑东生物这样的化学药高新技术企业。苑东生物成立于 2009 年，并于 2020 年在上海证券交易所科创板挂牌上市，其在麻醉镇痛、心血管、抗肿瘤、儿童用药、糖尿病等重大疾病领域先后实现了 20 余个化学药制剂产品和近 20 个化学原料药产品的产业化，所生产的富马酸比索洛尔、乌苯美司等多个化学原料药已经获得欧盟、日本、美国等国家的认证或注册受理，获得了"中国化药研发实力 20 强""中国化药企业百强"等荣誉，在国内化学药领域具有一席之地。

在生物药领域，成都高新区培育出了康诺亚生物这样的生物药高新技术企业。康诺亚生物成立于 2016 年，并于 2021 年在香港证券交易所挂牌上市，其在自体免疫及肿瘤治疗领域创新的生物疗法颇具实力，能够填补特应性皮炎、哮喘、慢性鼻窦炎及胃癌等自体免疫及肿瘤治疗领域中一些巨大的医疗缺口，其研发的 IL-4Rα 单抗、Claudin 18.2 靶向抗体偶联药物（ADC）、CD47 抗体等已经进入临床开发阶段。康诺亚生物在成都天府国际生物建立了具有 cGMP 规范的研发中心，是目前中国中西部地区产能最大的抗体药物生产基地及中国最大的自主创新品种抗体药物生产基地。

在医疗器械领域，成都高新区引进了全球排名第一的医疗器械集团——美敦力，其在成都高新区设立了便携式血液透析系统生产基地和下一代探头增强型胰岛素泵系统生产基地，并建立了高端医疗创新中心用于医疗器械研发实验室、血管造影复合手术室、ICU 培训室等功能单元。

在中药领域，成都高新区也聚集了地奥、迪康、新荷花等龙头企业，使得中药国际化步伐处于全国前列。

通过"双轮驱动""四驾马车"和"两步走"战略，成都高新区在"十三五"收官时已经初步形成了现代中药、化学药、生物制剂、医疗器械四大重点产业集群（见表6），并且各领域在国内都形成了独特的竞争优势，先后被授予国家生物医药研发创新产业基地、国家首批药品出口基地、国家中药现代化科技产业基地、国家生物医学材料及医疗器械高新技术产业化基地，也是"十三五"期间全国首家承担新药专项成果转移转化试点示范基地。可以说，成都高新区的医药产业已经达到了国家队实力，具备代表国家参与国际产业竞争的资格。

表6　成都高新区生物医药产业四大重点领域

领域	竞争优势	企业代表
现代中药	中药国际化步伐处于全国前列	地奥、迪康、新荷花等
化学药	倍特制药是成都高新区培育的企业，增长快速	四川制药、恒瑞制药、倍特制药、苑东生物等
生物制剂	在国内血液制品行业占有重要地位	康诺亚、蓉生药业、远大蜀阳、金凯生物等
医疗器械	研发制造了我国第一台具有完全自主知识产权的超导磁共振医学成像系统	奥康医疗、创益生物、美敦力等

从落后西方发达国家近百年到参与国际医药竞争，从落后东部地区二十年到全国排名前列，成都高新区发展生物医药产业的故事不得不说是一个"后发先至"的奇迹。

抗击疫情，成都高新区的"疫苗"研发与制造

2020 年，突如其来的新冠肺炎疫情对人类社会造成了巨大冲击和破坏，数以百万计的生命凋零在这场巨大危机中，数以十亿的人类性命危在旦夕。从人类历史上的致命病毒来看，黑死病、天花、查士丁尼大瘟疫、鼠疫大流行等都造成了巨大的人类伤亡，而人类战胜这些病毒的方式最终都会在疫苗上找到答案。可以说，面对新冠肺炎疫情的肆虐，全人类的性命都寄托在疫苗上，世界卫生组织和美国、中国、俄罗斯、英国、印度等国家都在千方百计地推进疫苗研发。一时间，疫苗成为影响人类世界走势的关键因素。

值得庆幸的是，随着数十个疫苗进入临床试验阶段、多个疫苗获批上市、多个疫苗获批紧急使用，全球各国已经陆续开展新冠疫苗接种工作，这场巨大的人类危机正在逐渐得到控制。新冠肺炎疫情的爆发，使得全人类都认识到疫苗对于人类生命与健康的重要性，也使得全球各国都愈发重视疫苗的研发。疫苗产业，成为未来生物医药产业的一个重要发展方向。

疫苗研制对于成都高新区来说并不陌生，早在 2009 年，一家专注于人用疫苗研发、生产和销售并聚焦于创新产品的企业——成都欧林生物科技股份有限公司（以下简称"欧林生物"）就在成都高新区正式成立，由此拉开了成都高新区发展疫苗产业的序幕。12 年过去了，欧林生物深耕疫苗领域，在药品研制上取得了不错的成绩，其研制的吸附破伤风疫苗、Hib 结合疫苗、AC 结合疫苗已经上市销售，AC-Hib 联合疫苗处于 III 期临床试验、重组金葡菌疫苗处于 II 期临床试验。同时，欧林生物在公司发展战略上也实现了巨大突破，成功登陆了科创板，是一家名副其实的国家高新技术企业。疫苗是成都高新区谋划布局比较早的一个产业领域，在新冠肺炎疫情暴发前，成都高新区的疫苗产业发展速度和成效都稳步提升，已经是一个欣欣向荣的产业类型。

新冠疫情暴发以后，成都高新区的疫苗产业开始发力。2020 年 7 月，成都高新区发展生物医药的主载体——成都天府国际生物城，与四川大学华西医药和四川大学华西医院生物治疗国家重点实验室主任魏于全院士团队三方共同成立了威斯克公司，致力新型冠状病毒疫苗的研发和流感病毒疫苗、肿瘤疫苗、细胞治疗等多个领域的产业化。为了与病毒赛跑、为生命竞时，成都高新区和

天府国际生物城为威斯克公司提供了最便捷、最高效、最细致的服务，全力支持威斯克公司进行新冠肺炎疫苗的研制。功夫不负有心人，威斯克公司研发的新冠疫苗成功入围国家批准进入临床试验的 11 款新冠疫苗之一，同时也是中国首个昆虫细胞生产的重组蛋白新冠疫苗。

新冠肺炎疫情给世界带来了阴霾，却给"吹散阴霾"的产业提供了机会。今天，威斯克公司依托于四川大学华西生物国家重点实验室，正在运用昆虫细胞技术开发狂犬病疫苗、流感疫苗以及疱疹病毒疫苗等产品，这些产品过去都被欧美国家掌握了核心技术。此外，威斯克公司还有多种细菌疫苗及肿瘤疫苗正在全力研发之中。同时，成都高新区、四川大学、威斯克公司共建了成都前沿医学中心孵化中心，聚焦生物医药细分领域创新研究。成都高新区和威斯克公司在生物医药产业上的完美配合，也吸引了其他产业资本的进入，上海医药、四川发展等企业已经与威斯克公司签约，增资扩建 6 000 平方米的疫苗及新药的生产基地，并选址在具有资源集聚效应的成都天府国际生物城。

除了预防新冠肺炎的疫苗，成都高新区已经瞄准了疫苗全产业链，正在向疫苗研发、疫苗生产、疫苗包装、疫苗冷链等环节全面拓展。疫苗是典型的生物技术应用于医药的案例，是在分子生物学、分子免疫学、基因组学等基础上发展起来的，因此成都高新区始终以一种创新精神支持疫苗产业发展壮大。在这种氛围下，天府国际生物城已经汇聚了欧林生物、三叶草生物、威斯克生物、安特金生物、柏奥特克、迈科康等一批疫苗及相关产品生产研发重点企业，支撑和推动着成都高新区迈向全球疫苗产业高端和生物医药前沿。

创新至上，从仿制药到创新药的进阶之旅

创新是产业发展的第一动力。在医药领域，世界上大部分药品按照加工工艺和创新性大致可以分为原料药、仿制药和创新药三类（见表7）。原料药是指药品的原料，是用于药品制造的一种混合物，其直接使用的药效较差且存在一定风险，要经过制剂过程才能成为药品，因此严格意义上并不算药品。将药品原料和适配辅料通过一定工艺进行药物制剂，按照研发过程是否具有原创性，就分为了创新药和仿制药。创新药是指新药，也称原研药，其投入高、风险高、回报高，是典型的"三高"产业，但治疗疾病的效果比较新、比较好，

同时在专利保护机制下其他药厂在其专利期限内对其进行仿制是不合法的，具有垄断的巨大经济效益。而在创新药的专利过期后，其他药厂则能对其进行仿制，制造出在疗效上相似、安全性合格、价格低廉的仿制品，被称为仿制药，仿制药的效果一般能够达到原研药效果的 60%~80%。

表 7 原料药、创新药、仿制药的定义及特点

领域		定义	特点
原料药		由化学合成、植物提取或生物技术制备成的粉末、结晶、浸膏等，是生产药品制剂的原料	其经过添加辅料、加工制成药品可使用，不可直接供临床应用；若直接使用可能引发危险
创新药		由医药公司创造研发，并在全球最先申请获得专利保护，在保护期内只有专利所有公司有权生产的药品，也称原研药	在治疗作用上具有较好效果，同时具有较强的市场定价权，利润较高，但前期投入大，失败的风险很高
仿制药	—	与创新药活性成分、安全性、给药途径和治疗作用相同的仿制品，是在创新药的药品保护期到期后，其他制药企业模仿生产的替代药品	与创新药在活性成分、安全性、给药途径和治疗作用相同，但价格相对低廉，对发展中国家来说性价比较高
	首仿药	原研药到期后，第一个仿制生产并上市销售的仿制药	—
	生物类似药	即生物仿制药，指与原研药在质量、药效等方面相似的仿制生物药	—

资料来源：根据公开资料整理得到。

世界各国的药品制造和药品工业大致都经历了原料药、仿制药、创新药三个阶段，也代表了技术创新应用于医药的三个阶段。由于不同国家在生命科学理论、生物及医药技术、制药工艺水平等方面的能力不同，因此各国医药制造所处的阶段、制定的战略、政策的导向不尽相同，导致全球医药工业形成了欧美主导、中印赶超的格局，并在创新阶段上形成了欧美发达国家主抓创新药、发展中国家主抓仿制药、欠发达国家提供原料药的层次结构。

在创新药领域，欧美国家和日本掌握了绝对的优势和话语权。美国的新药研发位居世界第一，在研药物数量、创新药公司数量、获批新药数量等均遥遥领先于其他国家。日本的新药研发仅次于美国，协和发酵麒麟、小野、中外制药等日本新药研发企业在抗肿瘤、基因治疗、内分泌代谢等方面相对领先，并成功开发了不少创新药。欧盟也是新药研发主力，近年来在基因治疗、肿瘤

药、新疫苗、传染病治疗、心血管等领域都有众多新药上市。与此同时，近年来中国在创新药领域方面的突破也比较大，在仿制药领域，发展中国家承接了欧美国家的产业转移，成为世界药品工厂，而欧美等国家则成为仿制药的消费大国。印度是当之无愧的"世界药房"，其实行的"强仿制度"使得医药工业迅速崛起，大批印度医药公司源源不断为全世界提供廉价的仿制药。根据相关测算，印度仿制了全球20%的药品，并出口到80%的国家。中国在仿制药领域虽然发展多年，但却并不具备优势，甚至充当了印度仿制药的上游环节，向印度出口原料药。

在原料药领域，大多数经济欠发达国家和发展中国家都承担了向制药大国出口的功能。比如，中国的许多原料药出口到印度，成为印度仿制药的重要原材料基地，同时也是世界最主要的原料药生产国和出口国之一；巴西、俄罗斯、非洲等国家和地区也是全球原料药的重要生产和出口基地。

面对这种格局，成都高新区依旧坚持"惟高惟新"的产业逻辑，在既有仿制药的基础上，大力推动高端仿制药、首仿药和创新药的发展。成都高新区生物医药产业发展目标直指中国医药产业的两个最大痛点——仿制药低效和创新药不足，而这两者都迫切需要创新要素的投入。

创新生态是成都高新区探索建立的用于帮助生物医药产业集聚创新要素的制胜法宝。成都高新区已形成了包括药物发现、药物开发、临床前评价、临床试验、中试生产等全过程的新药研发体系，建设了数十个生物医药类公共技术平台，为全区乃至成都市的生物医药企业提供技术支撑和服务。

创新生态离不开不同主体的相互交融，只有尽可能地打破创新要素的边界，促进不同生物医药企业的相互支撑，从而构建一个跨企业、平台型的创新体制，才能探索出更多的增长潜力和发展可能。而产业机会清单模式就是能够实现这一目的的有效办法。

产业机会清单，是指将产业发展的需求端进行整理并向供给端发布，推动产业供给端围绕需求端进行研发和生产，以最好地满足市场所需。由于产业机会清单具有促进区域产业融合、对接供需两端、激发创新活力等功能，因此在"十四五"开局之年就被成都高新区用在推动生物医药产业的发展路径上。

成都高新区梳理发布辖区内10个生物医药技术创新功能性平台存在的产业机会清单，包括成都先导药物、成都新药安全性评价中心、国际平行试验室等，涉及药物发现、安全性评价、有效性评价、中试生产、细胞治疗研发等多个方面（见表8）。清单中详细注明了平台名称、运营单位、主要业务、联系人及联系方式等信息，并直接向社会公布。平台的运营单位都是在行业处于领先地位的企业，比如成都先导药物万亿级 DNA 编码化合物筛选平台就是由成都先导药物公司负责运营，其致力于新药的发现与应用，已与多家国际著名制药公司、生物技术公司、化学公司、基金会以及科研机构建立合作，由其负责整理和发布的产业机会清单业务具有前瞻性、应用性和针对性，既能够拓展创新边界，也能够帮助成都高新区其他相关企业直奔目标、少走弯路，实现创新资源的共建、共享、共用。

表8　成都高新区医药健康产业机会清单（第一批 10 个）

平台名称	运营单位	主要业务
成都先导药物万亿级 DNA 编码化合物筛选平台	成都先导药物开发股份有限公司	药物发现
生物医药分析测试公共技术平台	成都睿智化学研究有限公司	药物合成、药物分析、质量研究
国家成都新药安全性评价中心	成都华西海圻医药科技有限公司	药物安全性评价
临床前新药药效评价公共技术平台	四川康城生物科技有限公司	药物有效性评价
成都海枫有效性评价中心	成都海枫生物科技有限公司	药物有效性评价
国际临床研究中心	成都华西临床研究中心有限公司	药物临床研究
生物医药 GMP 中试公共技术平台	成都天河中西医科技保育有限公司	中试生产
天府生物医药孵化中心（赛默飞—国际生物城创新实验室）	赛默飞	早期药物评价共享空间
国家平行实验室	川大国重实验室	细胞治疗研发中试
国际生物城供应链中心	成都天府国际生物城供应链服务有限公司	供应链服务

成都高新区构建的生物医药产业的创新生态，也离不开政府部门推动建设的产业功能载体。规划面积 45 平方千米的成都国际生物产业城正是高新区用于发展生物医药产业的主载体，其重点围绕生物医药、医学工程、健康服务、医疗器械等领域，以"一城多园"模式，通过建设多个特色园区，面向全球生

物医药产业资源开放，构建"创新研发—中试加速—产业化"为一体的生物医药产业载体体系，将为中国西部的生物医药要素提供集聚、孵化、壮大、上市和国际化的服务。

创新至上，是当前和未来成都高新区发展生物医药产业的核心逻辑。成都高新区生物产业局正在开展《成都高新区医药健康产业"十四五"专项规划》的编制工作，其中尤其重要的就是以创新推动生物医药产业发展。

生物医药产业的"高新之道"，是成都高新区抢抓生命科学发展、生物医药技术突破、国内市场增长等多重机遇，最终实现国内领先和国际赶超的一次完美逆袭。如果说电子信息产业是成都高新区的"立身之本"，那么生物医药产业则是成都高新区的"希望之光"，代表的是一种未来和无尽的可能。展望未来，生物医药之"高"在于抢占高端仿制药、前沿创新药及其价值链高端部分，生物医药之"新"在于不断推动新的生物医药技术应用于新药研发，并建立支撑生物医药产业的创新生态，激发新的活力。生物医药之"高"之"新"，亦是成都高新区追逐"高新"梦想之所在。

第四章 新经济：技术驱动与场景营造

新经济依赖于技术驱动和场景营造，是供给创造需求和需求催生供给相结合的产业形态，只有全世界技术密集、劳动密集、资本密集的活力区域才有条件孕育新经济。成都高新区，得益于发展电子信息和生物医药两大产业积累的"家底"，不仅拥有电子、信息、生物等前沿技术，也拥有因大量人才聚集而构建的丰富场景，具备发展新经济的丰沃土壤。图11为成都高新区新经济活力区。

图11　成都高新区新经济活力区

新经济需要新赛道，新赛道孕育新机会。成都高新区十分偏好具有引领性发展、颠覆性创新、爆发式成长等特性的新经济赛道，尤其是5G通信与人工智能、网络视听与数字文创、大数据与网络安全三大产业方向。成都高新区围绕这三大方向建立了以新经济活力区为引领，瞪羚谷、骑龙湾、AI创新中心、中国—欧洲中心、新川创新科技园、天府软件园为支撑的"1+6"新经济空间布局。面向未来，成都高新区着力发挥新经济的融合力和再造力，以人才为核心，坚定地向世界级的新经济策源地和数字经济先行区迈进。

"新经济"，一个源自美国却由中国成都正名的经济模式

新经济（new economy）的概念起源于美国，是在美国 20 世纪 90 年代整体经济走出阴霾、开始上行背景下产生的，最早是由美国《商业周刊》提出，用于描述美国宏观经济增长态势的词语。随后，美国人又进一步探索其经济增长的动力，并将以信息技术为代表的新技术驱动的经济增长称为新经济。自此，以告别过去、经济增长、技术驱动为特征的新经济概念缘起。

到目前为止，新经济还没有形成一个规范的定义，不同学派的界定有显著差异。经济增长学派强调新经济的技术驱动特质，产业结构学派强调新经济的结构变动和价值增值，发展学派强调新经济的非线性增长逻辑，创新学派强调新经济的组合式创新和系统性创新……可以说，新经济的种子在不同的理论土壤中会形成差异性的发芽。

或许是海风太大，新经济的种子飘到了太平洋彼岸的内陆深处，在成都这座城市开始生根发芽。彼时，成都的新经济已经具备一些雏形，从经济增长看，成都在中国副省级城市经济总量排名中位次较前；从技术特性看，成都已经在电子产业、信息产业、生物产业等高技术型产业类型上形成了一定优势；从发展结构看，成都成功地越过了线性增长模式，实现了跳跃式发展；从创新能力看，成都的科技资源丰富、创新氛围较浓……根据我国一些学者的观点，新经济包含了经济全球化和信息化两大趋势，主要是由信息技术及其应用产生的新型经济形态，涉及互联网+、大数据、云计算、物联网、新能源、绿色经济等业态，而成都恰是国家信息技术发展的重要基地和面向"一带一路"的重要枢纽，在经济全球化和信息化两个方面都具有比较优势。因此，无论是基于什么样的理论推导，成都均具有发展新经济的基础和潜力。根据相关机构的调研，成都 2017 年新经济总量指数、发展指数、竞争力分别在全国城市中排名第四、第六和第七，成都发展新经济在全国具有比较优势。

成都敏锐地察觉到了这一发展契机，开始着手构建孕育新经济的土壤和环境。时任成都市委书记表示，以创新理念培育转型发展新动能，把发展新经济作为追赶世界先进城市的突破口。2017 年，成都市成立新经济发展委员会，提出了数字经济、智能经济、绿色经济、创意经济、流量经济、共享经济六大新

经济形态，这在全世界来说都是一个新的突破。"最适宜发展新经济的城市"成为成都敢于在全球定位新经济的一个精神符号；"发展新经济，培育新动能"也成为成都推动城市转型的重大战略抉择。

经过三年多的发展，成都已经成为国内新经济企业扎堆聚集的首选之城。根据成都市新经济委的数据，2020 年成都市新经济企业数量已达到 43.3 万家；而作为成都市新经济的主载体，成都高新区的新经济企业数量超过了 10 万家，特别是成都高新区的新经济活力区 2020 年新注册企业就超过 2 万家，平均每天就有 93 家企业在这里成立。成都按照新经济企业的全生命周期进行"梯度培育"，形成了独角兽企业—行业领军企业—准独角兽企业—种子企业的新经济企业层次体系，并且每年根据"市场认可、行业认可、资本认可"三个维度的综合评价，制定新经济企业的梯度培育名单。而这份名单中，已经走出了唐源电气、极米科技、纵横股份、成都先导、秦川物联、盟升电子等一批科创板上市的新经济企业，并且也储备了一大批正在过会或者准备上会的新经济上市企业预备队。一个个新经济领域的市场主体已成为成都高质量发展的强力推动者，使得成都在整个中国中西部鹤立鸡群。

融合再造，新经济给成都高新区带来的两种力量

新经济不同于旧经济的关键之处在于核心驱动力，旧经济的经济驱动力是生产要素、"三驾马车"、政府政策，而新经济的核心驱动力则有所不同，从全球新经济的发展经验来看，主要有"新"人群驱动、"新"技术驱动、"新"生态驱动三种模式（见表 9）。

表 9 全球新经济的主要驱动模式及特征

驱动模式	代表城市	特征
"新"人群驱动	美国硅谷 中国深圳	19 世纪中叶开始，加州的"淘金热"吸引全球冒险者，改变了旧金山的人口特征，新的经济模式随之产生；20 世纪 80 年代改革开放初期，深圳的市场经济改革吸引了全国具有冒险精神的人群聚集，随之形成了新的经济发展模式

表9（续）

驱动模式	代表城市	特征
"新"技术驱动	美国波士顿 中国北京	波士顿大都会区拥有超过100所大学，哈佛大学、麻省理工等顶级名校为此区域提供了大量的原创技术和创新人才，因此形成了围绕技术发展的经济模式； 中国的顶尖学术资源以北京的集聚度最高，为北京发展技术驱动型的经济模式提供了核心支撑
"新"生态驱动	以色列特拉维夫 新加坡	以色列具有迫切的发展愿望，深深植入以色列人民的灵魂，使得其具有一种创新生态，其首都特拉维夫形成了技术、人才、资本、政策、制度汇聚的生态； 新加坡建立了最为开放的经济发展模式，一切发展资源和要素都能够通过开放来解决，由此形成了一种城市生态

资料来源：根据公开资料整理得到。

　　无论是哪种驱动力，新经济都超越了传统经济对产业形态的界定，即并非按照一二三次产业进行划分，而是超越了三次产业划分，具有聚合共享、跨界融合、快速迭代、高速增长的特征，并在不同阶段、不同层次有不同内涵。随着"十四五"开启新征程，特别是国家对数字经济的重视程度提高到一个新的层面后，新经济的融合力和再造力进一步凸显。

　　新经济的产业融合力，是指其超过三次产业的分类，将不同产业聚合的能力。根据成都对新经济的定义，数字经济、智能经济、绿色经济、创意经济、流量经济、共享经济六大形态里面，每一类都并非是单一的产业，而是横跨多个产业的综合类型。比如智能经济，是以智能作为产业的发展特征，既包含了工业生产的智能化，也包含了服务业的智能化，以及农业的智能生产和销售，是一个横跨三次产业的融合形态，而智能经济还能够通过智能化将工业生产延展至服务业，在一些装备制造领域，一些产品被制造出来被客户使用后，产品生产商可以通过对产品的数据搜集和信息反馈，对产品运营的性能进行监控，帮助客户降低运营风险。在人工智能领域，成都高新区构建了面向多个产业门类的应用场景，发展了模型生产、算力基础、数据资源管理等AI基础层，集聚了计算机视觉、语音识别、自然语言处理等AI技术层，拓展了医疗、教育、金融、政务、安防等AI应用层，充分展现了新经济无与伦比的产业融合力。这其中，成立于2015年底的启英泰伦是一个典型代表，它专注于人工智能语音芯片，以及提供配套应用解决方案，融合了语音算法、芯片设计、语音数据处理、软硬件产品开发等第二和第三产业形态，体现了综合式、系统化、集成型的特征。

新经济的产业再造力，是指其能够打破边界，通过新技术催生新产品、新产业、新业态、新模式，推动跨界融合从而产生新的产业增长。比如，5G 技术的发展使得许多原本受制于 4G 峰值速率、连接密度、端到端时延等指标的行业出现了新的发展可能，造就了增强移动宽带（eMBB）业务、超高可靠低时延（uRLLC）业务、大规模机器通信（mMTC）业务等诸多"5G+"应用场景。在成都高新区，5G 基站已经实现了热点区域的全覆盖，而以 5G 为核心的新通信技术使得诸多传统行业焕发新生，远程医疗、无人机、工业互联网、车联网等一系列业态密集爆发。在车联网领域，成都高新区积极争取与百度公司的合作，致力于推动智能驾驶发展，而百度公司也十分看好成都高新区在 5G 产业和基础设施上的布局，认为成都高新区已经具备构建智能驾驶项目的通信条件。因此在第十届 TIAA 大会暨 2021 自动驾驶商业应用大会上，百度宣布其 5G 智慧城智能驾驶项目落户成都高新区，未来将提供智能网联测试和应用环境以及无人驾驶公交、无人驾驶乘用车等自动驾驶运营服务，这使得成都高新区在促进 5G 与自动驾驶相结合、推动车联网发展方面走在了全国前列。根据《成都高新区智能网联汽车产业发展行动计划 2021—2025》，成都高新区将进一步基于 5G 技术的高精定位、车路协同、信息安全等领域发展，形成智能网联汽车完整技术体系，以达到整体技术水平国内一流、部分技术国际领先的水平，打造智能网联汽车产业创新发展高地，而这恰恰是新经济再造力的一个生动案例。

正是由于新经济不同于一般产业的融合力和再造力，使得数千家相关企业在成都高新区生长，特别是在 5G 通信与人工智能、网络视听与数字文创、大数据与网络安全三大领域具有十分明显的优势（见表 10）。

表 10   成都高新区新经济三大重点领域

领域	具体路径	典型案例
5G 通信与人工智能	在新川创新科技园打造具有全球影响力的 5G 创新应用先导区、成都国家人工智能创新应用先导区核心区	百度智能驾驶、医云科技、企鹅杏仁、中科卫创

表10（续）

领域	具体路径	典型案例
网络视听与数字文创	在瞪羚谷打造中西部产业生态最完善的数字文创产业基地	拟合未来、咪咕音乐、腾讯新文创、网易文创、爱奇艺、快手直播、腾讯王者荣耀团队
大数据与网络安全	在天府软件园打造具有国际影响力的中国软件名园	成都卫士通、成都科来软件、成都无糖信息技术、字节跳动

资料来源：根据公开资料整理

人工智能，成都高新区有望进入世界领先的"钻石赛道"

1956年8月，一群科学家聚在达特茅斯学院，一起讨论一个完全"不食人间烟火"的内容——用机器来模仿人类的各种智能。这群人中，有信息论创始人克劳德·香农，有诺贝尔经济学奖得主赫伯特·西蒙，还有明斯基、塞弗里奇、纽厄尔等学者，虽然他们这次会议并没有提出一个明确的概念或者架构，但是这次会议却首次提出了人工智能（artificial intelligence）这一概念。

随着搜索式推理算法、反向传播算法、神经网络的机器学习雏形等的不断发明，以及语音识别、机器视觉、自动驾驶等技术的相继突破，人工智能愈加广泛地走进了人们的生活，更加直接地促进了经济发展，并开始改变人类世界的运行方式，成为世界各国竞相发展的具有未来属性的新兴产业。

全球各国都在抢占人工智能产业赛道。美国在人工智能上布局较早，制定了《美国国家人工智能研究与发展策略规划》等政策，形成了人工智能发展较为完备的体系。欧盟国家中，英国致力于打造世界AI创新中心，德国依托"工业4.0"推进其装备制造的智能化，法国推出了国家人工智能发展战略以提升其全球引领能力。亚洲国家中，日本出台了人工智能战略推动建立人工智能强国，韩国发布了国家人工智能战略以构建人工智能生态系统，俄罗斯也在积极谋求人工智能的全球领先地位。中国非常重视人工智能产业，从国家层面出台了《新一代人工智能发展规划》等政策，以推动人工智能发展并促进实体经济增长。

从我国人工智能产业空间布局来看，《国家新一代人工智能创新发展试验区建设工作指引》明确了京津冀、长江经济带、粤港澳大湾区、长三角等重点区域作为国家人工智能发展引领区，同时鼓励天津、深圳、杭州、合肥、浙江德清、重庆、成都、西安、济南 9 个城市建设国家人工智能试验区。

　　成都高新区凭借在电子技术、信息技术、软件技术等方面的优势，当仁不让地成为成都人工智能的先导区。成都高新区围绕人工智能的基础层、中间层、应用层，已经实现了关键共性技术、开放创新平台、梯度空间、场景营城、政策环境五个方面的覆盖，初步形成了具有产业生命力的人工智能生态。图 12 为成都国家人工智能创新应用先导区高端峰会。

图 12　成都国家人工智能创新应用先导区高端峰会

　　智能算法是人工智能的核心所在，是成都高新区发展人工智能产业的重中之重。由于算法的进入门槛和开发成本相对较高，同时不具有算法开发能力的中小型企业对算法的需求较大，因此搭建一个算法供需平台成为成都高新区的一个探索方向。成都高新区依托人工智能边缘计算智能终端硬件设备商云图睿视科技，搭建了算法商城 AI-Store，目的是快速打通行业壁垒并帮助中小型企业降低开发成本，同时催生新的人工智能商业模式，进而提升整个区域的人工智能市场活跃度。该项目得到了英特尔公司的支持，2021 年英特尔同云图睿视一起面向全球发布了 AI 产业生态计划，致力于推动人工智能更好地普惠世界。

　　智能芯片则是支撑智能算法实现的重要环节，也是成都高新区发展人工智能产业的核心环节。围绕人工智能的不同应用和不同算法，芯片开发在感知类领域可以分为视觉感知、语言感知、语音感知等类型。在视觉感知芯片方面，成都高新区引进了专注人工智能视觉感知核心技术和芯片开发与应用的黑芝麻智能，并建立了黑芝麻智能科技人工智能感知计算芯片研发中心，能够与成都高新区大力发展的智能车联和智能网联实现联动发展。

智能网联和智能车联也是成都高新区正在积极抢占的人工智能赛道之一。成都高新区正携手百度 Apollo、中科创达等全球智能驾驶领军企业加快建设四川省首个智能网联示范基地。该基地坐落于新川科技园内，拥有一条长约 30 千米的智能网联示范道路，能够满足研发、测试、商用等全周期的产品需求。

人工智能与医学的融合，使得智能医疗的发展可能性更大，同时诊断机器人、手术机器人、康复机器人等医学机器人的不断发展融合催生出更大的产业蓝海。成都高新区抓住机会，率先布局，大力扶持博恩思医学机器人公司，支持其开发新一代自主知识产权人工智能微创外科机器人，在自动化手术和智能医疗领域取得了先发优势。目前，博恩思公司围绕全国外科手术实际需求，正在成都高新区搭建人工智能外科创新工场，以更好满足未来发展的需要。

人工智能与教育的融合，也使得教育的效率得到极大提升。成都高新区的准星云学已经研发了可自动批阅主观题的"准星智能评测系统"等 AI 教育系列产品，既帮助学生找出学习"盲区"，同时也帮助教师批改试卷和作业，大大提升了教学效率。国内领先的互联网教育企业大米科技和火花思维也选择在成都高新区布局在线教育，孕育出了 VIPKID 在线英语 1V1 教学、大米网校、对外汉语教学平台 Lingobus、儿童数理思维教育等产品和服务。

人工智能同样对工业企业"上云"发展具有促进效应。在工业云制造领域，成都高新区成立了四川省工业云制造创新中心，集聚了诸多来自智能制造、工业云、先进电子等领域的创新主体，例如华为、中国电子集团、中国联通、中国航天科工、中国东方电气、电子科技大学等，它们共同推动成都工业企业向云制造方向转型升级。

展望未来，成都高新区将凭借国家赋能和既有基础，加快做大做强人工智能核心产业。根据《成都高新区创建成都国家人工智能创新应用先导区行动计划（2021—2023 年）》，到 2023 年成都高新区人工智能部分技术与应用将达到世界领先水平，人工智能核心产业规模将突破 400 亿元，关联产业规模将突破 4 000 亿元，并培育"10+"关键核心技术、建设"20+"创新基础设施、推出"30+"示范应用场景、培育"500+"创新型企业、打造"8+"高能级产业社区。如果该目标顺利实现，那么成都高新区的人工智能产业水平完全能够与国内外的领先区域比肩。

人的生态，成都高新区打造具有全球影响力的新经济策源地

新经济的魅力在于其突破了传统经济增长和产业发展理论所强调的资源禀赋和要素决定论，是一种强调技术创新和人力资源的内生性经济产业发展模式。成都高新区在新经济实践中，充分考虑了新发展逻辑，强调"人的生态"，即所有发展资源都围绕人（特别是"创新人"）的周围，进而围绕企业（经典理论认为这是一种最低的交易成本）的周围，从而形成一种以人的生态为本的新经济发展模式。

在具体路径上，成都高新区围绕人的生态，瞄准了四种最有潜力推动新经济发展的人才，即"蓉归派""海归派""学院派""创客派"，被统称为成都高新区新经济发展的"四派人才"（见表11）。

表11　成都高新区"四派人才"

派别	特征	典型案例
蓉归派	本身是成都人，在国内外掌握了新技术新方法后选择回成都进行创新创业	成都志胜空天动力科技有限公司的总经理是从央企辞职后回到成都创办的公司
海归派	从国外学成归国或从海外公司离职后回国进行创新创业的人才	成都鸿核科技的团队核心人员有曾任德国莱布尼茨创新型微电子研究所的研究科学家
学院派	高校、科研院所中掌握了新理论、新工艺并到市场上进行创新创业活动的学术人才	四相致新科技有限公司的团队主要由来自电子科技大学的多名教授、副教授组成
创客派	专业从事创新创业的人才，其履历涉及多次成功的创新创业经验，并致力于不断推动创新创业	四川亿通华讯科技有限公司的创始人早年参与过多个创业项目

资料来源：根据公开资料整理得到。

当然，"四派人才"没有绝对的边界，甚至有些人才具有多个派别的属性。例如，成都鸿核科技的团队核心人员王勇，既是电子科技大学的教授，属于

"学院派";又曾任德国莱布尼茨创新型微电子研究所研究科学家和项目负责人,属于"海归派";同时曾联合创立成都中宇科技有限公司,属于"创客派"。可以肯定的是,成都高新区原创的"四派人才"模式,客观上找准了最能够推动新经济发展的四类人才。根据相关报道,仅 2019 年,成都高新区就落户"四派人才"创办的企业 1 000 余家,其中高层次"四派人才"企业 301 家、"海归派"企业 87 家、"学院派"企业 89 家、"蓉归派"企业 48 家、"创客派"企业 77 家。目前成都高新区的"四派人才"模式已经不止服务于新经济领域,在电子信息和生物医药产业中已经广泛推行。

找到了最适宜发展新经济的人才类型后,成都高新区开始围绕这些人才的发展需求,进行政策设计和平台搭建。政策设计方面,成都高新区出台了全国首创的"1+3"金融扶持政策及"菁蓉·高新人才计划""金熊猫人才计划""三五"人才支持政策、海外人才离岸创新创业基金(两亿元)等一系列政策,并在全国率先探索"城市机会清单"发布机制,为新经济企业发展提供保障。平台搭建方面,成都高新区早在 2000 年就成立了博士创业园,之后陆续建立了一批区内平台并大力探索海外人才平台,目前已经拥有 25 个离岸创新创业基地工作站。此外,成都高新区还设立了 100 亿元新经济基金用于支持新经济企业发展,这在全国属于首创。在平台和政策的双轮驱动下,一大批新经济人才向成都高新区集聚,其中不乏约翰·戈登、夏普莱邵斯达克等诺贝尔奖得主。

当新经济的人才有了施展拳脚的舞台后,他们所创立的企业如何发展壮大就成为成都高新区关心的重点问题。从国内外经验来看,人才强不一定企业强,人才发展得好也不代表企业就发展得好。换句话说,要实现人才在新经济发展中的价值,必须要对他们创立的企业进行合理指导和科学规划。而这其中,最大的难题就是同一行业领域的企业遇到的共性问题如何进行有效解决,以及如何形成一种行业生态治理模式,推动整个行业高质量发展。

针对这些问题,成都高新区创立了"业界共治理事会"模式,目前已经成为成都乃至全国发展新经济的先进经验。"业界共治",顾名思义,就是针对业界普遍存在的"痛点"问题进行共同治理。理事会的成员主要为行业内的企业和机构,也包括高新区的服务人员、成都市新经济委的工作人员和部分专家学者。成都高新区新经济发展局根据企业发展所需,常态化召开茶话会、"私董会""走进企业"、早餐会等系列活动。这些活动中减少了"宣讲式"讲座，而增加了"吐槽式"研讨，并倡导"合作式"对接。例如，成都高新区"大数据和网络安全业界共治理事会"在 2020 年 1 月召开了新年茶话会，围绕软件人才的引进培育等焦点问题进行了交流。会上，成都卫士通、成都科来软件、成都无糖信息技术等企业负责人"吐槽"了公司引进人才遇到的挑战和难题，相互之间分享了"人才经"，还咨询了具体人才政策的落实，并共同探讨了未来行业集聚人才、培养人才、管理人才的模式。茶话会讨论出来的"柔性引才制度""业绩评价方式"等创新性做法已经在相关企业试行，在取得了较好的效果后由成都高新区新经济局向全区其他企业推广，切实有效地解决了部分行业面临的人才难题。如今，成都高新区不仅围绕新经济企业的发展生态，推动5G 与人工智能、数字文创与网络视听、大数据与网络安全三个重点领域构建了业界共治理事会，同时业界共治理事会模式已经在成都高新区三大主导产业全面推广，并且根据业界需要形成了数十个细分行业的理事会。成都高新区还为每个理事会最高匹配 1 000 万元业界共治发展基金用于其运营。

以人为本，是成都高新区抢抓新经济发展机遇的核心密码。未来世界的产业发展逻辑已经从要素驱动、资源驱动、模式驱动全面转向技术驱动，这也是新经济不同于旧经济、传统经济的关键所在。技术驱动的背后是人的创造力，新经济体现的就是这一内生动力。成都高新区发展新经济的密码，就是以人才为中心推动成都高新区打造具有全球影响力的新经济策源地。

成都高新区新经济的"策源发展"，是依托其产业基础，聚焦技术驱动和场景营造，大力推动以人才为核心的创新创业活动，进而实现本土价值成长的发展之道。如果说电子信息和生物医药产业是成都高新区依靠引进外来企业实现"无中生有"发展起来的，那么新经济就是成都高新区依靠本土培育实现"从 0 到 1"建立起来的。展望未来，新经济之"高"在于打造满足高端创新人才所需的生态环境，新经济之"新"在于引导人才朝着新的技术领域和场景形态不断拓展。新经济之"高"之"新"，也是成都高新区追逐"高新"梦想之所在。

第二篇
万物生长之创新密码

"苟日新，日日新，又日新。"

——《礼记·大学》

创新，是一种"发生"。创新，是一个"过程"。创新，代表着非具象的无限可能。创新（innovation）一词起源于拉丁语，原义有三层含义：一是创造出原来没有的新事物；二是更新，即对原有事物进行替换；三是改变，是对原有事物的发展和改造。从世界经济发展规律来看，科学技术是第一生产力，创新是引领发展的第一动力，技术创新是经济长期增长最为重要的因素。

地处中国西部的成都高新技术产业开发区，诞生之初就是"创新"的产物。肩负"发展高科技，实现产业化"的国家使命。成都高新区发展实践不仅是创新经济学理论的生动阐释，更是在全球产业革命和激烈竞争中"以创新为魂"建构起的中国西部创新密码。成都高新区立足全球视野，坚持创新的逻辑，创字当头，惟高惟新，迈向未来，于面积234.4平方千米土地之上绘就了西部高新技术产业发展高地的画卷，在西部内陆的天府之国迸发出万物生长的力量。

第一章 创新逻辑

科技创新是指创造和应用新知识和新技术、新工艺，采用新的生产方式和经营管理模式，开发新产品，提高产品质量，提供新服务的过程。

按创新主体和环节划分，科技创新主要分为知识创新、技术创新和现代科技引领的管理创新。其中，知识创新主要探索新的思想观念和公理体系，为人类认识世界和改造世界提供新的世界观和方法论。技术创新的核心内容是科学技术的发明，新价值的创造，促进科学技术与应用创新的良性互动，推动经济发展。管理创新既包括宏观层面社会政治、经济和管理的制度创新，也包括微观层面各创新主体的管理创新，旨在激发人们的创造性和积极性，优化创新资源配置，提升科技创新质量和效率。

技术创新理论

● 定义与外延

一般认为，技术创新的内涵是指技术发明的第一次商业应用，是一种复杂的技术经济行为，包括产品创新、工艺创新及其商业化等活动。

英国经济学家弗里曼在 20 世纪 80 年代提出了技术创新的"四分法"，即把技术创新分为渐进性创新、根本性创新、新技术体系、技术革命四种类型。其中，渐进性创新是指对产品、工艺进行连续的、显著的改进；根本性创新则是指要有新的、根本性的突破，通过技术制造出新产品；新技术体系是在具有较为普遍影响的技术创新基础上产生的新产业；技术革命是能够带来技术范式变化的创新，形成产业革命浪潮，并因此影响或带动了经济周期的变化。

随着时间推移，创新的性质和前景一直在变化，为有效地测度创新，20 世纪 90 年代以来，经济合作与发展组织（OECD）陆续发布和更新了四版奥斯陆手册，通过制定创新发生的特征指标来反映创新的新变化，为政策制定者提供了实用的分析工具。2018 年 10 月，经济合作与发展组织（OECD）发布了第四版奥斯陆手册，从产品创新、新市场（NTM）产品创新、产品开发方法创新、其他产品创新特征、业务流程创新、新产品业务流程创新、开发业务流程方法创新等指标描述创新的发生及其特征。

● 四大特征

技术创新具有创新收益的非独占性、不确定性、市场性、系统性四个基本特征：

（1）创新收益的非独占性。由于技术创新活动主要产生于无形知识，无形知识容易被复制、模仿，因此创新者难以获取从创新活动中产生的全部收益。

（2）创新的不确定性。研发、生产开发、市场开发三个环节都存在一定失败概率，这导致了创新的不确定性。研发，一项新技术往往要经历千百次的探索试验才能成功，失败也是常有之事；生产开发，技术研发往往在实验室或者特定环境中进行，通过从小规模到中规模的不断尝试去发现问题，从而为大规模生产制定考虑材料、工艺、环境等在内的投产方案，需要多次规模逐渐放大的实验；市场开发，一项技术创新或新产品从研发到投入市场往往需要数年时间，在中长周期的技术研发期间，市场需求和消费者观念很可能就会发生较大变化，也可能竞争者会抢先一步将新产品投入市场，这些均会对新产品投入市场产生影响。

（3）创新的市场性。技术创新与纯粹的科学技术活动的区别就在于对市场的重视，如果仅关注技术而不关注市场，技术创新很有可能面临失败。

（4）创新的系统性。创新的系统性有两层含义：一是创新主体构成一个系统，创新的成功需要创新主体内的各个部门密切配合；二是创新活动处在社会系统之内，其实现依赖外部环境的密切配合。

● 五种模式

技术创新的模式可以划分为五个类型：

（1）技术推动创新模式。研究开发是创新构思的主要来源，也称作创新的技术推动或发现推动模式，市场只是被动地接受。

（2）需求拉动创新模式。市场需求信息是技术创新活动的出发点，需求信息反馈到研究部门，研究开发出能较好满足消费者需求的产品和服务。

（3）交互作用创新模式。技术创新是技术和市场交互作用共同引发的，技术推动和需求拉动的相对重要性在产业及产品生命周期的不同阶段可能有显著的不同。

（4）A-U过程创新模式。美国哈佛大学的阿伯纳西和麻省理工学院厄特拜克通过对大量产业成长实例进行研究后提出这一模式，即企业的产品创新和工艺创新在产业成长的不同阶段表现出不同的相互关系。

（5）系统集成和网络创新模式。第五代创新过程模式，是一体化模式的理想化发展，显著特征是代表了创新的电子化和信息化过程，更多地使用专家系统来辅助开发工作，使用仿真技术逐步取代实物原型，具有国家创新系统的雏形。

创新集聚效应

创新集聚是指知识创新、技术创新和管理创新等科技创新活动集聚在特定区域的现象。创新集聚的影响因素主要包括四类：创新企业、高校和研究机构等创新主体的数量与质量，劳动力市场的专业化水平和辐射能力，信息和技术外溢程度，区域协作创新网络完善度。创新集聚具有自我强化效应，区域创新活动形成规模、突破临界点后，便主要通过规模经济效应、知识溢出效应、协同创新效应与公共政策效应等机制在更大范围内强化创新活动的集聚。

● 规模经济效应

创新活动的集聚是技术、设备、人才、资金和信息等创新要素的集聚，集聚区域内创新主体、创新人才通过强化专业分工，实施模块化开发，分摊创新管理成本等形式，优化创新管理流程，提升了创新管理的效率，从而进一步提高区域创新质量。

● 知识溢出效应

技术创新收益具有非独占性，存在不同程度的知识溢出现象，创新集聚区内创新主体发生交流协同合作，创新人才在不同企业流动，推动知识、信息在区域内不断组合，形成一个庞大的"公共知识池"，不同企业享受到不同程度的知识溢出效应。国内学者万陆和翟少轩基于 2003—2016 年中国 273 个地级及以上城市数据，从城市群协调发展的角度研究了中心城市与非中心城市的知识溢出效应。他们的研究表明，中心城市创新通过贸易、投资、合作专利、产业转移和功能分工等渠道对非中心城市产生溢出效应，有效溢出半径为 350~450千米。

● 协同创新效应

随着专业化分工，创新集聚区内同一产业生态的企业利用不同知识进行集成创新，这种区域创新网络有利于提升区域内相关企业整体创新质量。

● 公共政策效应

创新集聚的产生除了市场行为外，还得益于国家和地方政府的引导和激励政策，创新集聚区创新效益自我强化的同时会吸引政府投入更多的政策、资金与土地要素，加速区域内创新要素与主体的集聚。

其他创新理论

● 企业创新演化论

Nelson 和 Winter（1982）所代表的演化经济学家认为，企业创新具有显著的路径依赖特征，在许多产业中，技术发展具有很强的内在逻辑，这些逻辑影响着哪些需求可能被满足，哪些需求不可能被满足。在这一理论影响下。国外学者 Dyer、Christensen 和 Christensen 提出了创新者的"基因"（DNA）概念，他们认为擅长创新的企业家在联想、提问、观察、实验、交流五方面的表现特别突出。国内外大多数研究认为，路径依赖会使企业的技术发展"锁定"于某种次优技术状态，容易忽视某种根本性的技术创新的出现，而国内学者杜跃平、高雄和赵红菊通过将路径依赖融入技术轨道理论，提出了路径依赖也可以促进企业技术创新的发展，并提出顺沿技术轨道的创新（顺轨创新）可以帮助企业获取可持续竞争优势。

● 创新生态系统

创新生态系统，是从生态仿生学的角度重塑创新的方法论。随着创新要素跨国流动和全球创新环境的一体化，创新呈现出了"线性创新—创新系统—创新生态系统"的演变趋势。创新生态系统强调创新主体、创新文化、创新产业和创新环境的竞合协同，形成动态平衡的生态循环系统。《硅谷前锋：创新和创业的栖息地》一书指出，硅谷的最大特点是作为"高科技创业精神的'栖息地'"，要从生态学的角度来思考才能解释硅谷的难以复制性，如果要建立一个强有力的知识经济，就必须学会如何建设（而并非单纯模仿）一个强有力的知识生态体系。国际学术界研究认为，创新生态系统描述的是一种状态，即新兴的区域产业集群已经形成了创新的"栖息地"，如同一个生态系统，主体产业相关的不同支持体系和合作组织之间形成了一个相互依赖和共生演进的创新生态体系。

从区域经济研究的角度，创新生态系统基础要素划分为：创新主体、创新资源和创新环境。其中，创新主体是指生态系统中参与创新活动的"生命体"组织；创新资源是指创新生态系统中所拥有的财力资源、物力资源和人力资源，具体分别为资金投入量、物力资源拥有量和人力资源拥有量；创新环境主要指政府政策环境、市场环境、文化环境等；三者间呈现无交叉的互补状态，共同构成了创新生态系统的基础要素群。

● 国家创新系统

"国家创新系统"的概念可以追溯到经济学家德里希·李斯特（Friedrich-List）的经济思想。1841 年德里希·李斯特在其所著《政治经济学的国家体系》一书中，从国家视角对经济发展问题进行了研究。1987 年，英国经济学家弗里曼明确提出国家创新系统理论，试图把影响技术创新的经济、社会、制度等因素全部考虑进去。《国家中长期科学和技术发展规划纲要（2006—2020年）》指出，国家科技创新体系是以政府为主导、充分发挥市场配置资源的基础性作用、各类科技创新主体紧密联系和有效互动的社会系统。中国特色国家创新体系建设重点包括五点：①建设以企业为主体、产学研结合的技术创新体系，并将其作为全面推进国家创新体系建设的突破口；②建设科学研究与高等教育有机结合的知识创新体系，以建立开放、流动、竞争、协作的运行机制为中心，促进科研院所之间、科研院所与高等院校之间的结合和资源集成；③建设军民结合、寓军于民的国防科技创新体系；④建设各具特色和优势的区域创新体系；⑤建设社会化、网络化的科技中介服务体系。

● **全球创新网络**

全球创新网络是基于全球化的产业组织方式以及新技术应用，创新由封闭式发展转向网络化、开放式发展之后出现的一种新的创新组织方式。Ernst 在2009 年研究了区域生产与全球化生产的内在关系，最早提出"全球创新网络（global innovation network）"的概念，他认为，全球创新网络是一种在跨组织边界、跨区域边界上整合分散化的工程应用、产品开发以及研发活动的网络形态。国内外研究大多认为，全球创新网络已经成为国家、区域、企业以及个体解决知识资源分布非均衡、满足创新所需隐性与非隐性知识的一个重要途径。对企业而言，全球创新网络是内部创新体系的有益补充，有利于减少企业研发成本，防范内部研发项目的失败，并加速学习及获得新的知识资源。我国企业要充分认识到全球创新网络对企业"链接全球创新资源、实现后发赶超"战略的意义，积极融入全球创新网络。

成都高新区科技创新范式

成都高新区科技创新是全国科技创新体系中的一部分，在科技创新平台建设、创新主体聚集培育、科技创新组织、科技创新治理等方面，既服从于科技创新的一般经济逻辑、技术逻辑和创新周期等规律，也有其自身的产业条件、地缘条件、人才条件、政策条件、历史文化条件等差异性因素。尽管我们难以从这些复杂关系中找到成都高新区独有或独创的经验与范式，但是从其过去三十多年的科技创新历程中，仍然可以发现一些基本特征。

● **链式创新：从单链条创新到多链条融合创新**

一是从个别产业链出发，逐步叠加资源，将单一领域创新扩展到多领域创新。无论从市场主体角度（包括创新资源、创新要素的支撑能力）来看，还是从政府角度的财力支撑、服务体系支撑来说，这一做法都是最切合实际的。根据经济的规模化发展原理，通过创新主体由少到多、由单一领域向多元化领域聚集发展，各类创新主体之间的交流合作机会大大增加，科技创新在这一过程中可能涌现出更多的新领域、新行业、新平台、新模式、新应用。目前，成都高新区的三大主导产业，即电子信息、生物医药、新经济，也是科技创新活动最为频繁、知识产权最为集中、成果转化最为活跃的三大领域，在其重点支持的 5G、人工智能、数字文创等产业方向上，预计未来还会源源不断地涌现出新的创新成果。此外，由于科技创新的规模化、网络化发展，成都高新区的集成电路、信息技术、生命科技、新材料、区块链、新型装备等领域近年来不断取得突破，并且相关现代服务业、先进制造业具有了更加广阔的发展前景。

二是促进创新链与资金链、产业链、供应链等多链条的一体化。成都高新区从多链一体化发展的视角，按照区域科技创新的任务导向和问题导向，确定了各产业、各行业在不同时期的科技攻关方向，使其整个科技创新体系与产业体系高度匹配。成都高新区尤其注重创新链与金融链、产业链协同，建立了针对科技型企业的梯形融资体系，初步构建了企业孵化大市场格局，促进了创新要素与产业要素的系统化、经常化对接。通过制定出台一系列特殊融资政策，加快各类金融资本的导入，着力解决企业融资难、融资贵的问题，同时，通过聚集金融机构，优化区域整体创新生态，逐步推动以科技金融为主转向科技金融与金融科技并重，大力提升区域经济证券化水平。成都高新区以创新为核心使命，重新确定科技创新工作的职能界限，构建"大科技、大创新"格局，把科技创新的核心任务分解到各相关职能部门，构建起了集全区之力支撑科技创新的体制机制构架。

三是更加注重"过程创新"，提升创新成果转化的加速度。成都高新区把科技创新摆在高质量发展的核心位置，从产业体系、服务体系、配套体系的整体中统筹布局。既考虑知识产权、人才、金融、技术、平台、载体等要素支撑，又考虑不同发展阶段的科技型企业的不同需求，建立了一套既完整、又精准的企业梯度培育体系，为其提供全方位、全流程、全周期服务，在高新区打造了一个适合科技创新的微型"生态系统"，并通过"过程创新"，尽力帮助企业缩短科技成果创新与转化应用周期，尽可能使科技成果转化为产业发展的内生增长动力。目前，成都高新区已经形成了科技产业化、产业科技化的互动、互补、互促的新"创新动力辩证法"，极大地促进了科技与经济、金融融合，也为各个创新主体、创业者和各类人才建立了积极的预期与导向。

- **"面"式创新：从集成创新到协同创新**

一是促进创新与开放的协同。成都高新区不断完善科技创新的政策体系，聚力打造创新"引力场"，不断增大对周边区域创新要素的吸引力。成都高新区紧抓成渝地区双城经济圈建设的重大战略机遇，积极拓展创新发展空间，持续强化在区域创新链中的竞争优势，着力在成渝科技创新圈和科创高地建设中发挥引领作用，同时在科技创新领域促进引育结合，坚持推动"开放创新"，围绕其核心创新方向面向全球、全国聚集创新资源。此外，按照开放合作的原则，成都高新区支持鼓励国内外、区内外创新主体前来建立研究中心和各类研发机构，帮助相关市场主体和研发机构解决实际问题，深化区内外创新主体的交流协作。积极参与搭建多元化、多层次创新治理体系，支持区内创新主体更加广泛地参与全球、全国创新合作，推动成都高新区逐步从区域性的创新极核向具有全国、全球影响力的科技创新来源地升级。

二是促进创新与改革相协同。在经济区与行政区适度分离、自贸试验区改革、全面深化改革试验区建设等改革领域走在全省最前面，使科技创新要素与改革发展动力更加深度嵌合。尤其是在经济与行政区适度分离方面，成都高新区在与双流合建天府国际生物城、与成都东部新区合建科技未来城中，积累了丰富的经验，这对于打破科技创新的区划壁垒和体制机制障碍，在更大空间配置科技创新要素和产业要素、提升区域协同创新能级、提高区域科技创新资源的使用效率等方面具有重要的示范作用。此外，利用新型数字信息技术和"大消费"场景，着力为企业搭建开放式创新平台，不断丰富区域开放性协作网络，重塑企业、用户、公民在创新生态中的关系，基本形成了整合创新、模式创新、共享创新、融通创新、无边界创新的新型创新生态。

三是促进创新链与生态圈相协同。将科技创新与市场环境、营商环境、生态环境、人居环境、文化环境、法制环境等融合起来，促进法律、评估、信用、信息、数据、营销、咨询、管理、交易平台等专业化服务要素导入，加快科技创新的场景建设，帮助企业降低创新成本和风险，扩大应用场景和市场半径。在成都市的 66 个产业功能区中，成都高新区有 5 个重点领域，除了依靠区内自身的力量开展创新链建设以外，还主动以市场化机制为导向，激发外部创新资源的积极性。成都高新区正在着力建立一个范围更大、效率更高、功能更复合、机制更灵活、治理更有效的创新"生态圈"。

● 创新能级：从小科学创新转向参与大科学创新

从成都高新区的发展历程来看，三十多年来，科技创新在高新区产业发展中的地位越来越突出，在区域有限的资源中对科技资源配置的支持力度越来越大，经济高质量发展的导向更加鲜明，也更加契合国家科技创新战略的总体导向。

一是创新组织上更加注重统筹性与计划性。从建区之初以单一企业和科研人员为重点的科技创新要素导入，到目前主动实施系统的科技创新计划，成都高新区正在进行一场系统的创新组织方式变革，以全方位地吸引多学科、多层次、多领域、多主体的科技创新要素。这也标志着成都高新区的科技创新在总体上已经进入了一个新阶段。目前，成都高新区正大力推动区域科技创新在一些领域形成核心竞争力，正在组织企业大力攻克一些重点优势产业领域的关键技术和共性技术，正在全方位支持培育科技型企业、瞪羚企业、独角兽企业发展，以更加有力地嵌入全国大科学创新系统。

二是创新主体上更加注重多元化主体协作。在充分发挥市场主体作为创新主体的作用的同时，加强与高校、研究机构、外部创新网络的链接，通过组建高校创新联盟、建立联合科研实验室、共建博士后流动站等方式，推动基础研究与应用导向合流。目前，高校与科研院所在理论研究的过程中更加注重应用导向，一些重点市场主体也更加注重应用领域的有关理论研究。与此同时，成都高新区协调好"大科学"与"小科学"的关系，注重发挥特殊科研人才在科技创新中的作用，对于重点领域的杰出人才实行"一人一策"，建立精准培育、全流程闭环服务的政策支持体系。参与国家大科学创新，也对成都高新区聚集更多大科学平台、大科学装置、重点实验室等提出了要求。聚力支持基础研究和原始创新，加快战略性、基础性、前沿性领域技术突破，正是成都高新区"十四五"科技创新的重点努力方向之一。

第二章　创新主体

习近平总书记强调："科技成果只有同国家需要、人民要求、市场需求相结合，完成从科学研究、实验开发、推广应用的"三级跳"，才能真正实现创新价值、实现创新驱动发展。"从区域经济研究的角度来看，要实现"三级跳"，必须依靠创新生态系统的三个基础要素——创新主体、创新资源、创新环境。其中：创新资源是指创新生态系统中所拥有的财力资源、物力资源和人力资源，具体分别为资金投入量、物力资源拥有量和人力资源拥有量；创新环境主要是指政府政策环境、市场环境、文化环境等；参与创新活动的"生命体"组织，即创新主体，则需要串联资源和环境两端，使三者间呈现无交叉的互补状态。因此，创新主体的居中作用十分明显。

从类型上看，创新主体一般包括企业、高校、研发机构、政府和其他辅助部门。创新在我国现代化建设全局中居核心地位，而将创新要素组织起来转化为创新成果的创新主体，更是核心之核心。创新主体对区域创新能力的提升起着决定性作用。国内外学者普遍认为企业、高校、研发机构、政府等组织对区域创新能力都有显著的正向影响，其中又以企业这一创新主体的作用最大。成都高新区，作为中国西部内陆地区最具创新实力和水平的区域，集聚了规模庞大、种类齐全、实力出众的创新主体，这为成都高新区发展高技术、高附加值的现代化产业体系，提供了最为强大的支撑。

创新从量：科技型企业栖息地

成都，这座新中国成立以来西部地区的国防重镇，承担着军工创新的国家重任。国家在这里布局了众多的国防军工科研机构，涉及航空、航天、核能、生物等领域。比如，成都飞机工业集团（原国营 132 厂）在高技术武器装备上具有创新优势，是国家"一五计划"156 个重点建设项目之一，也是中国重要 歼击机研制生产基地。

但是，国防军工的创新力量，在成都高新区起步伊始的 20 世纪末，主要 服务于国防建设。在当时还没有军民融合等模式，国防军工单位并不能直接作 为市场经济的创新主体，国防军工的创新力量不能转化为成都高新区区域市场和 商品的生产力，因此我们现在必须要将企业作为推动高新区发展的创新主体。

对于成都高新区来说，起步之初的创新更像是一种"捡到篮子里的都是 菜"的模式，无论是何种性质的企业，只要具有一定的创新能力，都是支撑成 都高新区迅速发展的创新主体。快速集聚一大批科技型企业，实现规模上的突 破，是成都高新区发展创新主体的"首战"。

在成都高新区创新主体构建的历程中，不得不谈到一家标志性的创新主 体——成都地奥集团。20 世纪 80 年代，中科院成都生物研究所的李伯刚，在 "科学技术是第一生产力"的号召下和造福于民信念的支撑下，萌生出了创办 一家科技型企业的"种子"。1988 年，他借来 50 万元经费，在成都高新区创业 路 26 号创办起地奥集团，并在短时间内就将自身的知识转化为一项产品——地 奥心血康胶囊。经过长达 20 年的持续科技创新，地奥集团生产的心血康胶囊 于 2012 年在荷兰注册上市，这是我国首个成功进入欧盟市场的、具有自主知 识产权的治疗性药品，算得上是成都高新区首批从事科技创新型的企业中的一 个成功典范。也正是因为有地奥集团这样的创新主体，成都高新区才逐渐集聚 了一大批从事生物医药的高新技术企业，推动成都高新区成为全国领先的生物 科技园区。

作为技术创新的实施主体，企业在创新生态系统中处于核心位置，而地奥 集团这样的高新技术企业正是成都高新区创新主体中的主力军。成都高新区注 重以全球视野集聚高端产业项目，围绕主导产业，通过创新招商策略、优化投 资促进机制、拓展全球招商网络，增强融入全球产业链的能力。2017—2019 年，成都高新区市场主体实现持续平稳增长，新增企业数量排名均在成都市前 两位中，新增注册资本（金）始终位列成都市第一，为实现经济高质量发展奠 定了坚实基础。2019 年成都高新区新增市场主体数量首次突破 5 万家大关。

成都高新区以梯度培育放大双创效应，构建以种子期雏鹰企业快速成长、 瞪羚企业壮大规模、独角兽企业提升效益、平台生态型龙头企业行业整合为重点的企业梯度培育体系，同时制定并出台了科技创新、产业服务等相关政策若干，有针对性地培育与扶持科技企业，打造科技企业培育生态高地。截至 2020 年年底，成都高新区聚集市场主体 23.71 万家，其中，科技型企业 5.6 万家，经认定的高新技术企业超 2 700 家，培育科创板上市及过会企业 5 家；入驻成都高新区的世界 500 强企业总数超过 120 家，位居中国西部第一。

此外，成都高新区还瞄准了跨国公司的创新资源，致力于大力引进跨国公司及其生产研发中心落地，以投资的"牛鼻子"深度链接全球创新网络。随着产业巨头的纷至沓来，成都高新区要打造的不仅是生产基地，还有研发基地。2005 年 8 月，诺基亚成都研发中心在成都高新区成立，将独特的端到端解决方案及能力带到了成都高新区，并将研发范围从基于 IMS（IP 多媒体子系统）的通信应用开发扩展至广泛核心网产品的开发，使得成都高新区成为诺基亚网络在全球主要的研发中心之一。2008 年 3 月，全球第四大软件公司、全球最大的信息安全企业赛门铁克在成都高新区宣布设立其中国研发中心成都基地，其在 2009 年达到超过千名工程师的规模。与此同时，国内最大的网络设备制造商华为和赛门铁克合资设立的华为赛门铁克科技有限公司在成都高新区挂牌，双方合资成立存储和网络安全产品的研发和生产基地。赛门铁克公司董事局主席兼 CEO（首席执行官）约翰·汤普森来到成都，在为赛门铁克中国研发中心成都基地揭幕之时惊奇地发现：IBM（国际商业机器公司）、微软、Oracle（甲骨文）、SAP（思爱普）等均在成都高新区布局研究中心，这里已然形成全球软件前五大公司"聚首之势"。

从第一批高科技企业入驻激活市场，到如今各类创新主体如雨后春笋般涌现、抢滩市场，在一片农田里起步的成都高新区，用 30 年的时间将企业作为创新主体集聚起来，打造科技型企业的栖息地和西部创新高地，实现了创新创业企业数量从零星几家到 12.8 万家的飞跃。今天，成都高新区已经拥有高新技术企业、独角兽企业、科研机构等多个类型的创新主体，这些创新个体及种群共同构成了成都高新区的创新生态系统。

创新从质：科创板企业的崛起

科技创新的一个特质是高风险，这意味着即使在研发上大量投入也可能失败。与此相对应的是，如果研发成功，那么创新主体和其所在的区域的收获也将十分惊人。因此，高品质的创新主体必然面向世界科技前沿、面向经济主战场、面向国家重大需求，是主要服务于国家战略、拥有关键核心技术、被市场高度认可的科技创新企业。欧美发达经济体均有为高品质创新企业提供服务的专门资本市场，中国 2019 年也在上海证券交易所设立了科创板，服务于中国的高质量创新主体。

2021 年 6 月 28 日，上海证券交易所发布科创板上市委 2021 年第 44 次审议会议结果公告，中自环保科技股份有限公司发行上市（首发）申请获通过，这预示着又一家成都高新区培育的高新技术企业登陆科创板。至此，成都高新区的成都先导、苑东生物、纵横股份、极米科技、欧林生物、中自环保六家企业登陆科创板，成都高新区成为四川全省乃至中西部地区科技型创新企业数量最多、质量最高的区域。

那么，成都高新区是如何培育出这一系列的高品质创新主体的呢？答案隐藏在成都高新区积极培育的新经济、新业态、新模式中。自"十三五"以来，成都高新区大力推行创新改革试点，培育新经济增长点，发展新商业模式，重点支持信息传输软件和信息技术服务业企业发展、鼓励企业充分发挥平台作用进行网络销售，大力发展网络诊疗、在线办公、在线教育、数字娱乐、数字生活等新业态，从而释放主体创新活力。截至 2019 年年底，成都高新区已累计培育出瞪羚企业 203 家、独角兽企业 6 家、上市企业 38 家、销售收入超 30 亿元的企业 5 家、税收超 10 亿元的企业 1 家。根据成都新经济的六大业态划分，成都高新区的创意经济增速较快，新登记户数最多且新增注册资本（金）总额最大；流量经济新登记企业 8 812 家，排在新经济六大业态的第 2 位；数字经济新登记企业 5 449 家，排在第 3 位；智能经济新登记企业 4 404 家，新增注册资本（金）211.26 亿元，分别同比增长 607.41% 和 252.91%，发展潜力较大。其中，2019 年成都高新区新经济企业发展在成都市一马当先，新增企业数量和新增注册资本（金）稳居第一。

一批具有国际竞争力和原始创新能力的创新企业的科技创新成果竞相涌现，并在成都高新区加速壮大。例如，先导药物已经建立起全球最大的小分子 DNA 编码化合物库，齐碳科技自主研发出国内首台纳米孔基因测序仪等。成都高新区科技创新实现了从量的积累向质的飞跃的转变，开始进入以集成创新、原始创新为主的新阶段。成都高新区明白，只有推动高新技术企业更多立足国际前沿，努力在原始创新上取得新突破，在重要科技领域实现跨越发展，才能实现关键核心技术自主可控，从而加强创新链产业链融合，进一步推动区域创新发展。

创新从效：创新联合体的"岷山行动"计划

当今世界，科技创新正迎来研究范式深刻变革、学科领域交叉融合、创新成果更新迭代三个特征愈发明显的新时期，这三大特征导致世界范围内的科技创新难度不断上升、复杂程度不断提高、更新迭代持续加快，而这对创新主体来说是巨大的挑战。其中，一个最为突出的问题是，单个企业仅凭自身力量，已经很难解决企业自身遇到的创新瓶颈，更别说解决产业链上的诸多问题。过去以企业为创新主体的主力军模式，难以在提升产业链整体竞争力上贡献更多，现有创新主体的转型升级迫在眉睫。

为了应对越来越复杂的科技创新环境，成都高新区开始着力谋划新型创新主体，而科研机构是其中一个重要突破口。

实际上，科研机构以及高校院所一直是成都高新区十分重要的创新主体。在培育企业创新主体的同时，成都高新区也非常注重深化校地院企协同创新，激发区域创新活力。成都高新区在全国首创科技成果确权校地分享"事业合伙人"新理念，与电子科技大学共建校企联合技术合作平台，建立电子科大—京东方联合创新研究院等9个平台，聚集各类企业技术研发平台70个。成都高新区在全国首次运用"拨改投"模式，与四川大学共建前沿医学中心，入驻高水平研究团队22个，在研产品含23个1类新药品种，引进魏于全院士团队领衔的生物医药国际平行实验室。成都高新区积极招引知名院校和大院大所的顶尖科学家，以人才带动新型研发机构建设，支撑、细化产业创新发展，相继出台《成都高新技术产业开发区关于科技创新驱动高质量发展的若干政策》等，对原始创新、新型研发机构建设等方面给予大力支持。截至2021年年末，成都高新区已聚集国家重点实验室6个、院士工作站20个。

成都高新区并不满足于过去在新型创新主体上的成功，这一次决定将各创新主体有机连接在一起，将区域内外的创新资源和创新要素集中起来形成合力，以构建创新联合体，推动各创新主体形成目标一致、协调共进、高效生态的模式。

2021 年，成都高新区在西部率先启动新型研发机构（揭榜挂帅型研发机构）计划，明确未来 5 年将投入 300 亿元建设 50 个新型研发机构，揭榜团队最高可获得 1 亿元产业扶持资金，如果是重大新型研发机构将无支持上限。首批 14 个揭榜挂帅型研发机构需求榜单涉及功率半导体、光电集成、太赫兹、细胞工程、工业互联网等多个新兴领域。成都高新区为这次行动取了一个寓意深刻的名字——"岷山行动"计划，借《尚书》所言"岷山导江"，寄托对新型创新主体形成创新策源能力、打造技术源头的期望，也表明其立足"高原"勇攀"高峰"的决心。"岷山行动"计划成功揭榜首批项目见表 12。

表 12　"岷山行动"计划成功揭榜首批项目一览表

项目名称	项目情况
成都岷山氢能及碳中和技术研究院	依托西南石油大学油气藏地质及开发工程国家重点实验室、天然气水合物国家重点实验室，围绕碳中和发展固体氧化物燃料电池及其关键材料的上下游技术，突破平板型高温电堆、热管理相变流体材料、有机液态储氢技术、高压氢罐瓶口阀等技术瓶颈
成都岷山综合定位导航授时技术研究院	依托"中国科学院国家授时中心"科研平台，围绕综合定位导航授时产业技术方向，突破综合定位导航授时平台、多功能异构信号融合、多模定位导航授时数字芯片设计等技术瓶颈，打造综合定位导航授时系统及解决方案，融合授时、融合定位、融合通信、融合感知四大终端与应用的"1+4"产品体系，实现更加泛在和智能的导航与位置服务
成都岷山功率半导体技术研究院	依托四川省功率半导体技术工程研究中心，聚焦硅基功率半导体分立器件和功率集成技术、第三代宽禁带功率半导体器件、电源管理模块及工艺开发，打造晶圆减薄、可靠性测试两个平台
成都岷山微电子先进封测技术研究院	依托中科院微电子研究所封装研究中心，围绕微电子先进封测技术方向，突破高密度高可靠性以及射频 SIP 等技术瓶颈，打造融线焊、倒装焊、可靠性与失效分析为一体的先进封装中试平台及生产线
成都岷山细胞工程技术研究院	依托在同类型国家重点实验室中排名全国第一的四川大学生物治疗国家重点实验室等平台，开展基于干细胞、免疫细胞、类器官与类组织的细胞药物、前沿技术和创新治疗方案的研究，提高临床疗效并降低临床治疗成本，创建国际先进、国内领先的细胞与基因治疗产业集群
成都岷山华西医疗手术机器人技术研究院	依托转化医学国家重大科技基础设施平台，围绕医疗手术机器人产业技术方向，形成跨学科、跨机构、跨国界的协同创新体系，弥补国内在胸腔穿刺手术、关节手术、脊柱手术、康复科以及放射检验科机器人产品上的空白，关键技术与国际一流水平同步

　　揭榜挂帅型研发机构作为成都高新区推出的新型研发机构，其模式有几个重要特征。一是坚持"揭榜挂帅"，聚焦主导产业和未来产业，以解决产业发展"卡脖子"问题的实际能力和成效为评价标准，精准策划需求榜单，向全球顶尖人才发出邀请，真正实现"让能者上"。同时，要求团队具有稳定的合作关系和科研方向，并且领取任务后要按照约定目标全力攻坚。二是坚持市场化运作，团队需成立控股公司运营新型研发机构。三是坚持"前天使"投资理念，破解科学家创业初期融资难题，并且由成都岷山先进技术研究院提供创业孵化、投融资支持、生活配套等全方位服务，保证新型研发机构的可持续发展。

　　根据成都高新区的相关资料，"岷山行动"计划第二批 12 个需求榜单发布后，已有 52 个团队申报，申报团队整体层次更高，产业化前景更强。

　　成都高新区的创新主体，从无到有，从弱到强，从一到众，走出了一条创新主体的超越之路。习近平总书记指出："要发挥企业出题者作用，推进重点项目协同和研发活动一体化，加快构建龙头企业牵头、高校院所支撑、各创新主体相互协同的创新联合体，发展高效强大的共性技术供给体系，提高科技成果转移转化成效"。今天，成都高新区已经采用协同创新、跨组织创新、创新网络等新的创新模式，大力推动构建本土创新联合体，形成了推进科技创新、产业创新、模式创新的强大合力。

第三章　创新平台

在抢抓国家创新体系重塑、成渝地区双城经济圈建设、具有全国影响力的科技创新中心以及中国西部（成都）科学城建设的机遇的同时，成都高新区正立足产业创新基础及把握未来科技城规划建设契机，汇聚创新动能，释放牵引效应，积极谋划创建各类创新平台①，打造高能级引领性创新载体。

全球视野：国内外创新平台纵览

通常所说的科技创新平台有很多种：按科技创新的环节划分，有服务于研究与开发的重点实验室等基础条件平台，有服务于提升科技成果成熟度的工程中心、中试基地等，有服务于科技成果产业化的科技企业孵化器、产业园区等；按创新平台建设的主体划分，有政府主办、企业主办、社会机构主办以及多方联合设立运营的平台；按科技创新的要素划分，有技术转移平台、人才平台、资本平台等。

科技创新平台的概念最初源于美国竞争力委员会于 1999 年发表的《走向全球：美国创新新形式》报告。该报告认为，创新平台（platformfor innovation）意指创新基础设施以及创新过程中不可缺少的要素：人才和可获得的前沿研究成果，推动理论向创造财富的产品和服务转化的法律和金融条件，使创新者能够收回其投资的市场机制和知识产权保护，等等。近几十年，各发达国家都大力发展科技创新平台，使其在推动科技创新方面发挥了关键的作用。主要发达国家创新平台建设特点见表 13。

---

① 科技创新平台是为创新活动提供支持与服务的系统，由技术装备、物理空间等硬件系统和制度政策机制、人才等软件系统组成，在科技创新的某个环节或某个阶段发挥基础性支撑作用。

表 13　主要发达国家创新平台建设特点

国家	模式类型	主要内容	经费来源
美国	政府引导型，由企业、高校和科研院所、政府及其他机构等组成	政府在其中的作用主要是引导，通过制定科技创新政策、法规、计划等引导科技创新发展方向，为科技创新营造良好环境	一部分来源于政府设立的专项资金，另一部分来源于企业投入的配套资金
英国	设有领导小组，小组成员由技术战略委员会①、原英国贸工部②、各研究理事会、知识转让网③，以及政府相关部门的代表组成	技术战略委员会邀请知识转让网、政府相关部门等共同商讨平台的发展战略，明确平台未来的工作方向和重点。创新平台的项目通过竞争性投标方式申请，创新平台可以为项目提供公共资金，项目开发的产品和服务可以享受政府优先采购的待遇	主要由技术战略委员会、政府相关部门、各研究理事会、地方机构及其他资助机构（如基金公司、研究所等）提供
荷兰	主要由政府、产业界、科研界的专家组成，平台主席由荷兰首相担任	不直接向研发项目提供资助，而是通过研究确定创新的重点领域和重大战略，以及向政府提供政策建议，以此来引导项目资金分配。通过发起项目，创新平台直接影响政府的创新政策，其下设项目办公室，专门负责启动项目、管理项目和监督项目执行	—
德国	政府引导、市场化运作模式。平台成员包括企业、高校、科研机构、行业组织、银行等	采取公司化管理模式，实现运行机制市场化、服务对象社会化、绩效考核科学化。政府并不直接参与创新平台建设，但通过政府投入、法律政策等方式引导平台发展，以此整合创新资源，促进创新主体间的合作，加速科技成果的扩散和产业化	以史太白体系为例，其由基金会、技术转移中心、咨询中心、研发中心、史太白大学及其他参股企业组成，早期资助主要来自州政府，后续通过政府采购服务给予项目支持
日本和韩国	政府主导型，以高校、科研机构、大企业为主体实行联合开发	形成紧密的官产学研用结合体系	主要来源于政府投入

---

① 技术战略委员会属于非政府部门的公共执行机构，是创新平台的发起者和重要资助者，由英国商业、企业和制度改革部领导，但又有一定的独立性。其资金主要来自英国创新、大学与技能部，也接受其他政府部门的资助。

② 2007 年英国科技体系改革后由商业、企业和制度改革部继承贸工部的大部分管理职能。

③ 知识转让网以促进知识转移为目的，成员包括众多企业、大学、研究所、金融机构以及技术团体，主要功能包括：举办会议，帮助成员结识商界和学界的伙伴；免费提供在线服务；帮助成员获得资助机会；向参与创新平台竞争性投标项目的成员提供指导；等等。

为了积极回应全球日益白热化的科技竞争，我国在 2006 年出台《国家中长期科学和技术发展规划纲要（2006—2020 年）》，首次提出要"大幅度增加科技投入，加强科技基础条件平台建设"。2017 年发布的《"十三五"国家科技创新基地与条件保障能力建设专项规划》进一步指出，科技创新基地、国家重大科技基础设施以及科技基础条件保障能力建设是提升国家创新能力的重要载体。由此可见，一系列科技创新平台作为推进国家科技创新能力建设的重要抓手，已成为我国提升综合竞争力的重要因素。以国家级平台建设为先导，多个地方也陆续建立了一批形式各异和功能多样的科技创新平台，主要建设模式如表 14 所示。

表 14　国内多地科技创新平台建设模式

模式类型	代表地域	模式特点
面向产业服务的多方共建模式	广东省	省市两级政府与中国科学院联合共建；省科技厅、市政府与中国科学院相关研究所联合共建；省科技厅及市、区政府支持，由相关科研机构、大学等联合共建；省科技厅支持，相关科研机构或大学联合共建
"实体组织"和"虚拟组织"结合模式	浙江省	实体组织如依托"现代纺织技术及装备创新服务平台"成立"浙江省现代纺织工业研究院"。虚拟组织如新药创制科技服务平台，创建单位以科研项目和科技服务为纽带形成产学研联盟，形成信息高度畅通、既独立又联合的技术联盟关系
多纽带链接的建设模式	上海市	应用链式、分布式、市区联动模式、孵化器模式、公共服务模式以及"加盟"模式等多模式建设。以市、区联动模式为例，结合上海市政府培育"一区一新"特色产业集群的战略规划，上海市科委统筹专业孵化器、园区和公共服务平台布局，由市、区联合推动，建立具有行政区经济特色的平台
"产学研"合作的共建模式	江苏省、重庆市	江苏省引导优势科技资源向企业聚集，全面部署高校、院所在企业中建设重点实验室，支持企业重点实验室建到高校校园，将高校、院所的智力资源优势与龙头企业的产业优势紧密结合，以产业引导应用基础研究。重庆市整合高校、科研院所和企业的优势科技资源，共建产业（中试）基地，以成果共享、利益分享的方式，联合开展关键共性技术的攻关，形成较为完善的产学研联盟和成果转化机制
中小企业专业镇的建设模式	广东省	对经济实力雄厚、产业集群已形成一定规模的专业镇，以政府资金投入为主，组建创新平台，市场化运作，开展共性关键技术创新服务

　　科技创新平台建设有着丰富的指导思想和理论支撑，国内外有相当多的关于科技成果产业化环节的科技企业孵化器、产业园区等的研究。

　　动态能力理论把企业资源分为公共资源、专有资源、管理与组织能力以及创新能力。公共资源就是知识资源以及生产要素；专有资源就是企业的独有技术水平以及生产工艺等，其具有保密性、无形资源性质；管理与组织能力就是将企业的各种公共资源要素和专有资源有效地结合，实现企业的日常经营管理，企业管理与组织能力的提升降低了企业的交易费用；创新能力是指科技型企业受到外部环境的影响比较大，因此要求企业做好创新能力培养。根据动态能力理论，企业在做好内部发展的同时，还要依据外界的科技环境不断地进行创新发展。有学者注意到，高技术企业成长过程中通常有投资、网络和培训3种服务需求。具体来说，投资需求即在前种子期，由于科技企业面临的不确定因素比较多，而资金支持力度不够，因此企业资金主要依靠外部解决，政府专项支持是其主要方式；在种子期，企业经营面临的资金缺口更大，需要的资金投入量更大；在后种子期，企业具有了稳定的经营模式，为了扩大规模和开拓国际市场，需要有更广泛的资金来源。网络需求即企业发展需要加强网络方面的创新，在企业创业阶段依靠私人网络，进入发展阶段则需要人力资源、技术资源等更多"制度性网络"。培训需求即企业的持续发展需要不断获得针对企业人才、技术等领域的培训，促进企业提升。有的学者则进一步指出，企业成长环境是动态的，所以企业孵化器的角色宜相应改变，依次为萌芽器、孵化器和加速器，换言之，企业孵化器的高级形态即企业加速器。

　　在国内，王德禄最早提出现代企业加速器（MEA）概念："一种以高成长企业为主要服务对象，通过服务模式创新充分满足高成长企业对于空间、管理、服务等方面个性化需求的新型空间载体和服务网络。"对于企业加速器的特征，何科方、钟书华则归纳企业加速器的5个典型特征为"多元化的参与主体、集约化的物理空间、密集型的合作网络、专业化的服务团队、多样化的服务模式"。李志远进一步对企业加速器与孵化器在服务对象、服务层次和内容、工作目标等方面进行了细化，并且系统分析了加速器的特点。首先，孵化器与加速器的服务对象不同，孵化器主要服务初创期的企业，提供让其发展的基础条件；加速器则是针对成长期的企业，其目的就是进一步壮大企业发展。其次，加速器的服务内容主要侧重于依据市场进行拓展性服务，它给予企业的服务主要集中在高端层次。最后，从加速器的工作目的来看，加速器给予企业的服务更加具有专业性，会依据企业发展的需要提供定制化服务。杨文利认为，加速器是孵化器的创新发展，可以解决孵化器所不能解决的问题，企业加速器可以为瞪羚企业提供高层次服务，主要为企业在网络服务、特性发展方面提供个体化的高性能服务。艾青、周雪等人在相关实践层面对孵化器、加速器、科技产业园区三者做了更精确的界定，详情如表 15 所示。

表 15　孵化器、加速器、科技产业园区三者比较

类别	孵化器	加速器	科技产业园区
服务对象	初创型科技企业	成长型科技企业	规模及以上科技企业
服务场地面积	小，一般在 3 000~30 000 平方米	较大，一般在 30 000~100 000 平方米	大，一般在 100 000 平方米以上
入驻企业使用面积	30~500 平方米	500~3 000 平方米	3 000 平方米以上
入驻企业注册资金规模	一般在 200 万元以下	一般在 200~2 000 万元	一般在 2 000 万元以上
器（园）内服务机构	孵化器管理公司 物业管理公司	加速器管理公司 物业管理公司 专业投资机构 专业中介服务机构	园区管委会或管理公司 物业公司 专业投资公司及银行 专业中介服务机构
入驻企业场地使用状况	租赁使用，不拥有产权	租赁使用，不拥有产权	永久使用，拥有产权；租赁使用，不拥有产权
入驻企业流动状况	企业毕业后应退出孵化器	企业毕业后应退出加速器	园内企业相对稳定
器（园）类别	都分综合型和专业型两类，但专业型是共同的发展方向		

他们提到，"在推进孵化器、加速器和科技产业园协调发展方面，许多地方或机构正在探索孵化器、加速器和科技产业园区一体化发展的新路。一是在已建成的科技园区内建设孵化器和加速器。孵化器、加速器可源源不断地向科技产业园输送新兴科技企业，尤其是战略性新兴企业；科技产业园则可通过扩展园区规模或采取'腾笼换鸟'，提升园区产业结构，使园区充满生机活力。二是孵化场地面积较大的孵化器待条件成熟后兴建加速器和科技产业园区，为入孵科技企业提供便捷的成长路线，促进快速成长。此外，孵化器、加速器、

科技产业园一体化建设，更有利于整合社会资源，提高服务能力，降低服务成本，加速企业成长，形成特色产业，促进区域经济快速成长"。这正是成都高新区发展科技创新平台的基本原则。

西部样本：构建"大孵化"平台体系

成都高新区孵化器建设始于 20 世纪 90 年代初，最早是 1991 年成都市科委下属的成都市科技创业服务中心。1996 年 11 月 18 日，成都高新区技术创新服务中心（以下简称"创新中心"）正式成立，并明确为成都高新区管委会下设的公益性科技事业服务机构。作为成都高新区孵化器的火车头，创新中心肩负着促进全区创新发展的重要使命。创新中心按照当时全国孵化器的普遍建设模式，将一处 8 000 平方米的闲置楼宇作为孵化载体，为入驻企业提供孵化场地、基础物业服务、代办工商注册手续、申请政府项目资金支持、中介服务等基础服务。创新中心成立之初，由于当时高新区内企业普遍不具备创新能力，因此对于入驻创新中心的企业并未严格进行筛选，也没有进行行业领域划分，而是经过项目简单评审后许可其入驻，目的是快速将创新企业集聚起来。这种综合服务的优势在于地方政府给予的孵化扶持政策能够使得入驻企业享受房租优惠和基础科技孵化服务，因此企业进驻的积极性很高，创新中心一时成为企业积极响应、踊跃入驻的"热门"。

2003 年年初，随着成都高新区建设南部新区战略的实施，位于南部新区天府大道南延线的创新中心高新孵化园（以下简称"高新孵化园"）建成并投入使用。这不仅是南部新区首个启用的项目，也是全国最大的集中式科技成果孵化基地。高新孵化园占地 500 亩（1 亩 ≈ 0.067 公顷），建筑面积 22 万平方米，由 11 个孵化单元组成，其启用标志着高新区孵化器正式转向创业园阶段，即通过孵化规模扩张聚集专业类孵化器。2005 年，作为高新孵化器的重要单元之一，天府新谷被国家科技部授予"国家高新技术创业服务中心"，成为全国首家民营性质的国家级科技企业孵化器。天府新谷构建起多层次立体孵化服务体系，为各行业领域的中小企业提供专业孵化器创业服务，极大地降低了企业的创业风险，提高了企业的存活率和发展速度。这使得成都高新区的孵化功能进一步提升，孵化服务能力和水平逐步提高。

2006 年，在成都市委、市政府"加快产业发展年"战略引领下，成都高新区打响了以电子信息、生物医药、精密机械制造三大产业为核心的"1223"战略部署。成都高新区孵化器建设也紧密围绕这一战略，瞄准软件开发、信息安全、数字媒体及动漫、集成电路设计、生物医药等产业，搭建专业化公共技术支撑平台，并拓展孵化服务功能，深化专业化、国际化、集群化孵化服务，推动成都高新区孵化环境的大幅提升。

2011 年，成都高新区首次尝试"大孵化"建设，并安排了大孵化专项资金。成都高新区大力打造公共技术平台体系，引进了国际知名的平台中介服务机构和原厂商，采取多种模式建立开放实验室。成都高新区为了提升公共技术平台体系的功能，专门成立高新区公共技术平台管理中心，并制定了公共技术平台管理和支持办法，通过大力整合优势资源，构建起了政府引导、企业参与、多元投入、可持续发展机制。此外，成都高新区还加快科技金融体系建设，依托梯级融资服务体系和盈创动力等金融服务平台，构建以政府投入为引导、以企业投入为主体，债权融资与股权融资、直接融资与间接融资有机结合的科技金融体系。成都高新区积极联系投资机构、银行、担保机构为企业筹集债权股权融资，推动产业资本与孵化器在孵企业的对接，最终构建起了涵盖孵化载体、公共平台、技术转移、科技金融等内容的创业生态系统，实现了从"在园区建孵化器"到"把园区建成孵化器"的升级和从单纯孵化企业发展到孵化企业与孵化产业、孵化人才、孵化业态、孵化模式的融合。

成都高新区搭建科技创新平台有两个突出亮点。第一，打造聚焦产业链创新链并提供"一站式"科技服务和高品质生活服务配套的"高品质科创空间"，它既能够为中小微企业创造价值、分享价值，又拥有鲜明的产业生态。成都高新区抢先谋划，通过支持建设科技资源共享服务平台、引导高校院所科技成果落地、支持创新创业载体聚集等方式，加速打造高品质科创空间的高新样本。其中，创孵社区模式是佼佼者①，它既是产业细分领域的"孵化圈"——通过重点打造聚焦产业细分领域 10 个载体，营造专业创业孵化的微生态，如天府软件园 E 区打造新一代信息技术产业加速基地，腾讯大厦打造互联网文创产业孵化基地；又是创新创业的"朋友圈"——基于城市合伙人和命

---

① 北至天府三街，南抵区界，东至天府大道，西至剑南大道，总面积约 3 平方千米。

运共同体的理念，通过孵化培育网络平台，搭建大中小企业融通线上对接平台等机制，推动形成大中小企业融通发展的创新网络和自成长体系；还是高品质的"生活圈"——建有生产、生活、生态"三生融合"的公园城市环境，通过不断升级人才公寓等配套设施，打造"科技+自然+人文+生活体验"新生活圈。第二，成立孵化载体业界共治理事会。其成员由区内孵化载体、专业创投机构及行业战略咨询专业机构组成，并与成都高新区创新创业服务中心共同负责孵化器行业研究与战略咨询，引导区域内孵化载体特色化、产业化、可持续发展。理事会负责孵化载体行业治理，参与孵化载体的认定、考核、绩效评价，提升孵化载体行业整体从业水平，同时组织行业论坛、大赛、国际合作和交流、人才培训、投融资对接等双创生态特色活动，赋能双创主体。作为政府、市场、社会主体多元参与的公共议事平台（社会团体），孵化载体业界共治理事会推动双创企业培育孵化，促进双创生态和服务升级，最终将推动成都高新区孵化载体高质量发展。

截至 2021 年年末，成都高新区孵化载体建设不断取得新突破，孵化载体总数达 132 家，总面积由最初的 9.1 万平方米扩张到 520.8 万平方米，在孵企业数 12 514 家、国家级孵化器 17 家、国家备案众创空间 19 家。品牌建设方面，"菁蓉汇"（见图 13）双创金字招牌逐步打响，已聚焦专业化，全覆盖完成园区"专业楼宇—专业孵化器—专业楼层"三级空间规划，到 2021 年上半年为止共培育估值过亿企业 23 家，累积估值 162 亿元，园区第一家科创板上市公司纵横股份的成功上市，进一步巩固了"北有中关村、南有深圳湾、东有长阳谷、西有菁蓉汇"的全国第四极地位。创孵社区方面，相关建设方案得到进一步优化，创新融通工作持续推进，2021 年中国移动融通创新主题日成功举办，大中小企业融通进一步深化，IF 成都设计中心、中韩创新创业园、中国—欧洲中心等国际交往平台搭建完成。同时，以森林场景为主题的 16.6 万平方米开放式街区——港汇天地正式投运，园区生产、生活、生态"三生融合"水平得到进一步提升。专业孵化器集群方面，孵化载体管理办法出台，明确专业孵化器标准和五星评价体系，引导孵化载体专业化发展。成都高新区还加快培育国家级孵化器，建设国家五级培育体系，持续举办市级及以上孵化器认定培训会，精准辅导孵化企业层层升级。

图 13　菁蓉汇

下一步，成都高新区将持续提升创新创业孵化品牌影响力。在突出科创空间主题特色方面，成都高新区将打造世界级品牌科创空间，推动 IC 设计产业园集聚集成电路芯片设计细分领域、成电国际创新中心集聚集成电路与下一代网络通信细分领域、AI 创新中心集聚 5G 与人工智能细分领域、生物科创园集聚生物药及高端器械细分领域、交子金融梦工场集聚金融科技细分领域、天府长岛文创中心集聚网络视听与数字文创细分领域的引领功能，使其成为产业功能区乃至成都高新区的名片；同时以中国—欧洲中心为依托，建设链接全球顶级园区和创新区域的国际化平台，推动建立创新创造孵化服务国际标准，加强"菁蓉汇"国际化品牌建设。

能级进阶：布局"大科技"创新载体

目前，成都高新区正围绕集聚创新人才、增强创新实力、推进成果转化打造"创新阵地"，加速推进高能级创新载体建设，构建"大科技"工作体系，突出科技创新支撑能力建设，集中力量抓好公共技术平台、新型研发机构、国家实验室基地及预备队等方面的工作。成都高新区已聚集省级以上科技创新平台 295 家，已建设四川省人工智能研究院，导入清华大学 MR 中心、联通 5G+AI 创新中心等 13 个创新中心，还聚集了 6 家省级产研院、1 家市级产研院。

在用于提升科技成果成熟度的工程中心建设方面，颇具代表性的是新川创新科技园的 AI 创新中心，它是西部首个以"人工智能+5G"为概念的产业园区。截至 2021 年年末，已汇聚中国移动（成都）研究院、新华三成都研究院、智元汇全国总部基地、新诺视野中国研发中心、绿盟科技第二总部基地等人工智能企业和研发中心，这些机构都显著改善着生产和生活状态。以中国移动（成都）研究院（以下简称"成研院"）为例，其在成立不足三年的时间里，已利用人工智能与 5G 技术，在教育、医疗、农业、无人机、扶贫、应急等多个领域，针对不少问题提供了解决方案。其 5G 医疗急救车，可实现"上车即入院"，通过车上的 5G 信号，能够将病人的检查数据实时传输到医院，让病人在救护车上就开始接受诊治。在宜宾长宁地震的救援中，5G 医疗急救车使得远在成都的四川省人民医院医疗专家能够对两名伤员进行远程会诊，在全球首次实现了利用 5G 技术开展灾难救援。此外，5G 医疗急救车还参与了新中国成立 70 周年大阅兵和第二届进博会的应急保障。5G 网联无人机，在应急救援、高层消防、森林防火、灾害评估等场景里也实现应用。例如，成研院协助了凉山西昌、绵阳部分地区突发山火的救援，为当地应急指挥部提供了决策依据。新华三成都研究院（以下简称"新华三"）则主要致力于 5G、下一代存储以及物联网的研究开发，2020 年 4 月该院发布了全新的"AI in ALL"智能战略。在城市轨道交通领域，新华三提供城市轨道数据平台解决方案和城轨全场景运维解决方案，助力各大城市轨道交通领域的数字化转型，其中，成都正是新华三推动轨道交通数字化核心技术创新与实践的重要布局区域。目前，新华三为成都共计 13 条地铁线路的建设提供了领先的智慧城轨解决方案，包括轨道交通车地无线通信、通信系统有线接入、通信系统信息安全等级保护、MLC 系统等，是成都地铁能够可靠稳定运行至关重要的"智慧力量"。在 AI 创新中心内，成都高新区还打造了促进中国与新加坡交流与合作的新加坡创新中心，吸引了不少新加坡项目落户成都，其中就包括新加坡人工智能企业新诺视野科技有限公司。新诺视野以 AI 创新中心作为基地的研发中心，自主研发出"Ultimo"人工智能安防决策平台，能够为用户提供一站式的人工智能解决方案。这款人工智能产品，目前已应用在了新加坡第二大银行——大华银行总部及旗下多个商业地产项目中。当访客进入大华银行大厦时，可以不使用身份证或传统门禁卡获取进入大楼的权限，而是直接通过人脸识别进入大楼。在取得通行权限的同时，访客的人脸信息也会被 Ultimo 系统记录下来，如果访客在大

楼内违反安全准则，例如尝试进入禁区或长期逗留在大楼内，系统就将会通过
入楼内的监控摄像头，快速抓拍其非法行为并锁定位置信息，通知安保人员采
取对应措施，让传统安保措施变得更加智能化。

于 2020 年年底开工建设的京东方（成都）智慧系统创新中心在推动成都
高新区创新平台能级进阶中的作用也不可忽视。该中心占地 344 亩，将依托柔
性市场的发展及京东方的核心技术，联合高校、科研院所、大型企业研发机
构，聚焦显示领域新型材料的应用研发及相关高端设备的工艺改良创新，打造
综合性成果转化平台，快速实现成果转化及产业落地，形成包括前端研发、制
造、应用及终端设备在内的完整产业链。同时，该中心还将设立京东方智慧城
市照明、工业互联网、智慧金融等区域性营销总部，引进若干家全球知名生态
链企业，建立大数据与云计算、人机交互、机械电路等重点实验室，设立京东
方集团成都专利与知识产权管理平台等。该中心还有一个重要职能，即打造产
业创新加速器、云服务、公共服务三大功能平台，为科技型中小企业提供创新
孵化、技术、资本、政务、市场等一站式综合服务，通过多维赋能惠及合作伙
伴，全方位支撑中小型科技企业快速发展。此外，中心还将引入国内外物联
网、半导体光电领域专家，建立科学家服务基地和交流培训平台，依托京东方
技术资源，汇聚全球顶尖人才及合作伙伴，为本地物联网产业发展提供优质的
专业人才。

在服务于研究与开发的实验室建设方面，成都高新区的 1 个创新应用实验
室和 5 个城市未来场景实验室不能不提。其中，工业云制造创新应用实验室主
要面向具有战略意义、自动化和数字化程度较高的行业，围绕云制造系统总
体、制造能力云化、云制造平台、云制造应用等方面建设创新能力平台、突破
关键共性技术，形成工业云制造产业创新生态；智慧文旅生态城市未来场景实
验室，定位于智慧生活领域，重点服务于文旅产业，以面向文旅行业领域的关
键共性技术能力建设为核心，培育文旅行业的应用开发生态和运营生态，形成
"云+中台+应用"的智慧文旅生态系统，主要包括 1 个文旅"产业中台"、
N 个应用子系统、1 套标准体系、1 个综合展示厅；5G+VR+AI 云演艺直播新业
态城市未来场景实验室，全面应用 5G 核心技术，持续探索线上线下融合的全
场景沉浸式演艺，实现技术创新、模式创新和业态创新，推出 O2O 直播、PGC
综艺、UGC 直播、联合直播等，属于创新适应移动互联网强交互特点的云上互

动；智慧社区全生命周期健康管理城市未来场景实验室，推动"社区慢病管理与健康服务"的若干关键技术研究及示范应用，主要为解决我国医疗资源不足、分布不均等问题提供手段；智慧交通城市未来场景实验室，基于无感通行的扫码（刷脸）的移动支付金融科技平台，依托人工智能、大数据等新一代信息技术，研发在互联网大环境下的轨道交通信息化系统，实现直接采用手机终端生成二维码和采集人脸识别作为车票媒介的方式通行地铁；未来城市治理可视化分析城市未来场景实验室，则以创新的城市现代化治理思路和方式方法，通过大数据信息技术手段，整合城市治理业务系统数据，构建全新的城市现代化治理分析系统，应用数据挖掘分析方法以及数字孪生技术，深挖大数据价值。

未来，成都高新区将从三个方面继续打造高能级引领性创新载体。一是积极创建国家绛溪实验室，通过抢抓新一代国家实验室规划布局的重大机遇，整合全区科创资源、引入多元建设主体、密集创新资源投入，发挥电子科技大学学科优势，面向网络通信、人工智能、集成电路、新型材料等新兴产业领域开展重大关键技术攻关，争取代表成都进入国家实验室"预备队"，构建成都高新区创新载体的"头部梯队"。二是积极申建国家级创新中心，面向技术创新与产业创新融合发展的新趋势，瞄准国家工信部、科技部、发改委分头牵头组建和实施的国家制造业创新中心、国家技术创新中心和国家产业创新中心三大国家创新中心，依托企业、高校、科研院所，面向工业信息安全、超高清、区块链、电磁辐射控制材料、6G、卫星互联网等关键技术领域，自下而上谋划申建三大国家级创新中心，着力攻克一批"卡脖子"的关键核心技术，支撑区域产业发展创新力和竞争力的提质跃升。三是布局一批新型研发机构，抓住国家促进新型研发机构发展的机遇，学习借鉴台湾新竹工业研究院、中科院深圳先进技术研究院、武汉生物技术研究院的产学研融合运作模式，立足实际、突出特色、服务产业，布局"四不像"新型科研院所。谋划建设成渝产业技术研究院，探索投资主体多元化、管理制度现代化、运行机制市场化、用人机制灵活化的新型体制机制，多方位促进科产融合和创新发展，引领提升区域科研机构的整体创新效能。

第四章　创新人才

创新之道，唯在得人。习近平总书记指出："世上一切事物中人是最可宝贵的，一切创新成果都是人做出来的。硬实力、软实力，归根到底要靠人才实力。全部科技史都证明，谁拥有了一流创新人才、拥有了一流科学家，谁就能在科技创新中占据优势。"

纵观成都高新区发展历史脉络，其遵循经济全球化趋势与经济发展客观规律，始终视人才为未来发展的核心竞争力。深入实施人才优先发展战略，本质上就是通过人才驱动实现创新驱动，解决科学创新中最为重要的"人才"问题。其中，"优先"二字，就是把"人才"列为各类要素资源之首，鲜明确立了成都高新区在经济社会发展中人才优先发展的战略布局，以全球视野招揽国际创新人才，打造良性循环的人才生态圈，吸引聚集各类人才到成都高新区创新创业，从人才驱动创新的高度构筑高新区可持续发展的不竭动力。人才是一切创新的核心，尤其是发挥最具根本性和关键性的资源要素——创新人才的作用，这既是成都高新区创新驱动发展的经济学表达，也是成都高新区在时间积淀中摸索出的前行之道。

创新驱动：人才是核心要素

人才，是指具有一定的专业知识或专门技能，进行创造性劳动并对社会做出贡献的人，是人力资源中能力和素质较高的劳动者，具有较强的稀缺属性、多样属性和流动属性。创新人才，国际上通常称之为"科技创新人力资源"，2002年科技部编制的《中国科学技术指标》将其界定为：实际从事或有潜力从事系统性科学和技术知识的产生、发展、传播和应用活动的人力资源，既包含实际从事科技活动的劳动力，也包含可能从事科技活动的劳动力。

从经济学的角度来看，第一个将人力视为资本的是经济学鼻祖亚当·斯密，第一个系统提出人力资本理论的是诺贝尔经济学奖得主西奥多·W. 舒尔茨。人力资本理论的核心在于肯定了人力资本在经济发展中的作用，强调人力资本投入和物质资本投入的均衡，进而才能推动经济的持续增长，而且人力资本是回报率更高的生产性投资。而后，诺贝尔经济学奖得主保罗·罗默提出的新增长理论补充并发展了人力资本理论，把人力资本内生化为经济增长的主要因素，促进经济收益递增与长期增长。

地处西南一隅的成都高新区，在白手起家之初就意识到了人才要素之于创新的重要性。顺应全国"海归热"的时代潮流，成都高新区先后在高朋大道 5 号创立了中国成都留学人员创业园（1998 年）、中国成都博士创业园（2000 年），挂牌成都高新区企业博士后工作站（2000 年），把第一代创新人才的引育重点锁定为留学人员、博士与博士后群体。成都高新区建立和完善吸引创新人才的激励机制，吸引留学人员回国创新创业，专门为其提供资金、房租、税收奖励等系列优惠政策和企业登记注册、专利申报、成果转化等方面的创业服务。同时，从技术创新源头出发，成都高新区加强与高等院校和科研机构的合作，主动引导高等院校和科研机构面向市场进行技术创新，鼓励博士们携带成熟的科研成果到博士创业园孵化壮大。2011 年《成都高新区鼓励高层次人才进区创新创业实施办法》出台，首次就在国内取得博士学位或在国外取得硕士以上学位的高层次人才进行了 ABC 三个层次的分类，5 年内每年投入不少于 1 亿元的专项资金，重点从拥有自主知识产权和发明专利且技术成果先进、能够解决关键技术和工艺操作性难题或自主创新产品具有国际水平、能够形成核心技术的方面进行扶持，面向国际和行业竞争的技术创新导向鲜明。

近年来，国内掀起的"人才争夺战"表现为各地为争夺人才纷纷出台优惠政策，其实质是通过强化行政力量抢夺高层次创新创业人才和年轻人才等重点群体。成都高新区也不例外，在 2014 年、2016 年、2018 年、2019 年、2021 年先后密集出台《成都高新区推进"三次创业"加快高层次人才聚集的若干政策》《成都高新区关于实施"菁蓉·高新人才计划"加快高层次人才聚集的若干政策》《成都高新区实施"金熊猫"计划促进人才优先发展的若干政策》《成都高新区实施"金熊猫"计划促进人才资源向创新动能转化若干政策》《成都高新区急需紧缺人才和高端人才目录》等一系列的人才政策。

从人才招引到人才聚集，从"菁蓉·高新人才计划"到"金熊猫"计划，成都高新区的人才政策持续加码升级，以强刺激、高频次的政策迭代来匹配科技迭代速度和人才需求变化。其中，2018 年出台的《成都高新区实施"金熊猫"计划促进人才优先发展的若干政策》宣布实施延续至今的"金熊猫"人才计划，设立"金熊猫"人才称号和"金熊猫人才奖"，设立"金熊猫成就奖"，全面采取人才引进与培养的双轮驱动。一是人才引进，成都高新区实施"金熊猫"人才引进计划，对诺贝尔奖获得者、"两院"院士、国家最高科学技术奖获得者、国家"千人计划""万人计划"入选者等专家以及"创智人才""创业人才""创意人才""创造人才"等人才项目均分门别类，给予不同力度、不同形式的奖励扶持，奖励力度大，覆盖面较高。二是人才引育，成都高新区建立"金熊猫"全域人才培育体系，对在蓉高校和职业技术（技工）院校急需的专业性人才培养、企业的海外人才实训基地人才培养、青年人才培养、订单式的技能人才培养等给予政策赋能，强化对本土创新创业人才的"深水养鱼"模式，以期在中长期内改善提升本土的创新创业人才结构，形成人才集聚的"洼地效应"。仅仅一年时间之后，成都高新区于 2019 年再度推出升级版的"金熊猫"人才计划，对经认定的成都高新区四类人才发放"高新金熊猫卡"，强化包括安居、子女教育、医疗、交通、政务、融资贷款、文化等在内的精准定制菜单式服务。至此，成都高新区形成了与产业梯度培育体系相匹配的"基础人才—中高端人才—高端人才—顶尖领军人才"人才链。成都高新区还聚焦区域内的主导产业，鲜明提出支持"四派人才"（蓉归派、海归派、学院派、创客派）创办企业，对"四派人才"创办的科技创新类企业，给予最高 3 年内 500 平方米的创业空间支持，视团队规模提供 5 套以内的人才公寓，保障子女入学学位、购房资格等，按照股权融资额的 10% 给予最高 500 万元一次性启动资金支持，营造自主创新的生态环境。实施产业教授计划也是推动创新人才动能转化的有效渠道。成都高新区通过设立产业教授专项资金，与高校合作选聘一批具有高端创新水平和产业化能力的教授、企业家担任产业教授，对在成都高新区创办企业的高校教授给予最高 100 万元的项目资助。成都高新区历年重点人才政策文件见表 16。

表 16   成都高新区历年重点人才政策文件一览表

年份	政策文件
2000	《成都高新技术产业开发区鼓励高级人才进区工作的暂行规定》
2003	《成都高新技术产业开发区企业博士后科研工作站管理办法》
2007	《成都高新区高级人才专项奖励管理暂行办法》
2011	《成都高新区鼓励高层次人才进区创新创业实施办法》
2012	《成都高新区引进高层次人才创业实施细则》
2014	《成都高新区推进"三次创业"加快高层次人才聚集的若干政策》
2016	《成都高新区关于实施"菁蓉·高新人才计划"加快高层次人才聚集的若干政策》
2018	《成都高新区实施"金熊猫"计划促进人才优先发展的若干政策》
2019	《成都高新区实施"金熊猫"计划促进人才资源向创新动能转化若干政策》
	《成都高新区急需紧缺人才和高端人才目录》
2021	《成都高新区急需紧缺人才和高端人才目录（2021年修订）》

技术创新具有较高风险和时间成本。一般来说，企业开发部门从事发展性开发的短期创新为 2~3 年；应用性技术开发的中期创新为 5 年左右；基础性开发则需要 8~10 年乃至更长的时间周期。以成都高新区人才政策为索引，通过梳理可以发现，成都高新区既注重全链条的人才体系培育，也注重对高层次人才实行"一人一策"的精准引育；既注重对海归博士等国内外人才的引进，也注重对本土创客人才的培育；既注重支持企业人才和产业人才引育，也注重"产学研用"相结合的应用型人才引育。其背后是对技术创新规律的尊重和对创新人才特征的精准把握，把前文所讲的"以人才为创新核心要素"落在实处，真正地激发技术创新的活力。具体分析来看：

（一）人才引育周期。成都高新区的人才体系培育从最初的博士和海归重点创新人才群体的引进，到支持"四派人才"创业的精准引育，可以说是一个中长周期"深水养鱼"的持续性过程。例如，奥泰医疗创始人邹学明博士、地奥集团董事长李伯刚、成都高新区减灾研究所所长王暾博士、极米董事长钟波等一大批创新人才都经历了 10~15 年乃至更长时间的创新创业后，在"九死一生"的痛苦创业和艰难技术攻关中，逐渐成长，最终在各自领域取得了世界领先水平的成果或成就。在某种意义上，成都高新区当前大力实施的"四派人才"引育计划，也是一种对过往经历经验的总结与凝练，从创新创业的成功群体中刻画出了"蓉归派""海归派""学院派""创客派"的群体画像。

（二）人才引育策略。成都高新区实施"　人　策"精准引育，从现代人力资源管理的角度来看属于例外管理的衍生，是一种战略而非岗位创新人才的筛选策略。顾名思义，这种创新人才的筛选或者说引育，强调的是"战略"而非"岗位"。该理论的前提是把人才分为常规型人才与具有稀缺性的创新型人才，常规型人才的筛选模式是基于岗位（或者说岗位职责和任职资格）设计的，以岗位任职资格为标准进行人才筛选，遵循"按需设岗、以岗定人"的原则。创新型人才的稀缺性和个性化特征鲜明，简单地套用常规型人才的岗位筛选模式，难以达到筛选创新型人才的目的。如果是掌握能够填补国内空白技术成果的创新人才，本身就意味着现实中可能并没有现成的岗位，而且现行的政策制度无法精准匹配，只能采取战略性的非常规性岗位招引，加之科技、金融、生态链和产业链等资源要素的优化配置，才能真正将一些掌握核心科研成果或填补国内空白技术的核心人才，吸引到成都高新区开展科技创新和市场的成果转化，以人才政策激发"引进一个人才、吸引一批团队、创办一个企业、兴起一个产业"的裂变效应。例如，蓝光英诺首席执行官兼首席科学家康裕建，不仅带领团队在3D生物打印促进人工血管内皮化的研发项目上取得重大突破，而且带动并激发了3D打印技术等高端装备制造产业的发展。奥泰医疗创始人邹学明博士到成都高新区创新创业之后，先后帮助成都引进了30余名在国际磁共振科技及工业领域享有盛誉的技术专家和管理专家，在超导磁共振领域形成了国际一流的科研团队。其中，该公司首席技术官、来自荷兰的汉斯博士，仅一人就拥有超导磁体、低温技术、加速器及医学磁共振系统技术领域的13项美国专利。

（三）人才激励机制。人们在激励的作用下会做出积极反应，这是经济学基本原理之一。对人才招引留用的激励机制，在形式上可以划分为货币激励和非货币激励。经典的马斯洛需求层次理论认为，人的需求由低到高可以划分为：生理需求、安全需求、归属感需求、尊重需求、求知需求、审美需求、自我实现需求。一般来说，创新人才是优秀人力资源，具有强烈的渴望被认同的归属感需求、自我实现需求，单纯的货币激励难以发挥激励作用。成都高新区的"金熊猫"人才计划，"熊猫"既是本土人才品牌的象征符号，又凸显了"珍贵"之意。发放"高新金熊猫卡"、颁发"金熊猫"人才称号或者授予

"金熊猫人才奖"的荣誉，大大增强了创新人才作为核心创新要素的归属感、认同感，并可以激发内在的创新动能。为创新人才提供他们认为用金钱无法衡量的有价值的东西，并能够有效激励人才创新、鼓舞士气、激发敢于冒险的精神，就是非货币激励的价值所在。

全球礼聘：高端人才"西南飞"

经济要素在空间处于动态非均衡状态，创新人才的要素具有较强的流动性和区域聚集特征。随着经济全球化和技术革命的深入发展，如何"快人一步"深度链接全球创新网络，加速集聚全球创新要素，从而在全球创新网络中实现"生产要素的重新组合"，最大限度实现创新价值，是一个值得深思的问题。成都高新区在2016年开始探索"柔性引才"模式，迭代升级了传统的"刚性引才"模式。

"柔性引才"，是指在不改变人事、档案、户籍、社会保障等关系的前提下，通过顾问指导、短期兼职、项目合作等方式，从市外柔性引进人才或团队的一种引才方式。"柔性引才"和"刚性引才"是相对概念。相对于在人才引进过程中明确要求海外人才必须全职到成都工作、每年至少在国内待6个月以上这样的"刚性引才"，"柔性引才"的方式更加灵活，也更加注重实效，不仅打破了传统思维束缚，也突破了地域、身份、行业界限对人才要素流动的限制。例如，诺贝尔奖得主等国际顶尖人才，要求其每年至少在中国待6个月以上，在现实中是非常难以做到的。

在全球化人才要素加速流动的背景下，国际人才竞争日益激烈。为吸引诺贝尔奖获得者、"两院"院士、国家最高科学技术奖获得者等高端人才，成都高新区采取了"柔性引才""礼聘人才"的聚才方式，变被动"等才"为上门"招才"，从之前的"一人一策"变为常年申报评审。对标北京中关村、上海张江高新区和深圳市的做法，2016年成都高新区实施人才大汇聚行动，推出"菁蓉·高新人才计划"，设立总规模达50亿元的人才资金，推出"创智项目""创客项目""金融人才项目""商务服务项目""技能大师项目""人文名家项目"六大人才项目，创新海外人才柔性模式，探索人才认定资助模式，构建了在全国具有比较优势的人才政策体系和市场化的人力资源服务体系，加快吸引全球顶级人才向中国"西南飞"。

2018 年成都高新区实施的"金熊猫"计划，深化升级"柔性引才"模式，提出"礼聘"一词。对于诺贝尔奖获得者、"两院"院士、国家最高科学技术奖获得者以及曾任职世界 500 强企业总部或国际知名研发机构的核心技术专家作为带头人的顶尖创新创业团队，在成都高新区开展技术攻关并进行成果转化的，授予核心团队成员成都高新区"金熊猫"人才称号，给予团队最高 1 亿元的综合资助。同时，对于诺贝尔奖、图灵奖、菲尔兹奖得主等国际一流、世界公认的著名科学家，通过建立研究院等形式全职在成都高新区开展技术攻关并进行成果转化的，通过礼聘的方式，授予成都高新区"金熊猫"人才称号，给予不低于 1 000 万元的综合资助。"柔性引才"的新模式吸引诺贝尔奖得主纷至沓来：1988 年诺贝尔化学奖得主罗伯特·胡贝尔领衔天府国际生物医药诺创研究院，1989 年诺贝尔生理学或医学奖得主毕晓普建立毕晓普癌症研究所，2001 年诺贝尔化学奖得主巴里·夏普莱斯建立中美前沿生物医药夏普莱斯产业研究院，2006 年诺贝尔化学奖得主罗杰·科恩伯格建立科恩伯格创新型生物大分子药物研究所，2009 年诺贝尔生理学或医学奖得主杰克·邵斯达克建立邵斯达克-四川大学大核酸研究院，2012 年诺贝尔奖生理学或医学奖得主约翰·戈登建立四川省生物增材制造产业技术研究院。

离岸基地是海外招才引智的重要渠道，关键是能发挥"柔性"作用，不仅是空间上的柔性，也是时间上的柔性，能够较好地打破创新人才要素流动的时空限制。成都高新区探索与全球接轨的柔性引才模式中，积累了建设双向离岸基地的宝贵经验。政策上，在全国率先明确海外人才离岸双创政策，构建了集离岸基地、离岸人才、离岸项目、离岸基金于一体的政策支撑体系，鼓励海外人才离岸创新创业。对于具有一定技术实力、服务能力和经济规模的企业、高校或协会，在海外设立的技术研发中心或分支机构，经评审认定后，授予"成都高新区海外人才离岸创新创业基地"称号，一次性给予 10 万元建站费用补贴，每年根据基地运营情况，给予每年最高 100 万元的运营补贴。同时，对于进入成都高新区海外人才离岸创新创业基地从事创业活动的海外人才，可不受每年在成都高新区工作时间的限制，经评审认定后，按条件享受成都高新区相关人才政策。

成都高新区在离岸创新基地建设上积累了多条具有示范意义的经验：一是

注重发挥其链接国内和海外创新资源的平台机制，在国内建设孵化培育园区，在海外建立孵化培育站点，推动双向的离岸基地建设；二是充分利用海归创业联盟、四川省归国人士企业联合会、孵化器、高校校友会、协会商会等多渠道建立离岸基地海外站点；三是建立多方联动的项目落地服务机制，整合政府部门、海外人才、企业、中介机构四方资源，定期组织离岸基地、海外项目开展交流协商，加快离岸项目的落地转化，并提供一站式、全方位、专业化的"托管式"服务；四是设立了2亿元的海外人才离岸创新创业基金，重点对离岸人才科技成果转化进行投融资支持，单个项目多轮投资累计可达2 000万元。柔性引才，扬长避短，截至2021年年末，成都高新区建立的30多个离岸创新创业基地，促进了海外高端人才和创新成果在成都高效聚集转化的效应。

栽下梧桐引凤凰，成都高新区全球揽才的计划很快见效。截至2021年年末，成都高新区已聚集各类人才60万人以上，柔性引进诺贝尔奖得主6名，院士19名，国家级人才411名，建立海外人才离岸创新创业基地总数30余个。其中，"金熊猫"人才计划实施不到一年时间里就柔性引进诺贝尔奖获得者1人，评选产生"金熊猫计划"人才170名。2020年全年新增高层次蓉归派、海归派、学院派、创客派"四派人才"企业362家、创新团队超1 000个。

场景营造：构建人才生态圈

创新生态系统，是从生态仿生学的角度重塑创新的方法论。构建以人才需求为导向的人才发展生态圈，实际上是对创新人才引育和服务的升级与进化，从政策引人转向服务和环境引人的系统工程。

成都高新区非常注重创新创业服务与创新创业环境。2016年成都高新区全面启动政务服务、商务服务、中介服务、平台服务、国际服务五大服务体系，投入使用信息资源、公共技术、科技金融、知识产权、党群统战、标准创新、九三专家、成果转化八大服务平台，深入实施项目入驻、政策咨询、电信商务、生活配套、专业中介、创业辅导、技术平台、科技金融、企业培育、产业发展十大服务链条，开展创新创业交易大市场、科技创新信用券等一系列特色服务，在全国率先建成了"双创"服务体系。随后，"双创"服务体系进化为"人才生态圈"。2018年出台的《成都高新区实施"金熊猫"计划促进人才优先发展的若干政策》中，明确提出打造有机融合、良性循环的人才生态链生态圈，吸引聚集各类人才来成都高新区创新创业，将成都高新区建设成为国际一流的人才汇聚之地、事业发展之地、价值实现之地。成都高新区在政策体系上对人才生态链生态圈进行勾勒，即在人才外引与内培并重的前提下，实施"金熊猫"人才引进计划和全域人才培育体系，并为人才提供包括创新创业平台支持、投融资支持、科技成果转移转化支持、市场开拓扶持、鼓励"金熊猫"人才创业企业可持续发展、鼓励海外人才离岸创新创业、支持校地合作培养使用人才、降低企业引才育才成本、鼓励人才服务中介机构建设、提供后勤保障服务等在内的系列扶持政策，围绕人才全生命成长周期构建人才创新创业的生态链生态圈，让广大人才愿意来、留得住、有发展、乐生活。

　　创新活动皆处于一定的创新环境中。以人才需求为导向的人才发展生态圈，除了政策体系和创新服务的赋能，还非常强调创新环境。①宏观环境的营造。成都高新区在 2020 年出台《成都高新技术产业开发区关于科技创新驱动高质量发展的若干政策》，明确建立财政科技投入稳定增长机制，支持提升创新能力和创业活力、推动结构优化和产业升级、促进开放创新和国际竞争等方面的科技投入稳定增长，在政策、资金、土地、基础设施等方面强化重大科技创新平台建设的支撑保障，客观上强化和优化了创新人才进行科技创新的政策环境。②区域协调环境的利好。2021 年，重庆高新区、成都高新区签署了《成渝地区双城经济圈高新技术产业开发区共建协同创新战略联盟框架协议》，成渝地区双城经济圈高新技术产业开发区协同创新战略联盟宣布成立。该协议将推动两地高新区在更大范围、更高层次上开展经济、科技合作，为成渝地区双城经济圈建设提供坚实支撑。其重点任务包括促进产业发展协同、资源要素协同、政策措施协同、对外开放协同以及绿色发展协同五个方面。根据《2021 年成渝地区协同创新工作要点》，双方将在 9 个方面开展 22 项合作，包括共同推进编制重大规划、建设重大科技创新平台，共同推进川渝合作重大项目、关键核心技术攻关、创新联盟建设，共同扩大科技创新开放合作，共同推进科技资源共建共享、川渝毗邻地区合作等。③政务环境。成都高新区双创政务服务大厅成立于 2016 年 3 月，是按照"三维政务"理念打造的四川省首家以"创新创业"为主题，集政务大厅、综合窗口、开放式工位、商务服务及咖啡厅、书吧等多功能于一体，为创新创业型企业提供全周期、全流程、专业化、个性化服务的政务服务大厅。厅内设有综合服务、企业注册登记、会计服务、项目政策申报、专利资助服务、人力资源服务、社会保障服务等12个窗口，提供行政审批、企业扶持、项目申报、政策解读、服务咨询、培训指导六个大类共计252项行政审批及政府增值服务事项。该大厅立足企业需求，创新设立双创企业VIP（贵宾）服务室和B2G（商家到政府）服务室，围绕双创企业发展的不同阶段，有效激发双创活力。④友好营商环境。成都凭借宜居环境和营商环境的不断优化，不断集聚创业人才和创新项目，在优化营商环境上加大企业全周期发展服务力度，建立健全成都高新区初创企业、成长企业、成熟企业季度座谈会制度，形成企业全生命周期个性化服务体系。成都高新区加强小微企业扶持力度，对小微企业实行大规模减税降费政策，减轻制造业、软件和信息服务业、生活性服务业等行业小微企业的负担，开展小微企业金融扶持行动，建立成都高新区小微企业综合服务中心，打造服务中小企业的"一站式平台"，建立成都高新区重点小微企业名单管理制度。

通过创新链、产业链、人才链、资金链、价值链协同融合发展，国际一流的创新创业生态正在加快形成。面向"十四五"，成都高新区将着力营造内生活力创新生态，具体实施路径如下：一是构建创新人才引培留体系，以"金熊猫"人才计划为依托，围绕人才全生命成长周期，实施创业企业雏鹰工程、顶尖人才雄鹰工程、管理人才骁龙工程、海外人才鸿雁工程、瞪羚企业人才助力工程五大示范性人才工程；二是持续实施"四派人才"引育计划，提升"学院派""海归派""蓉归派""创客派"集聚效能，重点招引一批"新基建"、新一代通信和创新药领域的"四派人才"；三是实施"产业教授"引育计划，面向全球发布"产业教授"计划，与国家千人联谊会共同搭建全球"产业教授"招引平台，实施定向引进和精准培育；四是加强科教融合与校企联合，着力在教学、科研、生产和经营一线中发掘培养创新创业型人才，依托成都工业学院等院校建设高技能人才培训基地，大规模培养高级技师、高级技术工人等高技能人才；五是积极建立评价激励机制、联合培养机制、交流互动机制和信息支撑平台，细化完善人才资助、人才培养、中介服务、培训福利、配偶就业、子女入学、人才安居、个税优惠等人才发展政策。

第三篇
水无常形之金融密码

"故善者委施于民之所不足，操事于民之所有余。夫民有余则轻之，故人君敛之以轻；民不足则重之，故人君散之以重。"

——《管子·国蓄》

金融若水，水无常形。各类金融业态、产品总是与具体的经济活动场景紧密联系在一起的，如供应链金融、消费金融、农村金融等。水之行避高而趋下，金融之往亦避险而趋利。20 世纪 80 年代末，成都高新区筹建初期仅有数家银行支行，提供传统的存贷款业务。经过 30 余年发展，成都高新区金融业已逐渐从期初的"落伍人"华丽转变为全国金融创新的"排头兵"。2020 年，成都高新区金融机构营业收入达到 1 000 亿元，金融机构达 1 200 家，已形成以直接融资为主的科技金融服务体系。可以说，这 30 多年来，成都高新区金融业实现了从"涓滴成河"，到"奔腾江河"，再到"万流入海"的三级跨越式发展。

在这一波澜壮阔的发展历程中，成都高新区如何创造性地运用政府信用、财政资金来打通"银企壁垒"，如何构建"投资洼地"吸引全球创投资本纷至沓来、"决然西行"，又如何因势利导抢抓全国资本市场迅速发展的历史机遇，值得仔细回顾、深入剖析。我们相信，成都高新区过去 30 多年所探索的"金融之道"也必将成为通往下一阶段"一海生万物，展鲲鹏之势"的重要路径。

第一章　金融逻辑

　　金融业是一门古老的行业，最早的金融活动可追溯至公元前 2000 年伴随巴比伦寺庙"强制性捐款"而来的信贷合约。早期的金融活动主要包括货币兑换与信贷发放。公元前 5 世纪到公元前 3 世纪，雅典和罗马先后出现银钱商和类银行机构。公元 11 世纪，威尼斯凭借优越的地理区位与发达的交通体系，成为中世纪欧洲的商业中心与贸易重镇，欧洲各国的商人在此进行交易。因各国货币存在较大差异，商人们需要中介鉴别货币的真伪，并提供货币兑换功能，庞大的市场需求催生了最早的银行业——货币兑换。货币兑换商没有固定的铺面，往往在街边摆一条长凳，身边放有装满各种钱币的大袋子，就展开一天的兑换业务。实际上，英文中"Bank"一词最早出自意大利语"Banca"，原意是长凳、椅子，就是当时货币兑换商的主要营业工具。后来这些货币兑换商将手上大量闲置的货币资金发放给有信用的市民获得利息，同时以更低利息吸收市民手上的闲钱。随着手上掌握的财富越来越多，货币兑换商也升级营业工具，搬进了铺面，货币兑换商慢慢演变成早期的银行家。文艺复兴时期的画作反映了银行家的情况（见图 14）。

图 14　文艺复兴时期画家马西斯（1456—1530 年）的名画《银行家和他的妻子》

中国记载的早期金融活动来自政府信用，可追溯至公元前 11 世纪周代的泉府。《周礼·地官·泉府》："凡赊者，祭祀无过旬日，丧纪无过三月。凡民之货者，与其有司辨而授之，以国服为之息。"这段话的大意是：凡向泉府赊取财物的，为祭祀而赊取的应不超过十天归还，为丧事而赊取的应不超过三个月归还；如果百姓需要贷款，来取钱时需要其主管官一同前来辨认财物再领受，按照国家规定的利率来收取利息。此外，泉府还掌理市场税收，通过买卖市场物品，调节货物供求，充实政府财力，这一职能与管子"轻重论"所提倡的理财思想一致①。其后，南齐、唐代、宋代出现了类似的机构"质库"。明清时期出现了钱庄（北方称"银号"）、票号、官银钱号等民办或官办的金融机构。清朝时期山西票号业务十分发达，平遥日升昌票号更是号称"汇通天下"，客户拿着汇票可在近百家日升昌分号兑换财物。日升昌分号遍及全国，远至俄罗斯、日本、韩国、新加坡等国。

随着人类社会商品经济的日益复杂、不确定性的增加，规模更大、风控能力更强的现代金融体系逐步发展起来。16 世纪末期，意大利威尼斯诞生了世界上第一家现代银行。17 世纪初，荷兰人为筹集到开展海上贸易的资金，筹办了世界上第一个股票交易所——阿姆斯特丹证券交易所，第一个可上市交易的股份公司便是荷兰东印度联合公司。17 世纪末期，英国筹办了英格兰银行发行国债，成功为英军筹集到战款，英格兰银行也成为世界上第一家现代中央银行。19 世纪中叶，为推进谷物现货交易、远期交易的规模化和标准化，82 位谷物交易商组建了世界上第一个现代期货交易所——芝加哥期货交易所，早期期货品种以玉米、大豆和小麦等农产品为主。20 世纪 50 年代初，美国著名经济学家、诺贝尔经济学奖得主马科维茨（Markowitz）首次将期望与方差这两个数学概念引入资产组合分析研究，这是现代组合投资理论的开端。

金融学是经济学的重要分支，但二者的研究年限完全不同。世界上最早的经济学思想可追溯至春秋时期齐国政治家管仲的轻重理论，而较早的金融学研究来自欧文·费雪对信贷市场对于经济活动作用方式的探索。现代金融主要理

---

① 管子轻重论，是集中体现在《管子·轻重》诸篇中的理财思想。其最核心的内容是，国家运用"物多则贱、寡则贵""散则轻、聚则重"的供求规律，实行"敛轻散重"的物价政策，以达到"无籍而赡国"，即"不益赋而天下用饶"的财政目的，也就是国家自己经营商业，采用商人所进行的不等价买卖的方式作为充裕国家财政收入的基本手段。

论包括投资组合理论、资本资产定价模型、套利定价理论、期权定价公式、有效市场假说等。

一般而言，金融是指市场主体利用金融工具进行资金融通的经济活动。但若进一步考察金融的定义，学术界与业界对金融的定义却林林总总，各有侧重点，大致可分为"资金融通论""金融产业论""金融资源论""金融工具论"等，如《辞源》（1915）："今谓金钱之融通曰金融，旧称银根。"（见表17）国内学者对"金融"二字的词义和关系做了细致探讨，认为宽口径的金融是泛指银行、保险、证券、信托及相关活动，而窄口径的金融特指资本市场运作与金融资产供给与价格形成的领域。

表 17　关于金融的不同定义

序号	类型	定义
1	资金融通论	金融就是货币资金的融通，指通过货币流通和信用渠道以融通资金的经济活动； 今谓金钱之融通曰金融，旧称银根
2	金融产业论	金融是资金融通的行为及机制的总称，是与国民经济其他产业部门平等的产业，金融产业是指以经营金融商品和服务为手段，以追求利润为目标，以市场运作为基础的金融组织体系及运行机制的总称
3	金融资源论	金融是人类社会财富的索取权，是货币化的社会资财；是以货币形态表现的，具有"存量"形态的，既联系现在与过去，也联系现在与未来的金融存量投入、消耗过程及相应的体制转变；金融是一种资源，是有限的或稀缺的资源，是社会战略性资源
4	金融工具论	金融就是信用转让

金融集聚

● 一般定义

金融地理学始于20世纪70年代，属于经济地理学的重要分支。随着经济金融化和金融全球化，金融机构空间分布、区位选择及影响因素、金融排斥、金融网络与区域互动等金融空间结构问题成为研究热点，金融地理有成为经济地理学研究核心的趋势，而以金融机构空间分布为主要研究对象的金融集聚是金融地理学的重要研究议题。

金融集聚从通俗意义上讲，是指金融机构、金融市场及金融要素逐渐向一定地区靠近的现象。有学者基于金融集聚的地域性、动态性及复杂性等特征，将其定义为："金融资源与地域条件协调、配置、组合的时空动态变化，金融产业成长、发展，进而在一定地域空间生成金融地域密集系统的变化过程。"

国内外学者主要对金融集聚的形成因素、效应、测量和空间演化等问题做了深化研究。基于成都高新区发展实情，本章着力梳理关于金融集聚的形成因素和效应的研究成果。

● 形成因素

金融集聚可视为金融产业发展中呈现出的空间特征，这与电子信息、生物医药、装备制造等行业的空间特征一致。对于这种产业集聚现象，学者们从不同角度加以解释。英国著名经济学家、新古典学派创始人马歇尔从经济外部性出发，提出产业聚集有利于企业间共享基础设备设施和区域劳动力市场，知识或信息也更容易在该区域扩散传播。以美国著名经济学家、诺贝尔经济学奖得主克鲁格曼为代表的新经济地理学派则以动态的视角研究经济活动的集聚现象。他认为，集聚是经济活动的集聚，这种现象通过某种循环逻辑创造并维持。

20 世纪 80 年代后，随着经济全球化、经济金融化和信息技术在全球普及使用，学界开始从信息维度解释金融集聚的成因。有代表性的是 Porteous 和 Zhao 等人在 20 世纪末 21 世纪初发展起来的"信息腹地理论"，该理论强调信息的外部性、信息的不对称性和路径依赖在形成信息腹地、发展金融中心中的决定性作用。在对蒙特利尔、墨尔本、悉尼、多伦多等区域进行深入研究的基础上，Porteous 进一步指出，路径依赖的累积效应是金融集聚持续发展的根本原因，而信息的空间不对称和信息腹地变动则是导致金融集聚弱化、金融分散强化的直接原因。同时，有学者认为金融中心具有地方特色和掌握本地化信息，信息收集、交换、重组和解译能力是其根本特征。

● 主要效应

金融对区域经济增长有正向作用的观点已被国内外大量研究证实。美籍经济学家、耶鲁大学教授雷蒙德·戈德史密斯（Raymond W. Goldsmith）于 1969

年系统阐述了金融结构理论，提出金融发展的实质是金融结构的变化，并指出金融发展与经济增长之间存在"一种粗略的平行关系"。他进一步指出，金融发展以金融资产的形式增加储蓄，进而促进了资本的形成、积累和经济增长。

加州大学伯克利分校教授 Levine 从金融功能的角度提出，金融系统主要通过储蓄、资源配置、风险管理等功能的实现来促进经济增长。国内学者殷小丽基于江苏省 1978—2016 年经济增长和金融发展的数据，对经济增长的影响因素进行了分析。其研究结果表明，江苏省的金融发展主要通过物质资本存量、人力资本存量、制度因素这三种渠道影响经济增长，其中物质资本存量是最主要的影响途径。此外，科技创新和产业结构升级也被普遍认为是金融集聚促进经济增长的两大渠道。

国内学者徐晓光、许文和郑尊信 2015 年在《经济学动态》上发表《金融集聚对经济转型的溢出效应分析：以深圳为例》一文，他们梳理过去相关文献后认为，金融集聚区内的金融机构依托现有经济基础、地理优势与政策优势，相互间形成分工合作，共享资源特别是信息及管理经验，通过股权投资或债权融资推动其他行业的资源配置，促进实体经济的专业化、分工化发展，导致区域经济结构向专业性更强且效率更高的方向转型。他们进一步以深圳经济特区为例，研究不同金融行业对经济转型的溢出效应。研究结果表明，深圳基金业集聚程度最高，其次是证券业，再次是银行业，保险业集聚程度较小；证券业集聚对经济转型的溢出效应尤为显著，二者互为因果，保险业集聚对经济转型的溢出效应显著，银行业集聚和基金业集聚是第三产业发展的原因，但银行业对经济转型的溢出效应不显著。

同时，国内外研究大多表明金融集聚对科技创新有明显的促进作用，主要作用机制包括放松信贷约束、促进信息流通和推动风险分担等。金融集聚能够通过降低融资成本、畅通融资渠道等方式，缓解企业和技术部门的资金需求与信贷约束问题，使其创新行为长远化、稳定化。Levine 从交易成本和信息交流的角度分析了金融发展促进创新和经济增长的作用机制，金融集聚充分利用了信息成本优势来为高科技企业提供长期的稳定资金。金融是资源配置的调节器，通过信贷供求、信息传递、风险分担、信息激励等方式促进科技创新，而科技创新的成果可实现金融高回报，进一步调动社会资源投入创新领域，因此金融集聚可以与科技创新之间形成长期互动的良性发展关系。

科技金融

● 定义与特征

国内早在 20 世纪 80 年代就展开了以创业投资、科技贷款为代表的科技金融领域的探索，后来商业银行又设立了科技支行，政府发起了创业投资引导基金以促进科技发展。发展到现阶段，国内科技金融在业界已形成较完备的业务体系，但国内学术界对科技金融的理论研究起步较晚。

目前对"科技金融"一词的主流定义来自学术界与政府文件。2009 年，赵昌文、陈春发、唐英凯在著作《科技金融》中从工具视角对"科技金融"进行定义：科技金融是一种手段，是通过利用一系列金融工具、金融制度、金融政策和金融服务来促进科技开发、成果转化和高新技术产业发展，其主要参与者是各宏微观主体，是一个为科技创新融资提供支持的体系，同时也是国家科技与金融创新体系中的重要部分。

2016 年，《"十三五"国家科技创新规划》提道："建立从实验研究、中试到生产的全过程、多元化和差异性的科技创新融资模式，鼓励和引导金融机构参与产学研合作创新。在依法合规、风险可控的前提下，支持符合创新特点的结构性、复合性金融产品开发，加大对企业创新活动的金融支持力度。"

上述两种定义主要体现了科技金融的综合性。同时，中国科学技术发展战略研究院的学者张明喜、魏世杰和朱欣乐认为，科技金融还具有内生性、动态性、创新性和社会性等特征。科技金融的内生性是指，科技金融内生于经济发展过程，体现为技术—经济（见表 18）、金融—经济、企业家—经济等各类经济范式。科技金融的动态性是指，随着科技创新发生渐进性和颠覆式创新，科技金融中数据、资源、知识等高级要素，科技创新与科技金融结合模式，以及科技金融网络各节点的关系链条呈现动态变化。

科技金融的创新性集中体现在重视企业家精神和企业家资本。熊彼特认为，企业家将旧的生产方式进行"创造性破坏"，通过新产品、新方法、新市场、新原料供应、新组织五种创新，重新组合生产要素，引领经济结构进行"革命"突变，从而实现生产要素再结合，推动经济发展。

表 18　历次技术—经济范式与金融创新

技术革命的浪潮	技术—经济范式	金融创新
第一次：英国；1771 年	工厂生产、机械化	以中央银行、国债市场、股票市场等为主要内容的金融变革
第二次：蒸汽机和铁路时代；英国，扩展到欧洲大陆和美国；1829 年	聚合的经济/工业城市/全国范围的市场；标准零部件/以机器生产机器	股份制和资本集聚
第三次：钢铁、电力、重工业时代；美国和德国超越英国；1875 年	工厂的规模经济/垂直一体化；世界范围的网络和帝国（卡特尔等）	现代投资银行的诞生
第四次：石油、汽车和大规模工业生产的时代；美国，后扩展至欧洲；1908 年	大规模生产/大众市场；集权化/大城市中心和郊区化；民族国家的力量，世界范围内的协议和对抗	期货、信托等金融工具的应用
第五次：信息和远程通信时代；美国，扩散到欧洲和亚洲；1971 年	信息密集型（建立在微电子技术之上的信息和通信技术）；异质性、多样性、适应性；与规模经济结合的范围经济和专业化	天使投资、创业投资、硅谷银行和纳斯达克市场等

科技金融的社会性集中表现为对社会资本的重视。社会资本包括知识共享、信任、规范和社会网络等。社会资本的增长可以减少银行风险，促进科技创新资本整合。

● 科技金融服务模式

据中国人民银行营业管理部课题组调研显示，科创企业呈现"三多三少"特征：一是中小企业多、大型企业少，二是企业软资产多、硬资产少，三是影响产业发展的因素多、比较成熟的外源融资模式少。此外，科技型中小企业还存在信息不透明、财务及会计制度不健全、经营不确定性高、成长周期长等特征。

因此，科技金融应着力服务科技型中小企业，结合科创企业的生命周期理论，解决市场中金融机构与企业的信息不对称、风险错配、期限错配、成本错配问题，并构建相应的可推广的模式。具有代表性的科技型中小企业的融资结构见图 15。

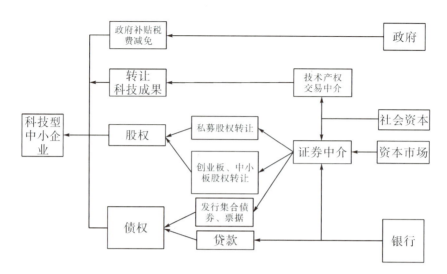

图15   具有代表性的科技型中小企业的融资结构

● **科技企业生命周期理论**

美国著名管理学家伊查克·爱迪思在其著作《企业生命周期》中将企业生命周期分为孕育期、婴儿期、学步期、青春期、壮年期、稳定期、贵族期、官僚化早期、官僚期、死亡十个阶段。现阶段，业界和学术界一般将企业生命周期分为初创期、成长期、成熟期和衰退期四个阶段。

结合科技型中小企业的发展特征，可以发现科技型中小企业在初创期、成长期、成熟期和衰退期的科研投入、盈利状况等经营情况存在较大差异。在初创期，科技型中小企业主要以科技投入为主，产品或服务尚不成熟，利润非常低甚至亏损；在成长期，科技型中小企业随着科技成果的成功转化、资本的升值和利润的增长，企业处于极速扩张阶段；在成熟期，科技型中小企业的产品或服务体系日臻成熟，企业利润较高且较为稳定；在衰退期，科技型中小企业的经营情况逐渐恶化，企业产品或服务未能实现迭代，市场份额逐渐萎缩。

此外，在创新创业领域，还存在"死亡谷"的概念。一项高科技成果从实验室研究、中试、技术转让再到上市，需要经过较长时间，许多科技成果在产品化、产业化阶段不为消费者所接受而最终"死亡"（见图16）。"死亡谷"现象在我国科技创新领域非常常见。

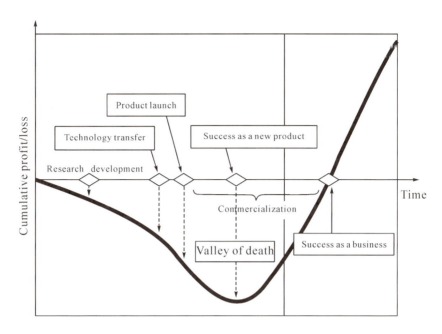

图 16　高科技领域的"死亡谷"

资料来源：《知识分子》主编、清华教授鲁白于"2025 科技展望论坛"发表演讲的 PPT。

金融科技

● 定义与内涵

目前，关于金融科技并没有统一的定义，广为人们所接受的定义是金融稳定理事会 2016 年对其所给出的定义：金融科技是指技术带来的金融创新，它能创造新的业务模式、应用、流程或产品，从而对金融市场、金融机构或金融服务的提供方式造成重大影响。关于金融科技的其他代表性定义见表 19。

表 19　关于金融科技的其他代表性定义

序号	定义	出处
1	金融科技公司是由一群通过科技手段让金融服务更高效的企业构成的一个经济产业	维基百科（2016）
2	金融科技是将科学技术应用于金融行业，服务于普罗大众，降低行业成本，提高行业效率的技术手段	巴曙松等（2016）

表19(续)

序号	定义	出处
3	金融科技分为支付结算、存贷款与资本筹集、投资管理、市场设施四类基本的业务模式	巴塞尔银行监督委员会（2017）
4	金融科技是一系列的技术，并广泛影响着金融支付、融资、贷款、投资、金融服务以及货币运行	Ma 和 Liu（2017）
5	金融科技是以新兴科技为后端支撑，给传统金融行业带来新的业务模式的金融创新，实现了金融服务效率提升以及新金融市场、新金融产品、新金融服务需求、新金融业务模式等方面的范式与结构全面革新	皮天雷、刘垚森和吴鸿燕（2018）

　　国内学者采取"三分法"从底层技术、金融、金融与科技的融合三个维度理解金融科技的内涵。

　　底层技术维度是支撑金融科技发展的基础性技术手段，应用较广的技术包括人工智能、云计算、大数据、区块链、移动互联网、生物识别、机器人等。

　　金融维度是金融科技的应用领域，按主体不同可分为金融产品、金融机构、金融生态、金融基础设施、金融功能五大领域。其中，金融产品是金融机构提供服务的载体，金融产品既包括存款、贷款、理财产品、保险、信托计划、股票、债券等基础金融产品，又包括远期合约、期货、期权、互换等金融衍生品。金融机构是向客户提供服务的主体，既包括商业银行、信托公司、证券公司、保险公司、基金公司、租赁公司等传统金融机构，又包括互联网银行、消费金融公司、互联网金融平台等新型金融机构。金融生态是指各类金融组织在展业过程中，与其生存环境及其他金融组织在分工合作、监管与被监管中所形成的呈现一定结构特征、执行一定功能的动态平衡系统，包括金融服务的供需双方、监管部门、市场基础设施等。金融基础设施是指金融系统运行的硬件、软件及制度安排，如支付系统、中央证券存管与证券结算系统、中央对手方等。金融功能是指不确定环境下金融系统对资金跨时间和跨空间的配置，具体包括资源配置、支付清算、风险管理、提供价格信息、分割所有权和创造激励机制六大功能。

● 主要应用与代表企业

按照金融科技应用的行业划分，金融科技主要分为银行科技、保险科技、证券科技、资管科技、互联网金融科技平台五类。从事金融科技的企业主要有传统金融机构、互联网公司、专业的金融科技公司三类。

从投资额度看，银行科技与保险科技投入相对较多，证券科技和资管科技应用场景落地较慢，投入相对较少。互联网金融科技平台企业则主要以获取支付牌照为敲门砖，并导流至网络借贷和理财板块，同时利用大数据和人工智能等技术向金融机构提供各类解决方案，但由此引起的高杠杆、隐私保护、垄断地位及潜在的系统性风险，逐渐引起社会重视。金融科技主要应用领域与代表企业见表20。

表 20　金融科技主要应用领域与代表企业

序号	领域	主要应用场景	面临问题	代表企业
1	银行科技	消费信贷、供应链金融、智能柜台、智能投顾	转型时间长、数据处理难度大	中国人民银行数字货币研究所、中汇金融科技、工银金科、建信金科、招银云创
2	保险科技	保险产品设计、销售、投保核保、理赔	保险技术应用"重销售、轻服务"，中小险企数据运用和管理水平有待提升	中国人寿、中国平安、众安保险、微民保险
3	证券科技	经纪、机构服务等标准化业务	同质化严重，且涉及全资本市场基础设施改革	中信证券（金融科技部）、国泰君安（数字金融部）、华泰证券（数字化运营部）、东方财富
4	资管科技	投研决策、量化交易、智能搜索领域	难以完全取代人力作用	招商银行（摩羯智投）、工商银行（AI投）、中国银行（中银慧投）、富国基金、华泰柏瑞基金
5	互联网金融科技平台	支付、借贷、理财、技术输出	高杠杆、隐私保护、垄断地位及潜在的系统性风险	蚂蚁集团、腾讯金融科技、京东金融、度小满金融、陆金所

资料来源：恒大研究院《中国金融科技报告 2020》。

第二章　高新区金融发展历程

改革开放 40 余年来，我国居民财富急剧增加。1978 年年末，全国金融机构全部存款余额为 1 155 亿元，全部人口各类型存款人均 120 元；截至 2020 年年底，我国居民存款余额已达 93.44 万亿元，人均存款 6.62 万元，总量增加了约 808 倍，人均量增加了约 551 倍。

居民财富增加主要得益于全国改革开放后高速的经济增长，也受益于中国金融业改革开放，持续的改革开放不断催生各类金融机构、金融市场兴起及多元金融产品与服务供给。

国内金融业态经历了商业银行唯一主导阶段、银行类金融机构主导阶段，并进入以资本市场融资（股权融资）为主的新发展阶段。1978—1989 年，国内金融业态高度单一，以传统信贷业务为主导的商业银行几乎成为唯一的金融业态。从 1979 年 10 月开始，在邓小平"要把银行作为发展经济、革新技术的杠杆，要把银行办成真正的银行"的指示下，普通商业银行与专业化的中央银行开始分离，中国银行、中国农业银行、中国人民建设银行（后更名为"中国建设银行"）、中国工商银行四大商业银行陆续恢复或从人民银行分离单设，成为商业银行系统四大支柱。1990—2005 年，中国金融的业态总体仍较单一，传统商业银行以及类银行金融机构占据主导地位。1990 年，沪深交易所的设立和运行标志着中国资本市场时代来临。但交易所运行初期，无论是融资数量还是上市企业选择，都有很强的计划经济印记，某种程度上成为传统商业银行计划性融资的一种延伸，资本市场也成为国有企业的另一种融资机制。直到 2005 年启动股权分置改革，彻底激活了资本市场的资源配置功能，随后中国股票市场规模、结构和功能均发生巨大变化。2007 年中国股票市值第一次跨进 10 万亿元大关，2010 年达 30.5 万亿元，到 2020 年已达 86.4 万亿元。2020 年年末，上海证券交易所总市值跃居全球第三、深圳证券交易所股票累计成交金额排名全球第三。

　　观察成都高新区金融业发展要结合全国金融改革开放发展大背景，成都高新区金融业发展是全国金融业发展的一个"缩影"。从金融结构动态变化看，成都高新区金融业经过 30 余年发展，已逐渐从期初的"落伍人"华丽转变为全国金融创新的"排头兵"。

　　就经济体量和体制机制完整度而言，在区县经济层面谈金融体系，概念显得过大，金融调控体系是不存在的，金融企业、金融市场难成体系，金融监管和金融环境功能层级较低①。但客观上我国区县金融业态结构也存在着较大差异，因此本书参照市场主导型金融体系和银行主导型金融体系的划分，根据金融产品、金融机构的相对规模，将区域金融业类型划分为市场主导型与银行主导型，同时根据区域金融企业服务经济功能的强弱程度分为强金融与弱金融。

　　如此按照金融结构、金融强度两个维度进行划分，历经 30 余年的发展，高新区金融业经历了从银行主导型弱金融，到银行主导型强金融，再到市场主导型强金融的转变（见图 17）。成都高新区 1988—2020 年金融企业及细分类型数量见图 18。

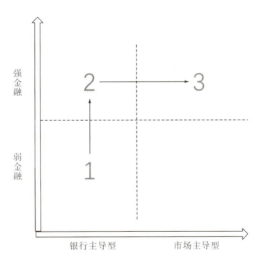

图 17　成都高新区金融业三个发展阶段

---

① 一般而言，金融体系是一个经济体中资金流动的基本框架，是资金流动工具（金融产品）、市场参与者（投资者、融资者、中介机构、监管者）和交易方式（市场）等各金融要素构成的综合体，主要包括金融调控体系、金融企业体系、金融市场体系、金融监管体系和金融环境体系五个方面。美国哈佛大学著名金融学教授罗伯特·C. 莫顿（Robert Carhart Merton）认为，金融体系具有支付清算、资金融通与细化股权、资源配置、风险管理、信息提供和激励六大基本功能。国内外根据资本市场与银行规模，将经济体的金融体系划分为市场主导型金融体系和银行主导型金融体系，前者以美英为代表，后者以法德日为代表。

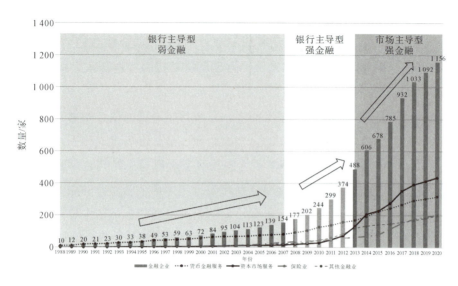

图 18　成都高新区 1988—2020 年金融企业及细分类型数量

数据来源：Wind。

"涓滴成河"：银行主导型弱金融（1988—2007 年）

1988 年 3 月，成都市政府筹建高新区，同年 10 月四川省政府正式批准成立。期初高新区规划面积 24.6 平方千米（起步区 2.5 平方千米），起步区绝大部分是农田、农舍和荒地，工厂也仅有成都电缆厂、成都电视设备厂等几家企业，全区年产值仅 6 651 万元，辖内仅有数家金融企业，且以原行政区银行支行为主。随着高新区顺利完成"一次创业"，加快推动"二次创业"，高新区经济迅速增长，2007 年成都高新区实现产业增加值 239.3 亿元，辖区面积也增加至 86.5 平方千米，初步形成电子信息、生物医药和精密机械制造三大主导产业。

产业发展需要金融支撑，成都高新区因"创新"而生，这一使命意味着其金融业必须为科技型企业服务，尤其要解决好高新区众多科技型中小企业融资难、融资贵的难题。

该阶段，以商业银行为主的间接融资在全国范围内仍是企业的主要融资方式，金融业起步较晚的成都高新区更是如此。由于成都高新区产业企业呈现出"三多三少"的特征，缺乏商业银行所认可的传统抵押物，且银企之间存在明显的"信息不对称"现象，因此成都高新区内的商业银行对科技型中小企业的贷款积极性不足，普遍存在畏难情绪，该阶段主要开展个人储蓄、企业存贷款等传统银行业务。

于是，一方面，成都高新区致力于中小企业诚信建设，通过企业诚信建设进一步引导和规范中小企业的担保融资行为，提高中小企业诚信意识，形成以信用促进融资、以融资提升信用的良性循环；另一方面，成都高新区通过直接扶持、政企银担四方合作等途径解决科技型企业的资金问题。1996 年 9 月，成都高新区成立成都高新投资集团有限公司，将其作为高新区探索科技金融创新举措、打造金融服务完整产业链条、支撑高新区科技型中小企业创新创业发展的重要载体。2006 年，成都高新区通过财政直接给予企业的资金扶持达 9.2 亿元，拉动企业技术改造投入 88.8 亿元，建立和完善以政府为引导、以各大银行和担保机构为支撑的企业融资体系，帮助中小企业担保贷款 10 亿元，争取银行授信 23 亿元，使区内企业累计获得各类贷款超过 200 亿元。2007 年，成都高新区建立软件担保贷款风险准备金。

在股权融资方面，成都高新区大力推动辖区企业对接全国资本市场，建立风险投资公司，2007 年制定《鼓励和扶持企业利用多层次资本市场加快发展的暂行办法》，开展股份报价转让试点工作，该年促进四川成飞集成科技股份有限公司在中小板成功上市。

据 Wind 数据，到 2007 年，成都高新区金融企业已超过 150 家，其中：货币金融服务类企业 83 家，占比 53.90%，主要包括政策性银行、商业银行、农村合作社和财务公司等；资本市场服务类企业 16 家，占比 10.38%，主要包括证券公司、期货公司等；保险企业 32 家，占比 20.78%；其他金融业企业 23 家，占比 14.94%，主要包括基金公司、融资担保公司等（见图 19）。

这一阶段，成都高新区金融业态逐渐丰富，证券、保险、信托、基金、融资担保等金融业态实现了从"0"到"1"的突破，区域内除交通银行、中国农业银行、中国建设银行、农村信用合作社等商业金融机构外，还有成都高新创新投资有限公司、新兴创业投资有限责任公司、盈泰投资管理有限公司等风险投资公司。

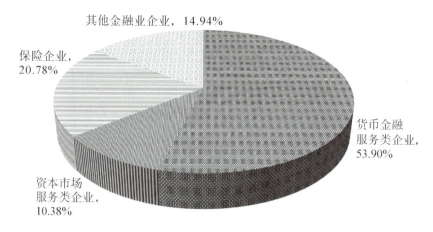

图 19　2007 年成都高新区金融企业业态分布

数据来源：Wind。

"奔腾江河"：银行主导型强金融（2008—2012 年）

2008—2012 年，成都高新区产业实现跨越式发展，工业总产值由 578 亿元增至 2 230 亿元，年均增长 40% 以上，连续跨越"一千亿"和"两千亿"两个大台阶。电子信息产业完成工业总产值由 2008 年的 225 亿元扩大到 2012 年的 1 729 亿元，年均增长 66% 以上，是 2008 年的 7.7 倍。2012 年，成都高新区已经成为国家中药现代化基地、国家生物产业基地、国家科技兴贸创新基地（生物医药）、国家生物医用材料与医疗器械高新技术产业化基地的重要承载地，通过"外引"与"内培"相结合的方式，聚集生物医药企业 264 家，吸引生物医药从业人员达 2 万余人，初步形成了涵盖药物发现、药物开发、临床前评价、临床试验、中试生产等全过程的新药研发体系。

高新技术产业的快速发展离不开科技金融的支持。这一阶段，成都高新区贯彻"以科技创新驱动金融创新，以金融服务提速产业发展"理念，全力围绕科技企业，尤其是科技型中小企业的融资难、融资贵、融资慢问题，以"梯形融资模式"为理论基础，以盈创动力科技金融服务平台为重要载体，大力推进科创企业股权类融资业务发展，形成"政府引导市场运作"的科技金融服务体系。2011 年，成都高新区获批成为全国首批 16 个国家级科技与金融结合试点地区之一，"基于盈创动力的科技金融服务应用示范工程"成功入选科技部

"十二五"期间重大支撑项目计划，科技金融服务体系得到科技部等国家部委表扬并在全国推广。

据 Wind 数据，这一阶段成都高新区金融业以证券、基金为主的资本服务企业逐渐进入"爆发阶段"，资本服务类企业从 2008 年年初的 16 家，猛增到 2012 年年末的 73 家，短短 5 年时间，数量增加了约 3.6 倍。

● 全面践行"梯形融资模式"

2006 年，时任成都高新区发展策划局局长的汤继强博士首次提出"梯形融资模式"，其以科技型企业的生命周期理论为主体，将丰富的金融工具与必要的政府扶持结合起来，形成了"内源融资+政府扶持资金+风险投资+债权融资+股权融资+改制上市"的"梯形融资模式"，以满足不同发展阶段的科技型中小企业的不同融资需求（见图 20）。

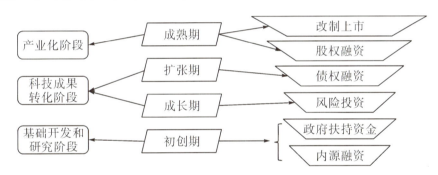

图 20　科技型中小企业梯形融资模式

成都高新区全面践行"梯形融资模式"，主动与金融机构联合开发科技金融产品，设立新型科技金融机构，帮助科技型企业在财政扶持、债权融资、股权融资等领域获得有力支持。

一是用好财政资金，有效降低信贷成本。2012 年成都高新区共帮助 159 家企业获得高新区贷款贴息和担保费补贴资金 3 081 万元。其中，72 家企业补贴由 40%提高到 70%，新增 1 450 万元补贴。截至 2012 年年底，成都高新区累计帮助 850 多家企业获得高新区贷款贴息和担保费补贴资金 9 661 万元，降低了企业信贷融资成本。

二是用活财政资金，推动科技金融创新。成都高新区进一步加强与商业银行、政策性银行及非银行金融机构的合作，通过财政增信、财政分险、银企互动及扩展抵质押物范围等途径促进银行类金融机构对科技型中小企业授信，与金融机构及合作部门联合开发出"统贷统还""新创贷""成长贷""园保贷""科技通"等系列科技金融创新产品。途径主要包括以下三种：

（1）引导商业银行加强产品创新。截至 2012 年年底，成都高新区已成立 3 家科技银行，共计为 98 家（次）科技型中小企业发放贷款 9.26 亿元，开发各类债权融资创新产品 5 个，如与中国建设银行合作开发集合保理融资模式，与交通银行合作开发科税通模式，与成都银行合作开发知识产权融资模式，与中国技术产权交易所、中粮信托合作开发知识产权集合信托计划。

（2）进一步健全科技担保体系。截至 2012 年年底，成都高新区融资性担保业务累计担保金 108 亿元，同比增长 48%；在保余额达 116 亿元，同比增长 41%。成都高新区帮助 3 家担保公司获得国家中小企业信用担保资金 865 万元，为区内担保机构开展科技担保业务提供区级补贴资金 450 万元。

（3）引导科技小贷业务快速增长。截至 2012 年年底，高新区小额贷款公司贷款余额达 30.86 亿元，同比增长 307%；贷款 715 笔，同比增长 273%；为科技型小企业（含微型企业）贷款余额超过 16.5 亿元，同比增长 514%；贷款 294 笔，同比增长 372.15%。

三是发挥政府引导，对接多层资本市场。成都高新区通过出台扶持政策、设立各类引导基金、对接全国多层次资本市场等途径帮助高新技术企业获得风险投资或改制上市。这一阶段成都高新区在以下四个方面取得较大进展：

（1）成都高新区天使投资取得实质性突破，战略性新兴产业获有效扶持。2012 年，由成都高新区财政出资 8 000 万元设立创业天使投资基金，同时设立天使投资风险补助专项资金，重点对战略性新兴产业中获得天使投资的高新区内创业型企业进行财政扶持。截至 2012 年年底，政策性创业天使基金已完成 22 个投资项目，共投资 4 180 万元（其中移动互联网项目占 50%；生物医药项目占 23%）；社会化天使投资迈普"M 创业平台"已完成 4 个投资项目，共投资 475 万元。

（2）政府引导型股权投资机构渐成体系，主导产业重点企业获大力支持。2008 年，成都高新区拟定《成都高新区创业投资引导基金管理办法》和《成都创业投资引导基金参股创业投资企业管理暂行办法》等规章制度，推进企业股权融资工作；同年，成都高新区成立总规模为 15 亿元的银科创业投资引导

基金，同时与 vivo、深创投、德同资本等公司联合设立专业投资基金。截至
2012 年年底，成都高新区已建成偏重于种子期、初创期企业的高投系和偏重于
成长期、扩张期、成熟期企业的银科系两大政府引导型股权投资基金群，共计
发起设立 18 支子基金，注册资本规模达 45 亿元，重点投向高新区电子信息、
生物医药、精密机械制造三大主导产业，累计帮助近 100 家区内主导产业中小
微企业获得股权投资 40 亿元以上。另外，这一阶段财政性产业投资数量巨大，
累计帮助 15 个重大产业化项目获得财政性产业投资资金 47.05 亿元。

（3）成功抓住创业板机遇，激活社会资本投资成都高新区企业的热情。
2009 年 3 月 31 日，中国证监会正式发布《首次公开发行股票并在创业板上市
管理暂行办法》；同年 9 月，中国证监会召开首次创业板发审会，首批 7 家企
业上会；同年 10 月，中国创业板正式上市，该月成都高新区内硅宝科技在创
业板正式挂牌上市。自成都高新区企业在创业板"破冰"后，2010 年一年就
有 100 余家国内外风投和私募机构先后到成都高新区考察项目，注册或设立办
事处，该年完成风险投资 22 项，投资额约 5 亿元。

（4）落户深交所"西部路演中心"，优化企业上市服务。2010 年，由成都
高新创新投资有限公司与深交所指定信息发布机构——深圳证券信息有限公司
联合设立的中国西部首个"路演中心"落户成都高新区盈创动力，并举行揭牌
仪式。这是当时除北京、上海、杭州、深圳以外，我国成立的第五个"路演中
心"，也是西部首个。该"路演中心"涵盖企业上市路演、业绩说明、信息发
布、重大事件实时报道等服务内容，为成都乃至四川的企业和资本市场的对接
提供了便捷通道。截至 2012 年年底，成都高新区已有上市企业 23 家，约占成
都市上市企业的一半，其中创业板 4 家，占成都市的三分之二，四川省的七分
之四。

● 初步形成集聚示范效应

一是金融机构集聚。成都高新区已成为我国西部地区最有活力的科技金融
服务机构聚集地之一。截至 2012 年年底，成都高新区已吸引两百多家金融类
机构入驻，共计纳税 3.86 亿元，其中银行 30 家、保险公司和保险经纪公司 22
家、证券及期货公司 7 家、融资性担保公司 22 家、小贷公司 17 家、股权投资
及其管理机构 109 家、金融后台中心 13 家、产权交易所 5 家、会计师事务所

11 家、律师事务所 14 家、资产评估事务所 6 家。同时，成都高新区已吸引 200 余家 VC（风险投资）/PE（私募股权投资）以各种方式到高新区考察和投资项目，50 余家券商辅导区内企业改制上市，100 余家会计师、律师、资产评估等专业中介服务机构为区内企业改制上市服务。

二是金融人才聚集。成都高新区已成为我国中西部地区最佳的金融人才创业地之一。截至 2012 年年底，成都高新区通过兑现金融总部商务区高级人才奖励政策，已吸引 100 余位中高层次金融人才到高新区工作。2012 年，成都 ACCA（特许公认会计师公会）在读学员数已超过广州、深圳等经济发达地区，在上海、北京和南京之后排名第 4 位；注册会员数名列第 8 名，位列中西部第一（见表 21）。金融人才对金融机构集聚和金融产业发展起到了良好的支撑作用。

表 21　截至 2012 年年底全国主要城市完成 ACCA 考试人数情况

排序	城市	完成 ACCA 考试的人数	排序	城市	ACCA 在读学员数
1	上海	2 458	1	上海	8 306
2	北京	1 748	2	北京	5 636
3	深圳	476	3	南京	2 525
4	广州	356	4	成都	2 125
5	南京	229	5	广州	1 970
6	杭州	135	6	深圳	1 924
7	天津	123	7	天津	1 002
8	成都	118	8	西安	971
9	苏州	108	9	武汉	953
10	西安	95	10	杭州	915

"万流入海"：市场主导型强金融（2013—2020 年）

2013—2020 年，成都高新区进一步完善科技金融服务体系，全力促进金融总部功能性聚集，聚焦发展股权投资、融资租赁明星潜质产业，积极发展要素交易市场，争创西部金融中心核心区和全国金融业创新发展基地。

这一阶段成都高新区直接融资迎来高速发展，金融结构从银行主导型转向市场主导型。金融机构方面，据 Wind 数据，2014 年成都高新区资本市场服务类企业数量已达 208 家，首次超过货币金融服务类机构；企业上市方面，自 1994 年成都高新区第一家上市企业——鹏博士在上海证券交易所上市，到 2020 年年底，成都高新区共有 33 家企业在沪深股市、美国纳斯达克上市，其中 14 家企业（占比 42%）在 2015—2020 年集中上市（见图 21）。从 2019 年科创板开板到 2021 年 7 月底，成都高新区已有 6 家企业在科创板上市及过会，领先中西部地区的国家高新区。

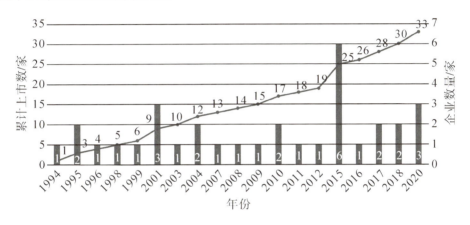

图 21　成都高新区年度上市企业数量与累计上市数

数据来源：Wind。

- **做好顶层设计，制定产业发展推进方案**

2013 年，成都高新区完成《高新区金融产业发展报告》，对产业发展现状进行摸底调查，找准产业发展的问题和不足，提出相应的对策措施，并以 2020 年打造出千亿金融产业集群为目标，制定《高新区"三次创业"金融产业推进方案（2013—2020 年）》。该方案提出以"大金融"发展理念，促进金融总部功能性聚集，聚焦发展股权投资业、融资租赁明星潜质产业，积极发展要素交易市场，努力把高新区建成西部金融中心核心区和全国金融业创新发展基地，到 2020 年，力争实现营业收入 1 000 亿元以上，聚集各类金融机构 1 000 家以上。

- **升级梯形融资模式，完善多元融资体系**

一是构建"一库一池一办一会"，缓释信贷风险。成都高新区瞄准贷款活动中银行与企业的"痛点""难点"，结合企业梯度培育体系，构建了"一库一池一办一会"的"四个一"四层风险缓释机制①，逐步试点推进"银政保""担保+期权""信用保证保险""企业互助担保""去担保""投贷联动"等多元债权融资模式，有效缓解银行的贷款风险，帮助银行放开手脚，实现大胆创新与突破。

二是充分发挥财政资金引导放大作用，推进金融和科技深度结合。成都高新区与政策性银行、商业银行和非银行金融机构完善"统贷统还""成长贷""壮大贷""高新创业贷""助保贷""科技通"等债权类产品。此外，成都高新区还引导兴业银行和锦泰保险开发出口退税质押贷款产品，引导中国建设银行和中国银行开发跨境融资产品。2019年，成都高新区依托盈创动力和成都市知识产权交易中心研究知识产权领域创新融资工作，结合科技金融工作实践，以知识产权融资为切入点，出台《成都高新区推进知识产权融资试点工作方案》，优化政策性贷款产品体系，在基础设施、产品设计、资金保障方面全面提升成都高新区科技金融服务能力，同时丰富了盈创动力科技金融平台的服务内容。2018年成都高新区科技金融综合评价指标在科技部火炬中心评比中排名全国高新区第二。

三是设立产业引导基金，推动细分领域发展。2015年，高新区财政出资10亿元设立生物产业引导基金，与川发展、中植资本等机构合资设立首批专业子基金，积极引导社会资金合资设立生物医药各细分领域投资子基金，以"产业母基金+专业子基金"的方式，实现产业扶持政策的金融化、杠杆化、市场化转型，以产融结合方式进行招商引资和产业培育，以专业化、基金化运营为项目引进和企业扶持提供决策服务。2018年成都高新区建立企业上市工作联席会制度，制定并出台全国首个企业海外红筹架构上市认定标准，获批国家外管总局收入结汇支付审核便利化试点，实现中西部首笔创投跨境投资。

---

① "一库一池一办一会"："一库"即企业库，由地方政府建立小微企业培育库，既改善企业与金融机构的信息不对称状况，又能为资本市场持续输送有潜力的科技创新型优势企业和项目；"一池"即风险分担资金池，由政府拿出一部分资金与银行、担保公司共同建立风险补偿资金池，分担金融机构的贷款风险，银行在风险资金池的额度上，按一定放大倍数对小微企业贷款，有效提高财政资金使用的杠杆率；"一办"即管理办公室，由小微企业培育主管部门、担保（保险）、银行、科技金融服务平台等共同组建，实现贷审审批联动机制，有效提高贷款申请效率；"一会"即项目专家评议会，当企业库里的企业提出贷款申请后，成都高新区金融办将组织专家对企业做出评价，并将专家意见提供给金融机构作为决策依据。

四是构建多层次资本市场服务体系，全面提升企业上市服务水平。2014年，成都高新区以改制规范为突破，吸引成都（川藏）股权交易中心落户成都高新区。2018年，成都高新区引入深圳证券交易所西部基地，2019年引入上海证券交易所资本市场服务西部基地。2020年，全国中小企业股份转让系统（新三板）西南基地落户成都高新区。同时，成都高新区与四川证监局、深圳证券交易所、上海证券交易所等单位积极开展科技创新型企业直接融资与监管差异化、资本市场培育等课题研究。成都高新区在2019年中国资本年会上被评为"中国资本竞争力最佳区县"。

- ### 推进产城融合，加快建设西部金融中心核心区

成都高新区以传统金融业为基础，以新兴金融创新为特色，以高端服务业为配套，构筑现代金融生态圈，努力打造"西部领先、具有全国影响力的金融总部商务区"。2014年，成都高新区出台《成都高新区推进"三次创业"加快金融业发展的若干政策》，在发展新兴金融业、加快集聚传统金融总部或区域总部、规范发展类银行金融机构、支持优化金融生态环境四方面明确系列扶持政策。2015年，成都高新区规划建设2.2平方千米金融总部商务区高新区片区，截至2015年年底已入驻金融监管部门、银行、保险公司、创投公司、交易所等各类机构173家，注册资本301亿元。2018年，成都高新区制定金融载体规划建设方案和科技金融大厦建设方案，力促深交所西部基地启动，推动金融城—交子金融科技中心投入使用。2019年，成都高新区推动交子公园金融商圈建设，成功打造金融梦工场二期·交子金融科技中心，定位为金融科技创新载体和"产学研"创新与交流中心，集聚大数据、云计算、人工智能、区块链等领域的金融科技企业。截至2019年年初，成都金融总部商务区聚集的金融机构、总部经济、高端服务业总数已超过2 000家，数量位居中西部第一。以集聚金融科技企业为主要任务的"金融梦工场"已初步形成金融科技创新生态圈，共吸引数十家金融科技企业和金融科技研究院（实验室），一期项目入驻率达100%，吸引了包括数喆数据、质数金服、享宇金服、中金认证、奇点云、贝壳林等金融科技类团队入驻，涵盖区块链金融、智能投顾、大数据征信等金融科技前沿领域。

总体而言，成都高新区超值超量完成了《高新区"三次创业"金融产业推

进方案（2013—2020 年）》的发展目标。2020 年年末，成都高新区金融业增加值已达 290 亿元，占地区生产总值的比例达到 12%，金融机构营业收入达到 1 000 亿元，金融从业人员达 2.8 万人，投资机构管理资产 2 500 亿元，金融产业税收 54 亿元；金融机构数已达 1 200 家，其中，资本市场服务类企业达 730 家，超过 60%；上市公司市值达 4 000 亿元，直接融资规模达 1 000 亿元；金融科技企业达 40 家，金融科技研究院 2 家（见表 22）。

表 22　2020 年成都高新区金融业主要指标

序号	指标	2020 年
1	金融产业实效	—
1.1	金融业增加值/亿元	290
1.2	金融机构营业收入/亿元	1 000
1.3	金融从业人员/万人	2.8
1.4	投资机构管理资产/亿元	2 500
1.5	金融产业税收/亿元	54
2	金融机构实力	—
2.1	金融机构/家	1 200
2.2	保险及保险中介机构数/家	180
2.3	证券、期货机构数/家	95
2.4	股权投资机构数/家	635
3	金融市场规模	—
3.1	上市公司市值/亿元	4 000
3.2	直接融资规模/亿元	1 000
4	金融创新	—
4.1	金融科技企业数量/家	40
4.2	金融科技研究院（实验室）数量/家	2

案例：天府（四川）联合股权交易中心

● 简介

　　天府（四川）联合股权交易中心，原名成都（川藏）股权交易中心，2013 年 7 月由四川省政府和西藏自治区政府批准成立，是我国唯一的跨省的区域性股权交易场所，是四川省规上企业改制挂牌上市培育计划的综合支持平台，核心功能是为川藏非上市公司提供投融资对接服务。2018 年 12 月，国务院召开常务会议决定，将上海、安徽、四川 3 个地区的区域性股权市场科技创新板（包括创业创新板、科技金融板）的做法推广到京津冀、上海、广东（珠三角）、安徽（合芜蚌）、四川（成德绵）、湖北武汉、陕西西安、辽宁沈阳 8 个先行先试区域。

天府（四川）联合股权交易中心根据科技型中小微企业的特点和需要，设立挂牌、融资、奖补等审核机构，并建立科技型企业创新指数体系。尤其是，其根据企业创新能力而非传统的资金规模、利润等指标审核，决定是否准许企业在区域性股权市场挂牌。

截至 2021 年 8 月初，川藏地区共 8 974 家企业在天府（四川）联合股权交易中心挂牌展示，其中川藏地区挂牌企业 5 588 家，展示企业 3 386 家。此外，还包括 1 271 家登记托管企业，162 家中介机构（见图 22 和图 23）。

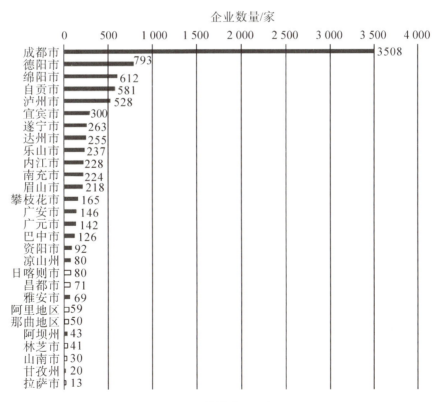

图 22　川藏挂牌展示企业

数据来源：天府（四川）联合股权交易中心官网（截至 2021 年 8 月初）。

注：白色为西藏自治区 7 个行政区。

图 23　天府（四川）联合股权交易中心

● **主要业务**

（1）企业股权类服务：企业挂牌、证券交易、股权设计、股权激励、股权估值、上市培育及改制、天府股权学院。

（2）企业债权类服务：债券发行。

（3）其他：企业路演、科技成果投资、征信与评级、品牌管理、媒体化服务、投资基金超市。

● **企业挂牌**

川藏地区企业可根据主营业务特点和企业资质在天府（四川）联合股权交易中心（以下简称"天府股交中心"）所设特色板块中任选其一挂牌。

（1）"一带一路"板："一带一路"板是指在天府股交中心设立的、为符合"一带一路"倡议的基础设施建设、生产制造、生产服务、外贸出口、文化传播等类型的企业提供私募证券发行融资、证券转让、股权质押融资及其他服务的平台。

（2）双创企业板：双创企业板是指在天府股交中心设立的、为双创企业提供投融资服务、成果转化服务、电商交易服务、媒体推广服务、政策应用服务及培育孵化服务的线上线下一体化的综合性服务平台。

（3）军民融合板：军民融合板是指在天府股交中心设立的、为全省"军转民""民参军"企业特设的提供私募证券发行融资、证券转让、股权质押融资和其他服务的平台，旨在满足军民融合企业融资需求，促进军民融合产业加快发展。

（4）科技金融板：科技金融板是指在天府股交中心搭建的平台，引导和促进金融机构及各类资本、创新金融产品，改进服务模式，实现科技创新链条与金融资本链条有机结合，为初创期到成熟期各发展阶段的科技型中小企业提供融资支持和金融服务的一系列制度和交易体系安排。科技型中小企业是指符合国家中小企业划型标准规定，具有一定的研发能力或拥有一定数量的知识产权，并将其转化成高新技术产品或服务的企业。

第三章 科技金融服务体系

从金融工具视角看，科技金融是指利用一系列金融工具、金融制度、金融政策和金融服务来促进科技开发、成果转化和高新技术产业发展的系统性、创新性安排。

金融是现代经济的血液，科技金融对全国科技发展有重要推动作用，其战略地位也愈发重要。1985 年，中国人民银行、国务院科技领导小组首次明确"金融支持科技发展"这一概念。1993 年由深圳科技局首次提出"科技金融"，将其作为一个完整的词。1994 年在广西南宁"首届理事扩大年会"上，科技金融作为新兴事业受到了广泛的关注。2006 年国务院发布《国家中长期科学和技术发展规划纲要（2006—2020 年）》，该文件全面对科技企业的债权融资、股权融资、中介服务提出指导性意见，如建立和完善创业风险投资机制、积极推进创业板市场建设、搭建多种形式的科技金融合作平台、鼓励金融机构对重点项目给予优惠的信贷支持、鼓励保险公司加大产品和服务创新力度等。这些促进创新创业的金融政策真正意义上推动了科技金融的发展。2011 年"十二五"规划对科技金融做出政府层面的概念解释。2012 年党的十八大提出科技创新是提高社会生产力和综合国力的战略支撑，将其摆在国家发展全局的核心地位，并强调科技金融的重要性。2021 年"十四五"规划明确提出，要完善金融支持创新体系，鼓励金融机构发展知识产权质押融资、科技保险等科技金融产品，开展科技成果转化贷款风险补偿试点。

成都高新区自建区以来，坚持"以科技创新驱动金融创新，以金融服务提速产业发展"的理念，始终围绕科技企业的金融需求展开不懈探索，持续健全机制、完善体系、打造平台、营造环境、壮大产业，已形成以债权融资服务体系、股权融资服务体系、上市服务融资体系和科技金融服务运作体系为主的"3+1"科技金融服务体系。

以企业需求为中心，不断完善"3+1"科技金融服务体系

● 债权融资服务体系

成都高新区为缓解中小企业融资难、融资贵问题，针对科技型企业轻资产、抵押物不足的特点，以盈创动力为载体，引导金融机构开展债权融资服务，为企业开展定制化金融服务，主要产品分为平台贷款产品、科技金融创新产品和商业银行自有产品三类，这里仅介绍前两类。

一是平台贷款产品。①"统贷统还"：这是成都高新区和国家开发银行合作推出的债权融资产品，由于采取打捆担保的方式，银行不再对单个企业进行审核和调查，简化了审核流程，降低了企业融资成本。②"成长贷"：该产品降低了对企业抵押物的要求，企业反担保物主要包括个人连带责任、订单、风投股权、知识产权等形式，实物资产原则上少于全部担保责任额的 50%。③"壮大贷"：市、区两级政府和担保机构按 1∶1∶1 比例分别出资 2 000 万元，共同构建首期 6 000 万元的风险资金池，同时按 1∶10 的放大比例，授信总规模达到 6 亿元。在该模式下，单户企业单笔最高贷款额度可达 3 000 万元。④"园保贷"：由成都高新区与四川省经信厅、财政厅合作开发，通过银行直贷，对企业抵押物进行放大，具有综合成本低、贷款额度大和服务机构多等特点。

二是科技金融创新产品。①"高新创业贷"：为计划或正在创业及转型升级的小微企业提供最高 1 000 万元、最长 5 年期的类信用贷款。②"助保贷"：由成都高新区财政出资作为助保资金池铺底资金，省去担保环节，由企业按照贷款金额的一定比例缴纳助保金并提供 40% 有效抵质押物的"企业互助互担"贷款。③"科技通"：不需要任何实物抵押的纯信用或知识产权质押信贷款产品。④"Bio 以投定贷"：由成都高新区和中国建设银行四川省分行合作打造。该产品充分结合生物产业早期项目无抵押、轻资产、靠融资推进项目进程等特点，通过建立生物产业投资机构白名单制，根据企业股权融资情况匹配最高 500 万元纯信用贷款，期限 3 年，随还随贷，实现投贷联动。除以投定贷外，建行四川省分行还结合行业特点推出"Bio 入园贷"和"知识产权质押贷"，为生物产业企业提供全生命周期服务。⑤"临床研究费用损失险"：为进入临

床阶段的企业提供兜底保障，企业若临床失败，便可获得保额支持，获得"东山再起"的资本。此款产品由中国人保在中国银保监会完成创新险种备案。⑥"知识产权增信"：成都高新区依托盈创动力和成都市知识产权交易中心研究知识产权领域创新融资工作，结合科技金融工作实践，以知识产权融资为切入点，出台《成都高新区推进知识产权融资试点工作方案》，优化政策性贷款产品体系，如将知识产权评价增信指标嵌入成都高新区政策性贷款产品中，在企业融资信用平台接入第三方知识产权评估模型。其中，发明专利、实用新型、软件著作权、商标等知识产权评价指标权重不低于综合授信评价的30%，主要依靠企业对知识产权综合运营情况来实现融资增信。⑦"党建增信"：成都高新区将申请贷款的民营企业的党建情况纳入"成长贷""新创贷""壮大贷"等政策性贷款评价模型，在原有以专利技术指标、市场运营指标、企业信用指标为主的评议模型基础上，新增"党建增信"指标对企业进行加分项评议。借助"党建"对企业进行增信，引导银行、担保等金融机构将企业党建情况与知识产权、股权、商标专利等共同作为有效增信措施，帮助民营企业更好地通过信贷审核，解决民营企业融资难题。

● 股权融资服务体系

成都高新区股权融资服务体系包括高投系政策性基金体系、银科系政策性基金体系和社会化投资基金三类。

一是高投系政策性基金体系。成都高投创业投资有限公司于2004年设立，为成都高新区国有企业成都高新集团下属企业，着力为科技型中小企业提供股权投资、咨询顾问、战略发展、股权管理等服务，已形成偏重于种子期、初创期股权投资，以天使基金、盈创资本（基金）、创业加速器基金等为主的高投系政策性基金体系。其中，天使基金2012年由财政出资8 000万元设立，同时财政出资设立天使投资风险补助专项资金，重点对战略性新兴产业中获得天使投资的高新区内创业型企业进行财政扶持；盈创资本（基金）是由国家科技部和成都高新区政府作为发起方，联合川钢等大型民营企业共同出资成立的创业投资基金，是一只专注于高科技、生物医药及国家战略性新兴产业等领域的风险投资基金；创业加速器基金由成都生产力促进中心、成都高新创新投资有限公司、上海创业加速器投资有限公司、上海信顺企业投资管理有限公司、上海泰乐道健康服务有限公司共同投资设立，重点关注成都市的种子期、成长期企业。截至 2020 年年末，高投系政策性基金累计投资天使项目、创业项目超过 150 个，成功助推卫士通、国腾电子、迅游科技等 7 家企业登陆中小板和创业板，助推必控科技、成电光信、卓影科技等 28 家企业"新三板"挂牌，成为四川全省"新三板"挂牌企业数最多的投资机构。

二是银科系政策性基金体系。成都银科创业投资有限公司（以下简称"成都银科"）成立于 2009 年，是由中国进出口银行、成都高新新经济创业投资有限公司、成都蓉兴创业投资有限公司三家股东出资组建的一家以母基金业务为主的创业投资公司。目前成都银科已建立面向国内外两个资本市场、覆盖成都市主导产业和新兴产业，包含企业上市前各个发展阶段的银科系政策性基金体系。作为本土产业母基金，成都银科基金已与国内外知名机构联合设立 19 只以上合作子基金，主要包括德同银科基金、红土银科基金、雏梧生枝基金、开铂银科基金、中小企业基金、招商局银行基金、硅谷天堂基金等。银科系政策性基金体系着重投资处于成长期、扩张期、成熟期的高新技术企业和中小企业，已完成对企业发展各阶段的全面覆盖，行业投资领域覆盖医疗健康、TMT（科技、媒体和通信）、能源环保、文化传媒等国家及本地区鼓励发展的行业。

三是社会化投资基金。截至 2020 年下半年，成都高新区已聚集各类股权投资机构 626 家、注册资本规模逾千亿元，其中既包括凯雷投资、凯鹏华盈、红杉资本、IDG（美国国际数据集团）、深创投等国内外知名机构，又包括四川产业振兴发展投资基金等本省创投资本。这些社会化投资基金既为成都高新区科技型企业提供股权融资，又将国内外行业先进的销售管理经验、行业资源渠道等高增值服务引入成都高新区。2019 年，成都高新区 90 余家科技型企业获得各类风险投资超过 58 亿元；帮助区内 440 余家科技型中小企业获得各类风险投资 240 亿元；完成并购重组 40 多起。

● 上市服务融资体系

成都高新区建立了上市企业联席会议制度，有效协调各职能部门解决企业上市过程中的困难和问题，推动企业改制上市服务全程化。成都高新区实施企业梯度培育体系，按照企业条件和进展情况将后备企业划分为准备、签约、改制、上市/挂牌四个阶段，对不同阶段的企业制定不同的推进方案和服务方式，形成重点后备企业梯度服务机制，充实改制上市企业后备力量。在征集企业意见的基础上，成都高新区邀请交易所专家或上市企业为中小企业进行培训。2018 年，成都高新区还在全国首次将企业境外上市和境外上市主体获得股权融资等纳入政策范围，为区内企业上市提供完善的政策保障。

同时，成都高新区积极争取证券交易所在成都设立基地，使区域资本市场融资渠道更加完善。截至 2020 年年底，成都高新区已成功设立深圳证券交易所西部基地（2018 年）、上海证券交易所资本市场服务西部基地（2019 年）、全国中小企业股份转让系统（新三板）西南基地（2020 年）。三大基地重点发挥综合性服务平台作用，从企业规范运作、改制上市、投融资对接、上市辅导和互动交流等多个维度，全面推进西部地区优质企业与资本市场对接。

- ● **科技金融服务运作体系**

成都高新区建立以"政府引导市场运作"为方向的科技金融服务机制。一是发挥政府引导作用，建立科技金融领导机制。成都高新区专门成立了由高新区管委会主任担任组长，管委会分管副主任担任副组长，各职能部门共同组成的金融工作领导小组，下设金融办公室，建立企业投融资服务例会、企业改制上市协调会等工作协调机制，负责指导高新区投融资服务体系建设工作，归口协调解决企业投融资过程中的问题和困难。二是发挥市场主体作用，构建全方位投融资服务格局。成都高新区全资国有公司——成都高新投资集团公司作为投融资服务体系的重要载体，实现信用担保、股权投资、改制上市服务等多项投融资职能，形成政府资金引导、民间资金积极参与的投融资服务格局，通过债权融资、股权融资、上市融资等多种创新服务方式，一定程度上破解了科技型中小企业融资难题。三是发挥政策支撑作用，促进政府资源与社会资本融合共生。成都高新区先后出台了涵盖债权融资、股权融资、改制上市和加快金融总部商务区建设的一系列科技金融政策文件，既为区内企业提供了一系列金融扶持政策，又为促进金融机构聚集出台了一系列优惠产业政策，不断加强科技金融服务能力和提升科技金融产业发展水平。

案例：盈创动力

● 简介

2008 年，为有效缓解成都高新区中小科技企业融资难问题，为集聚资金、整合信息、集成服务，成都高新区管委会下属国有独资公司成都高新投资集团投资打造盈创动力科技金融服务平台，以"梯形融资模式"为理论依据，针对企业全生命周期的不同阶段融资需求，形成了债权融资、股权融资和增值服务三大业务板块。2011 年 9 月，成都高新区又成立成都高投盈创动力投资发展有限公司，负责盈创动力科技金融服务平台的市场化运作（见图 24）。发展至今，盈创动力已逐步发展成为全国性科技金融服务平台。"盈创动力"曾牵头承建科技部国家科技支撑计划"面向科技型中小企业的科技金融综合服务平台及应用示范"项目，并在"十二五"期间在全国范围应用示范和提供服务。

图 24　盈创动力科技金融大厦

2016 年 10 月，盈创动力获选为 2016 年四川十大改革转型发展案例。2017 年 9 月，国务院决定在全国推广 13 项具备复制条件的全面创新改革试验举措，其中科技金融改革创新经验包括"盈创动力科技金融服务模式"。2018 年，盈创动力"面向中小企业的一站式投融资信息服务"入选"高新区纪念改革开放 40 周年改革典型案例"、《成都高新自贸试验区优秀案例清单》和成都市"供给侧结构性改革案例"。

截至 2019 年 12 月底，盈创动力累计为 8 100 余家科技型中小企业提供债权融资超过 535 亿元，为 435 家企业提供股权融资近 86 亿元，为 34 000 余家企业提供投融资增值服务，助推 80 余家企业改制上市。截至 2020 年年底，盈创动力已在乐山市、遂宁市、德阳市、雅安市、广安市、巴中市、自贡市、苏州市、青白江、简阳市、郫都区、广元市等地设立工作站，通过资本撬动当地产业发展，推广盈创动力模式。

- **业务体系**

经过十余年的发展，盈创动力已成为成都高新区科技金融服务代表性平台，其立足"物理平台、信息平台"和"债权融资服务、股权融资服务、增值服务"的"两平台、三体系"为科技型企业提供全方位的科技金融服务（见图 25）。

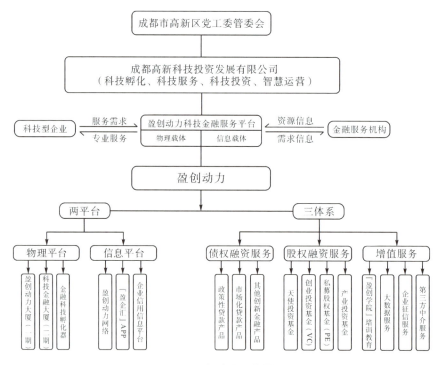

图 25　盈创动力服务模式

物理平台：盈创动力目前已经建立了以盈创动力金融专业楼宇为核心的金融专业物理载体。"盈创动力大厦"（盈创动力一期）占地面积 6 万平方米，已吸引中国人民银行等 50 余家金融机构入驻，与 200 余家投融资机构建立起战略合作伙伴关系，聚集资金规模近 1 000 亿元；"科技金融大厦"（盈创动力二期）占地面积 3 万平方米，预计聚集资金规模超 1 000 亿元。代表性金融资源包括：中国人民银行征信服务大厅（西南地区除中国人民银行成都分行本行以外的首个服务网点）、西部（四川）路演中心（西部首个、全国第五个"路演中心"）、天府（四川）联合股权交易中心（由四川、西藏两省区政府共建，是目前全国唯一一家跨省域的区域性股权交易场所）。

股权融资服务：盈创动力通过整合政府、企业、机构等各方优势资源，构建和完善天使投资、创业投资（VC）、私募股权投资（PE）相结合的股权投资体系，助推中小企业与金融资源有效对接。其中，天使投资基金于 2012 年 6 月在成都高新区设立，成为国内首支由政府全额出资的天使资本，规模 10 000 万元。截至 2019 年 12 月底，天使投资基金累计完成 62 个天使项目投资，投资金额 1.37 亿元。其中：高层次人才创业项目 26 个，占比 41.94%；30 个项目获得新一轮融资，融资金额逾 7 亿元，实现国有资本 11 倍以上放大；助推必控科技、成电光信等 11 个天使项目成功在"新三板"挂牌。盈创动力股权融资基金体系见图 26。

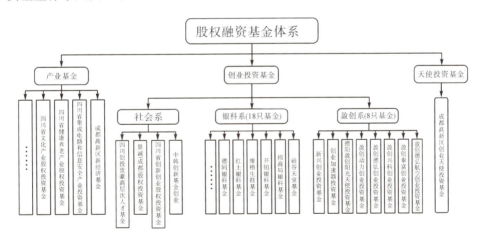

图 26　盈创动力股权融资基金体系

债权融资服务：盈创动力不断丰富和完善债权融资体系，积极拓宽服务科技型中小企业的债权融资渠道。盈创动力通过"成长贷""壮大贷""园保贷""新创贷""股改贷"等政策性债权融资产品，上线商业银行特色产品，建立科技保险类产品，促进科技型中小企业债权融资服务再上台阶。盈创动力债权融资产品体系见图 27。

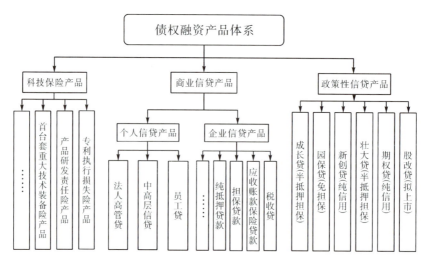

图 27　盈创动力债权融资产品体系

　　增值服务：盈创动力目前建立了包含信用信息、上市辅导、投融资培训等内容丰富、品种多样的增值服务体系。盈创动力通过"天府之星"企业培育计划、征信服务、改制上市辅导、上市路演、投融资培训、创业大赛等服务，进一步促进企业与资本有效对接。截至 2019 年 12 月底，盈创动力累计开展各类品牌培训 98 场；其他管理类、政策类培训活动 66 场；承接、举办各类重大赛事、活动 55 场；对接会议、论坛等活动 97 场；盈创动力模式复制推广相关活动 20 场；为科技型中小微企业提供超过 34 000 次科技金融增值服务（见图 28）。

图 28　盈创动力增值服务

案例：银科基金

成都银科创业投资有限公司（以下简称"成都银科"）成立于 2009 年 3 月 18 日，是由中国进出口银行、成都高新新经济创业投资有限公司、成都蓉兴创业投资有限公司三家股东出资组建的一家以母基金业务为主的创业投资公司。

成都银科以"打造专业的、市场化的、全国一流的母基金"为长期发展目标。截至 2021 年 5 月底，成都银科子基金完成项目投资 204 个，金额合计 59.12 亿元。其中：完成国内上市项目 31 个，完成海外上市项目 5 个，完成新三板挂牌项目 20 个，4 个项目申报国内上市处于审批过程中。

自成立以来，成都银科已赢得业界广泛关注和认可，先后获得中国创投委优秀创业投资母基金、清科集团中国股权投资 FOFs（母基金）20 强、投中集团中国最佳人民币母基金 TOP5、投中集团中国最佳有限合伙人 TOP10、融中集团中国最佳有限合伙人等诸多荣誉。成都银科总经理吴忠被中国证监会聘为创业板第六届发审委委员，当选为中国投资协会创业投资专业委员会常务理事、成都市创业投资和股权投资协会创始会长、中央电视台"创投智库"成员。

金融科技产业高地：依托场景引育金融科技

● 国内外金融科技热浪

近些年，以移动互联网、大数据、云计算、人工智能等为代表的新兴技术快速迭代，对传统产业既有的生产运营方式造成强烈冲击，催生各类新兴产业形态。美国著名经济学家、谷歌首席经济学家哈尔·范里安认为，计算机和新技术主要从数据收集与分析、个性化与定制化、试验与持续改善、合同管理创新以及协调与沟通五个方面影响经济活动。金融作为经济活动的"血液"，同样面临着这些技术带来的新挑战，如面对大数据和小数据，金融活动如何管理和发掘数据的价值才能改善金融活动效率与经营业绩，如何充分利用线上系统迭代与人工智能的深度学习，不断优化金融运行的内在"升级"能力。

金融科技就是指这些技术带来的金融创新，包括新的业务模式、应用、流程或产品。这一领域近十年来正成为全球投资热点，近几年这一态势逐渐加速。据毕马威研究显示，2015—2019 年，全球金融科技投融资金额从 649 亿美元增至 1 503 亿美元，年均增速达 23.4%，投融资数量从 2 123 宗增至 3 286宗。据 CB Insights 研究显示，从融资额度看，疫情加速了全球金融科技风险投资，2021 年前 7 个月，全球金融科技初创企业已筹集 307.9 亿美元，超过 2020年全年所募集到的 300 多亿美元，占全球初创企业融资总额的近 20%；从重点业态看，截至 2021 年 5 月，全球共有 100 余家金融科技"独角兽"企业，总估值近 5 000 亿美元。这些金融科技"独角兽"企业主要分布在支付、运营和基础设施、数字银行以及零售借贷四大核心领域，四大核心领域的独角兽数量分别约占 25%、15%、13% 以及 10%，与投资额在各赛道的分布情况基本一致。

在全球金融科技浪潮中，受益于资本驱动、电商经济扩张、监管宽容等因素，中国已成为领航者之一。国家金融与发展实验室金融科技研究中心和金融科技 50 人论坛（CFT50）2020 年联合发布的《中国金融科技运行报告（2020）》显示，2019 年中国金融科技产业营收规模已高达 1.44 万亿元人民币。

作为金融科技行业主管部门，中国人民银行于 2017 年 5 月成立金融科技（FinTech）委员会，着力加强金融科技工作的研究规划和统筹协调。2019 年 8月，中国人民银行印发《金融科技（FinTech）发展规划（2019—2021 年）》。该规划指出，金融科技是技术驱动的金融创新，并明确加强金融科技战略部署、强化金融科技合理应用、赋能金融服务提质增效、增强金融风险技防能力、强化金融科技监管、夯实金融科技基础支撑六方面重点任务。

● 依托场景引育金融科技

作为全国首批促进科技与金融试点地区，具有雄厚的电子信息产业、金融业基础和丰富的 IT、金融人才资源的成都高新区，具备绝好的发展金融科技的"先天条件"。

近些年，成都高新区基于发展优势，通过出台系列扶持措施、打造各类平台等途径大力引育金融科技企业。2016 年 12 月，在成都召开的金融科技

（Fintech）发展趋势国际论坛上，成都高新区正式启动打造金融科技产业高地项目，成为全国首个重点打造金融科技产业的国家级高新区。2018 年，成都高新区推动金融城—交子金融科技中心投入使用，并出台全国首个金融科技（Fintech）认定标准。2019 年 7 月底，被誉为"盈创动力 2.0 版"的成都高新区科技金融大厦投入使用，主要聚集银行、保险公司、证券公司、基金公司等金融机构和金融科技企业，着眼于国家西部金融中心建设，构建金融科技产业生态圈特色楼宇，探索打造中国西部极具影响力的金融科技产业聚集高地。截至 2020 年 7 月底，成都高新区科技金融大厦已吸引新希望金信、新腾数致、大家保险、朴素资本、趣链科技、北京银联等多家知名机构与企业入驻，入驻率超 80%。其中，盈创星空金融科技孵化器入驻率达 100%，入驻企业引进"四派"人才 135 人，新增或外地引进企业占比 70%，累计获得融资超过 2 亿元，总体估值超过 15 亿元。该大厦 16 ~ 21 楼着力打造的盈创星空金融科技加速器主要面向国际及国内金融科技先行区域，以引进龙头金融科技企业为目标，以大数据分析、人工智能、区块链等关键技术驱动的金融科技新经济业态为核心，构建世界领先、国内一流的金融科技创新创业生态体系。

成都高新区金融科技企业凭借大数据、云计算、人工智能、区块链技术做底层技术支撑，场景应用已渗透到消费金融、社交、教育、文化创意、食品流通等领域，并不断开辟全新的应用场景，已有部分企业成功将业务拓展至海外市场。截至 2020 年年底，成都高新区拥有 40 家金融科技企业，2 家金融科技研究院（实验室）。

案例：数联铭品

数联铭品科技有限公司（BBD，以下简称"数联铭品"）于 2013 年成立于成都高新区，是国内最早探索和实践大数据技术和数字经济产业发展的高新技术企业之一。

数联铭品拥有完整的大数据综合服务产品线和丰富的行业解决方案，同时搭建了国内领先的企业数据库和模型库，具备强大的数据治理和建模能力，致力于打造"全球领先的大数据金融科技和政府治理智库服务机构"。近些年，围绕"一带一路"倡议、数字中国等国家战略，数联铭品构建了面向政府、企业、金融市场三大主体的业务体系和商业模式，形成价值叠加、功能联动的服务通链，覆盖信用体系建设、政府监管、金融风控、宏观经济、公共安全等多个领域。围绕国家数字经济增长极，数联铭品逐步完成重点地区的产业空间布局和市场建设，目前已在北京、成都、重庆、贵阳、南京、合肥、香港、伦敦和新加坡等地设有公司和分支机构。

数联铭品主要业务范围包括信用建设、政府监督、宏观经济、风险咨询、供应链金融、普惠金融、企业评级、信贷风控等多个领域。

信用建设：为政府机构、银行和证券机构、行业协会、小贷公司等提供企业信用风险穿透服务大数据智能平台。通过汇聚海量公开数据、共享政府信用体系建设交换数据、授权使用企业内部财务数据，实现对企业信用风险、风险蔓延的直观展示，提示核心风险主体群，为用户提供从准入评估、决策研判到实时监控、合作探寻的信用信息支撑服务。

政府监督：通过相关措施的相互嵌套、环环紧扣以及加强相关部门的协调联动及联合惩戒，针对规划调整、项目审批、制式选择、投融资模式、资金保障等重点环节容易发生的各种违规行为，系统强化责任机制和监管效力，体现精细化管控。

供应链金融：以核心企业为中心，整合供应链上下游企业的金融需求，将核心企业、供应商、经销商与金融机构利益紧密联系起来。服务多方，提供整体供应链场景产品解决方案。主要解决供应链中"链上客户"全链条关键节点的信任不对等、信息不对称、资金不匹配等问题。

第四章　金融生态环境

　　"金融生态环境"是一个仿生学与金融学交叉融合所形成的概念，该概念主要从生态系统整体去看金融主体与金融环境之间的关系。2004年年底，时任中国人民银行行长周小川在"中国经济50人论坛"上首次提出"金融生态"概念，他强调要完善与金融相关的立法，以改进金融生态，为化解金融风险隐患、防范金融危机营造良好环境。国内学者苏宁认为金融生态或金融生态环境是指金融行业的运行环境，包括经济环境、法制环境、信用环境、市场环境和制度环境等方面。

　　成都高新区金融业历经30多年，逐步发展成为"市场主导型强金融"体系，金融业增加值近300亿元，金融机构数超过1 200家，金融从业人员超过2.8万人，这与成都高新区良好的金融生态环境密切相关。成都高新区持续优化金融生态环境的经验集中体现在金融集聚、特色中介机构服务、社会信用环境优化、金融风险防控四个方面。在金融聚集方面，成都高新区对标全球顶尖金融中心，规划打造交子公园金融商务区；在特色中介机构服务方面，成都高新区除了大力引进国内外一流信用评估公司、征信公司、会计师事务所、律师事务所等传统金融中介机构外，还着力引育如成都市知识产权交易中心、深圳证券交易所西部基地、上海证券交易所资本市场服务西部基地、新三板西南基地等特色金融机构；在社会信用环境优化方面，成都高新区强化社会信用信息共享，构建新型市场监管体系，深化重点领域诚信建设，探索信用应用创新等，持续优化社会信用环境；在金融风险防控方面，成都高新区既做好顶层设计，系统防控金融风险，又突出防控重点，在风险预警研判、风险防控环境、宣传教育、互联网金融风险等方面展开专项行动。

金融集聚：高水平打造交子公园金融商务区

交子公园金融商务区是成都高新区和锦江区共同建设的市级产业功能区，规划面积 9.3 平方千米（其中高新片区 6.4 平方千米），涵盖成都高新区桂溪街道、中和街道以及锦江区柳江街道部分区域，位于府城大道、锦江大道以南，锦华路以西，天府一街、世纪城路以北，益州大道以东。

● 发展思路与进展

作为成都市 66 个产业功能区之一，交子公园金融商务区以"三生合一，城景相融"为理念，构建以金融产业为主导，商业、文创、旅游、体育等多元融合的产业布局，实现商业空间全域覆盖和无处不在的零距离体验。该商务区对标全球顶尖金融中心，从城市空间、产业空间、职住空间等方面实施高品质规划建设，树立国际化金融商务功能区地标形象，建成天府国际金融中心、银泰中心、交子金融科技中心、环球中心、大魔方等国际化城市地标；对标世界级知名商圈，结合交子公园金融商务区自然资源禀赋，重点打造 3 大商业集聚区，有机融合自然资源、城市空间、消费场景，构建具有特色的公园城市商圈。该商务区规划建设世界级新商圈、中国西部金融中心，实现金融科技和时尚消费产业要素聚集，打造"人城产"融合发展的高品质城市空间。

目前，成都高新区已按照"领导小组+法定机构+专业公司"总体思路，挂牌成立成都交子公园金融商务区发展服务局，组建成都交子公园金融商务区投资开发有限责任公司。其中，成都交子公园金融商务区发展服务局主要承担交子公园金融商务区的开发建设、产业发展、招商引资、企业服务、运营管理等经济管理职责。成都交子公园金融商务区投资开发有限责任公司以成都交子公园金融商务区开发为主，开展城市规划、征地拆迁、土地管理及运营、基础设施及配套建设、建筑开发、区域运营招商等业务。

截至 2020 年年底，交子公园金融商务区已汇集金融及配套机构 540 家以上，金融从业人员超过 10 万人，入驻金融及配套企业数量位居中西部第一；商贸产业入驻企业超过 5 600 家，社会消费品零售总额达到 57.7 亿元。该商务区 2020 年签约中国人民银行数字货币研究所、复星保德信等金融产业项目 27 个。

● 2021 年**重点任务**

2021 年 3 月，成都高新区发布幸福美好生活十大工程，明确要以场景营造为依托，推动交子金融商务区全新亮相。加快金融和时尚消费产业集聚发展，全面提升交子公园商务区国际国内影响力和配套服务水平，加速打造彰显现代文明、产城融合的高品质生活城区，推动构建成都第二都市级商圈。

一是打造多业态聚集的现代商圈。推进阿里巴巴集团"新零售"综合体项目、TX 淮海年轻力中心代表性主力店、伊藤洋华堂进口超市等项目落户。推动银泰 in99 与交子公园联动渗透，推动 SKP 项目建设，加快打造"生活美学中心"地标。

二是塑造高品质城市空间形态。坚持"世界眼光、中国特色"标准，高水准规划建设一批标志性建筑群。启动国际金融中心、河东滨江商业街等项目策划设计。推动交子金融博物馆、交易所大厦、文化中心等重点项目建设。

三是加速金融科技和新金融机构集聚。推动西部健康险全国法人总部等金融类总部企业落户。加快打造保险科技产业园，建设国家级的保险科技示范区。推动数字货币研究院落地，引进数字货币金融科技企业 5 家以上，开展数字货币应用场景试点 10 个以上。积极争取试点开展 QFLP（合格境外有限合伙人）、QDLP（合格境内有限合伙人）等跨境金融业务。

● 主要空间载体

·科创空间——高新科技金融大厦

高新科技金融大厦位于成都高新区交子大道 283 号，总建筑面积约 5 万平方米，是成都高新区打造的科技金融机构集聚特色楼宇，承担银行、保险公司、证券公司等金融机构和资源聚集、科技金融创业企业孵化等产业功能，是国务院全国推广的成都高新区科技金融服务品牌"盈创动力 2.0 版"。高新科技金融大厦配有面对全球银证保、创投、基金、金融科技企业的配套服务中心，可举办行业交流、论坛、项目路演、培训等多类型的增值服务。高新科技金融大厦围绕产业链布局金融创新链，建立了"孵化器—加速器—产业园区"全链条金融科技企业孵化培育体系，已入驻新希望金信、索信达、国家金融 IC 卡检测中心、暖哇科技、保准牛、麦亚信等一大批数字金融产业细分领域领跑

企业，整体入住率已超过 95%，预计到 2023 年单栋楼宇年度产值将超过 100
亿元。

　　·科创空间——交子金融梦工场

　　交子金融梦工场，是在中国人民银行成都分行营管部、成都市地方金融监
管局支持下，由成都交子金融控股集团打造的全国首个、全球规模最大的金融
科技领域的高品质科创空间。交子金融梦工场聚焦运用大数据、云计算、人工
智能、区块链、物联网五大底层技术进行金融创新的企业，覆盖区块链金融、
金融安全、数据征信、快捷支付、新型融资、财富管理六大应用领域，打造特
色化、高端化、平台化、专业化、国际化的金融科技创新创业集聚发展平台，
联合监管机构、产学研机构、配套服务机构共同打造金融科技产业生态服务体
系。目前已建成天府国际金融中心、交子金融科技中心、金融麦田三大创孵载
体，总面积超过 10 万平方米，聚集国内外金融科技团队 213 家，汇聚金融科技
从业人员 5 200 余人，入驻数联铭品、慧择科技、迅鲲科技等一大批优秀金融
科技企业。交子金融梦工场四期正在筹建中，预计到 2021 年年底，运营载体
总面积将达到 16 万平方米。

　　·商业集聚区——金融城西商业聚集区

　　金融城西商业聚集区规划面积 0.75 平方千米，以交子公园及周边商业为
核心区域，充分利用交子公园生态资源，按照公园城市发展理念，引入金融科
技、创投融资、精品旗舰店、国际美食、文创体验、顶级酒店等业态。该聚集
区通过引导控制商务办公、商业服务、文化娱乐、配套服务等功能的兼容比
例，实现商业功能与生态空间的有机融合，打造以金融办公、休闲商业为主导
的全功能商务场。目前，金融城西商业聚集区涵盖了聚焦科技金融创新研发与
应用的金融科技孵化载体交子金融麦田、成都银泰中心 in99、华尔道夫酒店、
首座 MAX、交子公园、交子大剧院、交子博物馆、成都金融城文化中心等商
业、文化、体育服务载体，基本实现了以金融为核心，文、商、体、旅融合
发展。

　　·商业集聚区——交子大道特色商业街区

　　交子大道东起天府双塔，西至剑南大道，总长度约 1.7 千米，两侧已建成
华商金融中心、中海国际中心、中航国际广场、东方希望中心、悠方购物中
心、环宇荟等商务写字楼及商业服务载体。交子大道特色商业街区按照"公

园+商圈"的理念，围绕总体景观、交子之环景观桥、天府双塔构建慢行消费空间，通过各类旗舰店、品牌首店、特色小店，以及时尚特色活动，增强交子大道商业氛围，依托天府双塔灯光秀、交子之环夜景、街区光彩工程等资源，激活区域夜间经济活力，打造"贯穿交子文化的全天候活力空间，承接城市庆典的节假日欢乐街道"。

· 商业集聚区——SKP 商业聚集区

SKP 商业聚集区规划面积为 0.72 平方千米，以锦城广场及周边商业为核心区域，依托锦城广场站，遵循 TOD 建设开发理念，将地面公园与地下商业融为一体，引导文化娱乐、零售商业等业态布局，打造一站式游购娱综合体与标志性城市景观，并通过引入高端旗舰店、全球首店、文创体验、文化展演等业态，建设文化引领、旅游消费的多维体验时尚精品消费中心。目前，SKP 商业聚集区内涵盖了环球中心、成都 SKP 和招商大魔方等知名商业综合体，可提供高端零售百货、国际美食、潮玩体验店等主要业态功能服务，消费者可在 SKP 商业聚集区感受到国际时尚精致好生活。

服务体系：围绕科技型企业发展特性引育特色金融机构

随着金融产品及相关技术的日益复杂、金融业态的不断创新，银行、证券公司、信托公司、保险公司、基金公司等主流金融机构在向个人或企业提供金融服务时"单打独斗"的情形越来越少，与会计师事务所、律师事务所、财务顾问、金融科技公司、资产评估机构、信用评估机构、交易所等金融市场机构的合作越发密切，而后者的细分程度与区域金融业繁荣度存在紧密联系。近年来，成都高新区持续完善金融服务体系，始终围绕科技型企业发展特性引进和培育特色金融机构，不断推动区域金融服务体系专业化、多样化和现代化。

● 成都知识产权交易中心

成都知识产权交易中心（以下简称"成都知交中心"）于 2018 年 7 月经四川省人民政府批准筹建（川府函〔2018〕126 号），于 2019 年 2 月经地方金融监管部门批准正式开业，注册资本 3 亿元人民币，是四川省唯一的知识产权类交易场所。

成都知交中心以知识产权及科技成果交易为抓手，打造以科技成果转移转化、知识产权交易、知识产权运营、知识产权投融资服务为主的创新性知识产权综合交易服务平台。成都知交中心整合技术、人才、资本、服务等资源，建设规范化的知识产权及技术交易市场，促进知识产权及科技成果交易规范化，探索知识产权及科技成果产业化、资本化、国际化，推进知识产权运营及科技成果转移转化，大力发展新经济、培育新动能，推动大众创业、万众创新，切实响应国家"一带一路"倡议。

主要业务：成都知交中心聚集银行、小贷公司、保险公司、担保公司、租赁公司、券商等金融机构以及评估评价、代理、法律等领域的服务机构，创新知识产权融资模式及产品，为企业提供知识产权质押融资、知识产权股权融资、知识产权融资租赁、知识产权证券化等一站式融资服务（见表23）。成都知交中心积极探索创新知识产权质物处置机制，提供知识产权融资的政策宣讲、实务培训、融资方案策划、融资对接、项目路演、补助申报辅导等服务。

表23   成都知交中心热门融资服务

序号	服务名称	简介
1	知识产权质押融资	为企业知识产权融资提供系统性解决方案，为科技型中小微企业提供全链条、低成本的金融支持
2	知识产权融资租赁	通过创新型知识产权融资租赁模式，帮助企业拓宽融资渠道、节约银行授信额度，促进企业科技成果及文化成果的转化及产业化
3	知识产权证券化	联合投行、券商、专业评估机构等建立科学的知识产权价值评估体系，探索知识产权证券化，助力解决中小微创新企业融资问题
4	知识产权股权融资	建立线上线下结合的知识产权股权融资服务体系，推动知识产权在资本市场上实现产融结合的商业、金融价值属性

● **深圳证券交易所西部基地**

为更好地服务四川、服务西部创新创业，同时考虑到成都高新区在西部和全国突出的创新创业基础，2018 年 12 月，深圳证券交易所与四川省金融局、成都市金融局、成都高新区管委会、天府（四川）联合股权交易中心股份有限公司五方共同建设深圳证券交易所西部基地（以下简称"西部基地"）（见图29）。

该基地是深交所内设一级部门，面向西部 11 省（区、市）提供企业培育、投融资对接、专业咨询、债券市场培育、区域性资本市场研究等一系列服务。西部基地的运营模式是"前店后厂"的在地化服务模式，由深交所派出员工在当地开展一线服务，深交所的很多业务在成都同步开展，和深圳总部实现无缝衔接。

图 29　深圳证券交易所西部基地

主要业务：西部基地从企业的规范运作、改制上市、投融资对接、上市辅导和互动交流等多个维度，全面推进以四川省为代表的西部地区优质企业与资本市场对接。同时，该基地也是企业债、公司债、地方政府债、资产证券化产品、PPP 项目资产证券化等固定收益类产品咨询、培育与服务的平台。

截至 2019 年年底，依托深交所的后台体系，西部基地已搭建了一个面向全国、聚集全国各地早期初创项目、以 PE 和 VC 为主的投融资对接信息服务平台。该平台上注册的机构投资者目前已经有 5 000 家左右，投资基金经理已有 1.5 万人左右，5 年来在全国各地服务的初创项目在 1 万家左右。

信用环境：深入推进信用共享、共监、共建、易用

成都高新区成立成都高新区社会信用体系建设领导小组办公室，负责推进成都高新区社会信用体系建设工作，每年制订并实施年度社会信用体系建设工作年度计划，近年主要工作包括以下四个方面：

• 完善社会信用信息共享平台，夯实信用基础工作

成都高新区围绕社会信用体系建设，推进区级信用平台建设。一是在加快建设完善高新区社会信用信息共享平台、实现与成都市公共信用信息系统的数据共享的同时，面向各成员单位开展需求调研，收集用信场景和意见建议。二是改造优化高新区信用平台及门户网站功能和界面布局，做好日常安全维护和应用推广，确保信用信息采集、存储、交换、加工、使用和披露中的信息安全，并指导各部门使用高新区信用平台进行企业信用信息查询、实施联合奖惩。高新区持续推进法人和其他组织统一社会信用代码工作，做好存量主体代码换照、增量主体赋码及信息回传校核等工作，加强代码查询与公示。三是按照国家、四川省、成都市关于行政许可和行政处罚等信用信息公示工作的新要求、新标准，成都高新区扎实推进"双公示"工作，积极向对应市级部门报送公共信用信息数据。除法律法规另有规定外，将行政许可、行政处罚等信息自做出行政决定之日起 7 个工作日内上网公开。

• 构建新型市场监管体系，发挥信用监督作用

一是全面推进市场主体信用承诺制度。成都高新区探索线上线下相结合的企业信用承诺制度，积极开展主动承诺型、行业自律型、审批替代型、容缺受理型、失信修复型等类型的信用承诺活动。

二是健全事中信用分类监管，落实"红黑名单"制度。成都高新区各部门积极对接市级部门或自行实施相关行业领域的信用分类监管，根据各行业不同信用积分、信用等级及"红黑名单"，对监管对象实施不同监管措施，构建以信用为核心的新型市场监管机制。同时，贯彻落实国家、四川省、成都市系列信用联合惩戒文件、目录清单，积极对接上级部门，探索研究提出符合成都高新区实际的信用联合奖惩举措，狠抓信用联合奖惩举措的落实。

三是严格执行信息异议处理及信用修复文件要求。成都高新区贯彻落实国家、四川省、成都市关于行政许可和行政处罚等信用信息异议处理及信用修复的文件要求，按照相关流程，开展企业信用信息异议处理及信用修复工作。

• 深化四大领域诚信建设，拓展信用体系建设全覆盖

成都高新区强化政务诚信、商务诚信、社会诚信、司法公信四大领域建

设，拓展信用体系全覆盖。

在政务诚信建设方面，成都高新区各部门加快推进政务诚信管理制度建设，重点加强政务公开、行政审批、政府监管、公共服务、政府守信践诺机制等制度建设，提升政务诚信建设制度化水平。建立公务员诚信档案，将公务员诚信记录作为干部考核、任用、奖惩和职务职级晋升的重要参考。

在商务诚信建设方面，成都高新区在生产、流通、金融、税务、价格、工程建设、交通运输、电子商务、统计、中介服务业、会展、广告等领域建立信用记录，按照市级部门要求向社会进行公示。

在加强社会诚信方面，成都高新区在医药卫生、社会保障、劳动用工、教育、科研、文化、体育、旅游、知识产权、环境保护和能源节约、社会组织等领域建立信用记录，按照市级部门要求向社会进行公示。

在司法公信建设方面，成都高新区加大司法公开力度，建立审务信息、检务信息公开体系，推进司法行政信息公开。同时，加强司法执法和从业人员诚信建设，建立健全司法执法和从业人员相关档案、诚信执业制度，完善司法执法人员办案质量终身负责制、执法办案考评制、执法过错责任追究制等制度。

● 探索信用应用创新，拓展"信易+"应用领域

成都高新区持续强化个人信用建设，以"成都信用网""天府市民云"为个人信用分和信用信息的载体，探索推动个人信用分在社会保障、公共交通、教育、科研、金融、医疗卫生、身份识别等领域的应用。同时，成都高新区不断多维拓展用信场景，积极探索信用应用创新，在行政管理、公共服务等各领域广泛使用信用记录和信用产品；在行政审批方面，也将探索建立以信用为核心的行政审批事项容缺受理机制。

此外，结合信用体系建设，成都高新区进一步探索"互联网+民生+信用"的创新服务。成都高新区依托云计算、大数据等技术手段，把握民生领域新兴业态发展特点，加快推进教育、医疗健康、养老服务、家政服务、食品餐饮、房地产、劳动用工、旅游等重点民生领域信用体系建设。成都高新区积极开展"信易租""信易贷"等"信易+"系列项目，结合实际为诚信市场主体提供信用融资、押金减免、人才公寓、容缺受理等信用惠民便企创新服务。

风险防控：既注重顶层设计又突出重点领域

● 做好顶层设计，系统防控金融风险

2015 年 1 月，为有效防范金融风险和处置非法集资，营造"三次创业"良好的经济金融秩序，成都高新区出台《成都高新区建立健全金融风险防范和处置非法集资长效机制的实施方案》（以下简称《方案》）。依照《方案》，成都高新区在"两类公司"、投资理财类公司和其他准金融机构监管上逐渐探索形成长效工作机制。

《方案》主要内容包括六个部分：一是通过完善联席会议制度、优化应急处置预案、畅通信息共享机制强化工作协调；二是通过加大广泛性社会宣传、加强专业化培训和案例教育来突出宣传教育；三是通过建立市场准入联合评议制度、健全风险防范联合检查制度、提高风险排查专业化水平、强化舆情监控制度深化风险排查；四是通过加强应急工作组制度、完善信访维稳预案、加大违法违规惩处等举措强化风险处置；五是通过深化信息报告与通报制度、建立民间借贷登记备案制度、强化监管上墙制度等措施创新信息披露；六是通过完善监管评级、加强政策引导、强化行业自律等措施引导规范发展。

● 突出防控重点，开展专项行动

在金融风险防控工作中，成都高新区主要从健全事前风险预警研判机制、完善金融风险防控环境、加强金融风险宣传教育、开展互联网金融风险专项整治四个方面入手防控金融风险。

一是健全事前风险预警研判机制。充分发挥线上风险预警系统的作用，结合线下实际排查，持续监测风险动向，快速精准捕捉风险线索，做到早发现、早处置；建立"经侦流动警务站"，强化"哨兵"金融风险监测预警系统的应用，将成都高新区相关产业部门纳入金融风险防控体系。

二是完善金融风险防控环境。成都高新区明确提出完善区域信用体系、鼓励金融行业自律、鼓励维护金融环境。对参加信用评级的企业、加入成都高新区企业信用数据平台的企业，分别给予一定补贴；鼓励社会各界人士发现并及

时举报金融风险线索，对提供的举报线索被采用的，将给予最高 10 万元奖励。

二是加强金融风险宣传教育，健全沟通协调机制，维护社会稳定。成都高新区 2021 年全年受理回复涉金融类投诉近 1 600 件，信访 40 余件。通过搭建群众对话平台，及时沟通化解风险，组织开展 4 次金融风险安全教育宣传，提高群众金融风险防范意识，维护成都高新区金融环境平稳有序发展。

四是开展互联网金融风险专项整治。成都高新区成立高新区网络借贷风险对应工作领导小组，建立风险应急处置预案，稳妥有序做好高新区 P2P 网贷机构的清查整改，对高新区在营 P2P 网贷机构开展行政检查，做到底数清、情况明，组织 P2P 网贷机构合理、平稳地清退存量业务。

案例：基于区块链技术的地方金融监管系统

随着新一轮技术革命的兴起，以大数据、人工智能、区块链、云计算等为代表的新技术不仅推动金融产业不断创新发展，也为防范和控制金融风险提供了新的技术支撑。其中，区块链被认为是继互联网技术之后将重塑经济世界的重大基础技术，其以去中心化的数据存储方式解决数据信任问题。该技术可被金融监管方有效用于金融监管，采用此技术后，运营监管系统的平台服务方和被监管企业均无法篡改数据，可使金融监管系统的安全性显著提高。

成都高投盈创动力投资发展有限公司基于区块链技术开发出地方金融监管系统。该系统是成都高新区首次推出的基于区块链技术的地方金融监管系统，以具有数据分布化和防篡改特点的区块链技术为底层支撑，按照不同行业监管办法设置风险警告规则，对资金流动进行实时监控，判断企业是否存在可疑的关联交易、是否涉嫌从事违法违规活动，从而实现穿透式监管。该地方金融监管系统已在 2017 年 11 月首届天府金融博览会上展示，吸引了大量参会专家的关注。

该系统运行的关键点是对"资金流动"的监管，包括被监管公司账户的资金存量与流动金额、交易时间、频率和交易对手方等信息，可充分呈现被监管公司的日常运营情况。被监管方被要求将相关银行账户全部接入该系统接受监管，当被监管方账户出现异常并被判断为高风险行为时，相关监管部门将立即进行高管约谈或前往现场检查。

　　成都高投盈创动力投资发展有限公司对这一系统进行日常运营和维护，并将其接入盈创动力科技金融服务平台，与成都高新区社会信用体系平台对接，组成成都高新区地方金融企业的信用数据库。截至 2021 年年底，系统已将地方小额贷款公司与融资性担保公司纳入监管范围。

　　下一步，该监管系统还将逐步完善金融发展统计、预警监测、实时行为监管、投诉举报和信息公开五大功能，搭建起成都高新区金融风险全方位监测与预警体系，形成事前预警、事中监测、事后处置的有效监管机制。

第四篇
乘风破浪之改革密码

"一切社会变迁和政治变革的终极原因，不应当到人们的头脑中，到人们对永恒的真理和正义的日益增进的认识中去寻找，而应当到生产方式和交换方式的变更中去寻找。"

——弗里德里希·恩格斯

　　改革开放浪潮将中国的发展延伸到全球范围和全部领域，极大地扩展了发展空间，激发了发展潜能。对于一个区域来讲，在某种意义上，改革就是一种系统性的"算法"与"算力"的变革，通过对影响区域发展的内部与外部各要素进行重新"赋值"，建立新的"算法"逻辑，重新进行"算力"再造，改变要素配置的方式和方法，提高要素配置的效率和半径，从而构建有利于区域发展的竞争格局。成都高新区因改革开放而生，作为全国首批国家高新技术产业开发区和西部首个国家自主创新示范区，其以开放促改革，以改革促发展，御风而行，勇立发展潮头，敢做改革尖兵。

第一章 改革逻辑：突破藩篱与自我完善

　　马克思认为，社会发展的内在动力是生产力与生产关系、经济基础与上层建筑这两对社会基本矛盾，解决矛盾的根本途径是革命或改革。新古典经济学将技术进步、投资增加归为经济发展的原因，而制度经济学认为，它们是经济发展本身，引起这些现象的制度因素才是经济发展的原因。道格拉斯·诺思在《西方世界的兴起》一书中说："有效率的经济组织是经济增长的关键，一个有效率的经济组织在西欧的发展正是西方兴起的原因所在。"从制度演进的角度看，改革的关键表现为制度改革。20 世纪 70 年代，蓬勃兴起的新科技革命推动着世界经济快速向前发展，而我国当时的经济发展停滞不前，经济实力、科技实力与国际先进水平的差距明显拉大。1978 年，在把握时代主题和人民愿望的基础上，党的十一届三中全会做出了把党和国家工作中心转移到经济建设上、实行改革开放的历史性抉择，从根本上改变了束缚我国生产力发展的经济体制，极大地解放和发展了社会生产力。在改革开放提出三十多年后，我国改革进入攻坚期和深水区。2013 年，党的十八届三中全会做出了全面深化改革的重大战略决定。习近平总书记指出："坚持和发展中国特色社会主义，必须不断适应社会生产力发展调整生产关系，不断适应经济基础发展完善上层建筑；我们提出进行全面深化改革，就是要适应我国社会基本矛盾运动的变化来推进社会发展；社会基本矛盾总是不断发展的，所以调整生产关系、完善上层建筑需要相应地不断进行下去；改革开放只有进行时、没有完成时。"发展中的问题只能用发展的办法来破除，改革中的矛盾只能用改革的办法来解决，实现改革新突破，开创发展新局面，必须更加自觉地把握改革开放的规律性，大力推进制度改革，坚决破除一切妨碍科学发展的体制机制弊端。

　　根据制度变迁理论，制度改革有自上而下的强制性制度变迁，以及自下而上的诱致性制度变迁。回望中国改革开放走过的历程和取得的成就，不难发现，我国的制度性改革中两种模式同时存在，政府自上而下推动的改革与自下而上诱发的边缘革命相辅相成，顶层设计改革和底层创新改革兼备。在改革的具体实践中，先从试点试验而后复制推广经验，先从局部区域再转向全国范围，先从农村再转向城市，先从沿海地区再转向内陆地区，形成了具有中国特色的渐进式改革模式。建设国家高新区，就是中国改革开放的一项伟大试验，是"科学技术是第一生产力"这一重大认识在全国落地实践的重要体制性、制度性安排，是中国面对 21 世纪更加主动地参与国际竞争、掌握发展主动权的现实需要。

20 世纪 80 年代，面对一系列内外部因素的变化，建立国家高新区，成了党和国家谋划高新技术事业发展的一项顶层设计。1985 年 3 月，中共中央发布了《关于科学技术体制改革的决定》，提出了"为加快新兴产业的发展，要在全国选择若干智力资源密集的地区，采取特殊政策，逐步形成具有不同特色的新兴产业开发区"。1988 年 3 月，原国家科委和北京市政府关于在中关村地区率先建设新技术开发试验区的方案优先得到国家批准，标志着我国第一个国家级高新技术产业开发区成立。同年 8 月，国家"火炬计划"即《高技术产业发展计划》正式启动实施，这一年，也成为中国国家高新区建设元年。此后，1991 年和 1992 年国务院分两次集中批复了 51 个国家高新区建设，形成了早期国家高新区的集群。2007 年之后，国务院又陆续批复了一批新的国家高新区，尤其是 2012 年后扩容速度显著加快，时至今日，经国务院批复建设的国家高新区数量已达 169 个。

国家高新区设立之初，曾借鉴斯坦福大学科技园区（后来发展成为闻名全球的"硅谷"）等国外科技园区的经验，根本目的在于实现高新技术的产业化和市场化，促进科技与经济融合发展，打破科学技术研发与企业生产销售之间的屏障。是否能够建立起一套有利于高技术产业发展的经济和社会制度，并使之与技术创新相互促进，是实现高新区"发展高科技、实现产业化"历史使命的根本性问题。但在实际发展过程中，我国对国家高新区的发展模式、管理体制、产业门类等并未做出统一的硬性要求，而是强调各地要结合自身的优势和特色，综合考虑发展水平、地理位置、资源禀赋等客观条件，来确定符合自身实际的管理体制、产业领域和发展模式。我国的国家高新区也不是像硅谷那样试图一步到位地建设科技园区，而是普遍经历了由工业园区向科技园区的升级。国家高新区甚至也不仅是传统意义上的高科技园区，它还像一般的行政区那样追求产业和经济的规模化发展，既要推动科技创新和产业化发展，又必须承担起区域经济发展的动力引擎作用。国家高新区的体制、机制、产业、创新等领域的改革还务必顺时应势，很好地契合当下发展的阶段特征，着力破除阻碍生产力发展、阻碍生产要素流动和转化的体制性机制性问题，使得生产关系能够适应生产力的发展，实现资源的优化配置。30 多年来，国家高新区作为我国改革开放的试验田，其体制机制改革的"示范效应"和"扩散效应"已经发挥明显作用，既促进了高新技术的成长与经济的规模化发展，同时也为地方政府的全面系统改革提供了范本。发展到今天，国家高新区创造的 GDP 占全国的比重超过 12%，人均劳动生产力是全社会平均水平的 3 倍，国家高新区成为中国经济发展的主引擎和高新技术产业化的主战场。本章主要从要素角度，针对成都高新区的发展阶段，探究其如何通过改革来推动要素流动和生产力转化，从深层次解读高新区的改革逻辑。

一次创业：聚集生产要素发展工业经济

● 千方百计聚集传统生产要素

"一次创业"阶段，成都高新区与众多处于创业初期的国家高新区一样，首要任务是理顺管理体制，实施一系列优惠政策，集聚土地、资金、劳动力等生产要素，打造园区基础设施并全力招商聚集企业，产业门类以工业为主，目的是快速形成较强的产业基础与一定的经济规模。此时，尽管我国改革开放已经取得重大成果，但国家工业基础和高技术产业还极其薄弱。1990 年，我国国内生产总值不足 2 万亿元，人均 GDP 330 美元，在全世界排名 131 位，制造业占全球的比重仅为 2.7%，居世界第九位。同时，伴随 20 世纪 90 年代全球化浪潮而来的外资、机器设备及低端技术，填补了我国高新区建设要素短缺的部分空白。此外，20 世纪 80 年代初的农村生产率革命释放出大量剩余劳动力，再加上政府的土地、资金和税收等优惠政策带来的传统生产要素供给，总体上构成了高新区建设初期的传统生产要素结构，其主要特点是经过简单的集聚便可带来产业基础的形成与经济规模的扩大。传统生产要素的导入，成为各个国家高新区"一次创业"阶段普遍面对基本的任务。

传统生产要素的集聚为国家高新区后续阶段的发展打下了坚实基础。一是基础设施的完善，主要是指生产生活条件，例如以"七通一平"为代表的基础设施建设以及科研与生活环境的打造。硬环境是一切活动的基础，包括园区与周边区域的道路连接以及生产生活配套，而后期高新技术产业的高收益足以覆盖前期的基础建设投资，更重要的是孵化类、研发类、中介服务类平台载体又为各类经济活动的开展提供了便利。二是经济成就的初显，主要是从营业总收入、工业总产值、工业增加值、净利润、税收、出口创汇和劳动生产率等指标，反映高新区对区域经济社会的贡献率。"一次创业"阶段，我国高新区大多处于常规技术引入阶段，对于入驻企业通常不设严格的技术门槛，重点是解决"从无到有"的问题、解决好发展规模的问题，因此我国高新区在区域经济增长中发挥了一定作用，但在科技创新上的引领作用还不明显。三是产业集聚的形成，我国的大多数高新区已经成功地吸引了一批企业入驻，一些园区初步形成了自身的优势产业，为后来产业的集群化发展和转型升级打下了基础。

- ● **工业区：传统生产要素的物理集聚结果**

我国大多数高新区的建设启动是由政府主导的，走的是工业区发展道路，最主要原因是受到生产要素禀赋结构的制约。同时，根据当时的实际情况，"一次创业"阶段较为重视经济规模、地理空间的增量扩张，对于产业集群化发展与软环境建设尚缺乏认知，结果便是多种多样的传统生产要素在高新区内集聚的同时，各企业之间的关联效应不明显，产业发展呈现出一定的脆弱性。也要看到，政府主导型的高新区建设在特定的历史阶段是必要的，甚至也是当时的唯一选择。在那个时期，并没有什么市场主体或其他主体能够承担数平方千米、甚至数十平方千米范围内的开发建设任务。事实证明，传统生产要素的物理集聚是非常必要的，它为后来高级生产要素乃至广义生产要素产生"化学"反应奠定了基础。

1988年7月22日，成都市人民政府向四川省人民政府呈交了《关于推进成都科技密集开发区建设工作的报告》。按照计划，开发区建设工作在组织管理上采取"政府主导推进"模式，设立成都高新技术产业开发区管理委员会（以下简称"成都高新区管委会"），为成都市政府派出机构，受成都市政府委托，行使成都市政府在开发区的管理职能。1992 年 7 月，经成都市体改委批准，成都高新区管委会发起组建成都倍特发展集团股份有限公司。该公司成为国家级高新区中的第一个股份制企业，与成都高新区管委会合署办公，实行"一套人马，两块牌子"的管理体制，同时在成都市率先实行"一站式"管理，这一模式被国内许多高新区借鉴。1996 年区划调整后，成都高新区对机构进行了精简，将职能相近的部门整合在一起，成为大部门制管理体制改革的一次成功探索。"一次创业"阶段，成都高新区通过体制机制改革创新，在理顺机构职能、提高办事效率、优化公共服务资源配置方面取得了显著成效。

成都高新区筹建初期，成都市科委、成都市工商局、成都市税务局、成都市建设局、成都市规划局等部门曾经做了大量政策研究，先后制定了一系列支持资金、劳动力、土地等传统生产要素集聚的政策。1991 年，成都高新区获批成为国家高新技术产业开发区，成都市政府、成都高新区管委会在国务院颁布的《关于国家高新技术产业开发区和有关政策规定的通知》的框架下，结合成都高新区的建设发展实际，出台了《成都高新技术产业开发区若干政策的暂行规定》《关于鼓励外商在高新技术产业开发区投资的若干规定》《关于对外来投资者和开发区内高新技术企业实施优惠待遇的补充暂行规定》等系列文件，在税收优惠、资金扶持、土地使用优惠、信贷优惠等方面给予更多支持。这一系列的特殊政策措施，搭建起了成都高新区最初的体制和管理框架，为成都高新区起步、运行、发展提供了政策保障。

二次创业：注入高级生产要素促进科技园区升级

• 注入以科技为核心的高级生产要素

"二次创业"阶段大致是指新千年的第一个 10 年。这一时期国家高新区建设发展的核心是注入信息、知识、人才和科技等高级生产要素①，国家高新区的发展回归到推动科技成果转化和技术创新上。新千年的机遇和挑战推动"二

---

① 美国经济学家麦克尔·波特将生产要素划分为初级生产要素和高级生产要素，其中高级生产要素是指现代通信、信息、交通等方面的基础设施，受过高等教育的人才、专业研究机构等。对于高新技术产业来说，这些都是必要的前提性、基础性条件。

次创业"阶段的发展内涵出现了转变。2001 年，我国获批加入 WTO，改革开放迎来巨大机遇期；步入 21 世纪，信息通信技术及互联网技术直接作用于技术创新本身，为高新区的创新创业活动带来了巨大动力。但同时，"一次创业"阶段发展的"病症"也日益凸显。由于传统生产要素投资驱动的工业园区发展是粗放式的，在项目及企业引进环节缺少宏观统筹及内在机理性考虑，导致高新区的产业多数处于加工制造的价值链低端，企业发展未形成集群效应，不同高新区之间产业结构趋同，自主创新能力较弱，高新区内"贸工技"的生产活动顺序阻碍了技术创新的积累与突破。如何破解这些问题，促进国家高新区的转型发展，成为新千年高新区改革发展必须要回答的问题。

2001 年 9 月，国家科技部在武汉召开座谈会。会议提出，在新的历史条件下建设国家高新区、发展壮大高新技术产业的主要任务之一，就是要大力强化国家高新区的创新创业孵育能力，会上还明确提出了国家高新区进入"二次创业"阶段，要重点推进"五个转变"。一是要加快实现从主要依靠土地、资金等要素驱动向主要依靠技术创新驱动的发展模式转变；二是要从主要依靠优惠政策、注重招商引资向更加注重优化创新创业环境、培育内生动力的发展模式转变；三是要推动产业发展由大而全、小而全向集中优势发展特色产业、主导产业转变；四是要从注重硬环境建设向注重优化配置科技资源和提供优质服务的软环境转变；五是要从注重引进来、面向国内市场为主向注重引进来与走出去相结合、大力开拓国际市场转变。科技部号召全国各高新区要切实改变发展模式，尽快转变到"以内涵式增长为主，由集聚为主转向创新为主，由求生存转向求发展"的道路上来。

各个国家高新区在"二次创业"阶段普遍增强了对科技内涵的重视，采取了引进研发机构和科教资源、营造园区的知识氛围和搭建创新平台、促进科技成果转化和建设孵化器、加强人才招引等方式，走上了从"工业园区"向"科技园区"的转变之路，主要目标在于以技术创新为核心促进产业价值链升级。在新兴科技浪潮的示范效应中，"一次创业"阶段建立起来的产业基础逐步向以知识、技术密集为特征的高新技术产业转型升级，并且进一步带动了生产性服务业的兴起，极大地优化了国家高新区的产业结构，实现了经济规模、质量与效益的全方位提升。

● 科技园区：高级生产要素的流动协同效应

在"二次创业"阶段，生产要素的高级化以及流动与再生产，推动国家高新区逐步走上了科技园区的发展道路。国家高新区"二次创业"的倡议正是在生产要素和技术条件整体提升的背景下适时提出的。高级生产要素相较于传统生产要素的突出特点是流动性更高、创造性更强，尤其是知识与人才在企业间的市场化流动加快了科技创新活动的触发和关联产业的集聚。高级生产要素的流动协同有助于产业集群自组织机制的构建，进而推动高新区主导产业与特色产业的形成发展，为高新区的规模扩张提供合适的空间，并且形成了对外辐射的强大势能与区内空间调整的基本依据。在这个阶段中，大多数高新区基本形成了各自的特色产业与主导产业，典型的如武汉东湖高新区以光电子信息产业为主导，北京和深圳的高新区以电子信息产业为主导，上海张江高新区以集成电路、软件和生物医药三大产业为主导，青岛高新区以海洋高新技术产业为主导，成都高新区则以电子信息产业和生物医药为主导，等等。

进入"二次创业"阶段，成都高新区经过科学分析和充分讨论，确定了"双轮驱动"的发展路径，即"内培"与"外引"并重。2003年6月23日，成都市政府印发《关于推进成都高新技术产业开发区二次创业的意见的通知》（成府发〔2003〕44号），大幅强化对成都高新区招商引资和对外开放的政策赋能，并给予其更大的自主权，从多方面支持人才、信息、知识和科技等高级生产要素在成都高新区的聚集和流动协同，满足成都高新区加快招商引资步伐、强化园区科技创新载体建设以及产业集群化发展的需要。在对外开放方面，44号文件把"突出招大引强，加强招商引资"作为主要举措的第一条，明确要求成都高新区始终坚持以招商引资为主线，通过更大力度的对内对外开放，聚集资源优势，统一资源配置。文件指出，要着力建设全国最大、最具实力的科技创新孵化基地，加快壮大重点优势企业，加快中小企业成长，加快科技成果转化，培育壮大支柱产业，提升高新区的产业竞争力和聚集度。文件中"采取特殊的政策、措施和服务""以更大力度"等字眼，无不显示了成都市以改革促进成都高新区创新发展的坚定信念。

对国家高新区来说，在新的阶段，重要的是如何发挥自身的体制机制优势，如何运用自身土地、资金、税收等要素优势，吸引更多外来资金、高新技术和高端专业人才，推动整个园区的技术迭代升级、产业规模化发展。1990
年，成都高新区管委会设立了项目发展处；1996 年，成都高新区设立招商局；
2001 年，招商局更名为投资服务局。从机构改革中可以窥见，成都高新区在一
系列机制和模式的改革探索中，已将招商引资及投资服务作为聚集生产要素、
加速资本积累的重要途径。不同于"一次创业"阶段的"以情招商"和"捡
到篮子里的都是菜"，成都高新区在"二次创业"阶段坚持锐意改革，尤其是
围绕企业引进与发展的核心关切，敢于自我改变与自我超越，推动政务服务从
重审批的管理型向全周期的服务型转变。

毫无疑问，"二次创业"阶段英特尔的成功引入是成都高新区招商引资的
重要里程碑。为了引进英特尔，成都高新区设立一个甚至多个专门机构，为协
调电压保障"量身定做"变电站，为实现高效通关特别申请出口加工区。在一
次次与英特尔的接触和谈判中，成都高新区招商队伍的工作思想观念实现从
"审批意识"到"服务意识"的重大转变，逐渐摸索出一套与全球顶尖企业机
构对接合作的经验和模式。与此同时，成都高新区的改革并没有停下来，2006
年，成都高新区在前期经验积累和多次机制调整后，系统性梳理改革招商引资
的服务模式，形成"三段式"企业服务体系，在投资服务段、促进建设段、企
业服务段分别由对应的职能部门提供跟踪服务；2007 年，推出"串联改并联"
的行政审批制度改革，将建设项目审批中政府部门审批时间由 68 个工作日压
缩到最短 17 个工作日；2009 年，又成立企业服务呼叫中心，将各部门、各街
道的政务服务和企业服务串联融合……一项项"刀刃向内"的改革举措，都是
对政府职能的重新定位，以专业队伍叠加科学机制，推动生产要素汇聚和流
动，显著改善资源配置效率，淬炼并擦亮了"高新服务"的金字招牌。

"英特尔效应"带来电子信息产业上下游企业项目集聚，友尼森、宇芯、
莫仕、德州仪器、西门子、飞利浦等一批跨国公司因"高新服务"和"高新速
度"慕名而来。2007 年之后成都高新区又引入京东方、富士康、戴尔、联想等
光电显示龙头企业，而且全球软件 20 强中的大部分企业也选择落户成都高新
区。由此，成都电子信息产业形成"一芯一屏"两大领域，软件与信息服务产
业成为成都市重点支持发展的新兴产业。这些世界级企业的落户带来了资金、
信息、技术、知识、人才等高级生产要素，而这些高级生产要素以成都高新区
为节点的整合，又进一步推动成都尤其是成都高新区加入全球产业链分工，更

多地参与国际经济大循环。自此，成都高新区进入了产业规模化、集群化、创新化、国际化发展的新阶段。

三次创业：融合广义生产要素升级新型城区

● 融合广义生产要素推动发展

成都高新区进入"三次创业"阶段后，生产要素的内涵与外延也在不断发展。成都高新区积极探索生产要素之间的转化和融合，在发展中尝试融入制度、文化和生态等广义生产要素①，着眼于整合利用一切有利于构建良好营商环境和宜居宜业生活环境的要素资源。近十多年来，国际国内的经济形势都发生重大变化。2008 年全球金融危机以后，发达经济体经济长期低迷，全球经济"东升西降"的态势明显。美国等西方国家实施"再工业化"，并试图推行贸易区域化政策，以挤压我国国际化发展空间。同时，我国经济进入工业化后期阶段，产业转型升级和发展动力转换的任务更加迫切。2011 年，我国 GDP 超越日本，成为世界第二大经济体，国家经济发展的规模和质量已经达到一个全新的阶段，从经济大国向经济强国发展转变。

2013 年 3 月，科技部印发的《国家高新技术产业开发区创新驱动战略提升行动实施方案》（国科发火〔2013〕388 号）指出，新阶段高新区发展的总体要求是创新驱动、战略提升；同时，方案还提出了"四个跨越"的内涵，明确要求要"从前期探索、自我发展向肩负起创新示范和战略引领使命跨越"，充分发挥国家自主创新示范区、国家高新区的核心载体作用，以更强大的创新能力服务于创新型国家建设。党的十八大以后，创新成为国家五大发展理念之首，创新的性质和范畴也在发生改变，习近平总书记特别指出，"创新是以科技创新为核心的全面创新"。同年，党的十八届三中全会通过的《中共中央关于全面深化改革若干重大问题的决定》，紧紧围绕经济、政治、文化、社会、生态文明、党建六大改革主线，涵盖 15 个领域、包括 60 个具体任务。习近平

---

① 广义生产要素的定义参考戴翔 2019 年在《高质量开放型经济：特征、要素及路径》一文中的界定，即对土地、资金和廉价劳动力等传统生产要素，以及以信息、知识、人才和科技等高级生产要素为代表的狭义生产要素的投入产生积极影响的各种因素，包括制度、文化和生态等，最终引申为良好的营商环境和宜居宜业的生活环境。

总书记强调，"全面深化改革，全面者，就是要统筹推进各领域改革"，"必须是全面的系统的改革和改进，是各领域改革和改进的联动和集成"；全面深化改革的新历史任务，就是要"建立更完备、更稳定、更管用的制度体系"。在"三次创业"阶段，前述重要文件以及习近平总书记都强调了"全面"二字。这就意味着一切有利于提升自主创新能力的改革举措，一切能够推动经济高质量发展和社会幸福稳定的改革举措，高新区都可以试点试验。

- ● **新型城区：广义生产要素的共生、互生和再生**

经过"二次创业"，国家高新区在支撑区域乃至全国经济社会发展上具有重要地位已经成为普遍性的共识。同时，经济价值已经不再是评价国家高新区高质量发展的唯一指标，制度合理有效、文化氛围浓郁、城市功能配套齐全等，都是高新区发展的广义生产要素上的正面评价。虽然名为"高新区"，但这个阶段高新区的建设形态已经区别于传统、单一的产业园区或科技园区。在全国许多城市，国家高新区都已经发展成为功能完整、配套丰富、生活活跃的新型城区。

国家高新区建设经历了"一次创业"的"从无到有"，到"二次创业"的"从小变大""由弱变强"，需要进入"由量到质"的发展新阶段，从区域的产业增长极进一步转变为创新增长极，在国家创新体系中发挥更加突出的引领和支撑作用。从全面深化改革着眼，国家高新区的改革必须继续致力于全面营造有利于创新创业创造的环境和开展自主创新的氛围，同时改革的重点已经不再局限于产业和经济领域，还要积极探索产城融合、区域协同、城乡一体、共同富裕、生态建设、民生服务等方面的改革，将改革的精神融入高新区经济发展和社会治理的方方面面，真正做好"全面深化改革"。

作为国务院批准的西部首个国家自主创新示范区，成都高新区一直在探索体制机制改革、模式改革、服务改革，推动形成更加良好的创新创业环境。2017年以来，成都高新区相继制定出台"双创新政十条""加快科技成果转移转化26条""金融新政20条""金熊猫人才计划"等政策，着力完善"大孵化"体系。成都高新区打造西南首家连接海内外的连锁型高新技术服务超市，通过聚集政府、高校院所、市场机构等高新技术服务资源，为企业提供自选式、便利式的专业服务。成都高新区发挥政策先行先试优势，推行"首证通"

行政审批改革试点、"放管服"改革等多项制度改革，区域营商环境不断优化。2021 年 3 月，成都高新区对标国际国内营商环境最高标准，再推"优化营商环境 27 条"，在市场准入方面推出 9 项举措，在巩固 2020 年商事登记制度改革成就的基础上不断深化改革；在构建更公平有序的市场竞争环境方面推出 11 项举措，进一步支持创新发展、激发市场主体活力、防范风险；在加大知识产权保护力度方面推出 3 项举措，提升维权和纠纷解决的服务效能。

在建设产城融合的"新型城区"过程中，成都高新区也走在了全国前列。我国不少高新区在初创阶段的开发时序都是"先产后城"，成都高新区在"一次创业"阶段就提出了要实行产城同步规划和产城互动发展的理念，当时在全国是具有超前性的。1996 年成都市委的 17 号文件已经明确，成都高新区要同时承担管辖区域内的产业发展、城市建设和社会事务。不过在前两次创业阶段，制度改革更多涉及规模扩张、产业集聚和扩大开放。2008 年 3 月，成都高新区在高新南区建设中明确提出了要打造一座"产业发展和新城建设有机融合、互动发展的现代化、国际化新城"，其中，产业发展是推动新城建设的重要动力和源泉，也是提升新城品质和形象的关键力量；新城建设则致力于为产业发展搭建完善的载体和营造良好的环境。在这样的理念下，成都高新区的新城建设回归到了人本逻辑，特别是 2017 年成都市明确提出建设产业功能区以来，成都高新区正按照"人城产融合"的营城理念，塑造"人、城、境、业"和谐统一的城市形态。

2018 年天华社区的改革模式，就是成都高新区在坚持全面深化改革，创新探索城乡社区发展治理新模式的阶段性成果。面积仅 11 平方千米的天华社区在 2018 年区域人口就达到 17 万余人，企业 6 000 余家，已形成集中国最大的专业软件园区和成都市"地标式"建筑群如会展中心、中国—欧洲中心、国际人才城、菁蓉汇及住宅、大型商业综合体为一体的产业型社区。大量企业落户带来了从业人口、居住人口的增长，如何建设高品质和谐宜居生活社区成为社区管理的核心问题。因此，社区主动改变过去扁平化的单一服务管理模式，将更精细化的服务垂直深入各个楼宇中。首先，天华社区以"楼宇社区"建设为核心，在楼宇社区服务驿站内设置了会议区、休息区、劳资纠纷调解室等功能性区域，放置了"自助服务一体机"和自助服务终端机供企业员工、居民自助办理相关社保等服务业务，同时，为居民提供了网上政务大厅，利用数字化服务手段，提升了网格精细化管理服务水平。其次，天华社区再次推动改革、创新模式，提出以"街区"为单位，整合物业、企业、商家等各方力量，结合"街区"产业结构特征，开展精准化治理。首个"联治街区"党委在成都天府一街和天府二街成立，以群防群治主题形成共同参与、共同防范、共享平安的新局面。最后，天华社区依次在天府二街至五街建立"联创""联育""联享"街区党委，从社区到街区，在更接近城市的末梢有效发动企业、团体和个人参与街区治理。从楼宇到街区，天华社区探索城乡社区发展治理新模式，俨然成为成都高新区推动基层社会治理改革的一个缩影。

一座规划前沿、配套完善的城市，能为每一个科研主体提供最人性、便捷、高效的环境。最重要的是，它能够满足科研人员和其他创业者、就业者和居民方方面面的需求。建设一座城市而非一个产业园的逻辑还在于：城市真正能将生活、生态、生产融为一体，最终服务于区域科技发展、产业聚集。在过去十多年的改革探索中，成都高新区已经在全国率先走出了一条"产城融合赋能科技发展"的路径。

生产、生活、生态协同发展，"人、城、境、业"高度和谐统一，成都高新区不仅有国际化的城市、现代化的产业，还具有良好的生活导向、高品质的生活环境，一切有利于科技发展、有利于自主创新、有利于产业集聚、有利于幸福生活的广义生产要素在成都高新区汇聚融合，使其产生了强大的凝聚力。处在中国改革开放再出发、制度创新再深化的关键时期，成都高新区始终不忘初心，在"高科技+新模式"和"高质量+新体制"的探索中不断推进全面深化改革。

第二章　管理体制机制改革：
"小机构、大服务"

　　国家高新区是在改革开放中应运而生的产物，在成立之初并没有现成的管理体制可以借鉴，但同时也因为改革开放，国外高科技产业园区的经验和模式也受到了国内的关注。此外，1984 年在我国沿海地区先行创办的 14 个经济技术开发区，为高新技术产业开发区的创办提供了参照。在当时，国际上由高技术公司组成的产业综合体、科学城、技术园区和日本的高技术城采用的高新区管理体制可划分为政府管理型、大学和科研机构管理型、公司管理型、协会管理型四种类型。按照政府介入高新区管理的方式和程度不同，还可以将其分为政府规制型的美英模式、政府参与型的欧洲模式和政府促进型的日本模式。这些国外高新区管理模式与其自身的形成机制紧密相关，但无论是主要依靠市场机制管理的自发形成的高新区，还是主要依靠政府力量管理的半自发以及依靠政府主导产生的高新区，它们都是在市场经济条件下诞生的，其政府实施行政性干预，只在提供服务层面，而不过多干涉组织管理，这与我国国情不完全相符。因此，我国高新区主要借鉴国外政府主导型管理模式，并实际强化了政府的行政权，包括前期的上一级政府行政权延伸，以及中后期的权力下放。

　　我国各地高新区根据不同的资源禀赋、发展起点和路径，在管理体制上不断探索和创新，逐步形成政府委托管理型、政府直接管理型、政府开发管理型三种基本模式（见图30）。

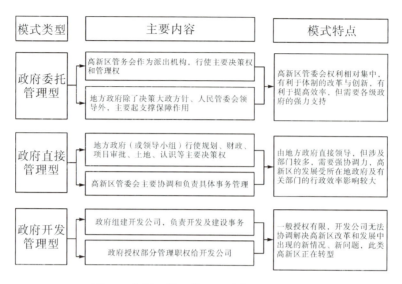

图 30   高新区管理体制三种基本模式对比

目前，大多数高新区的管理体制都属于第一种模式，即政府委托派出机构管理，但在实践中根据实际需求，有的地方又逐步由单一模式发展成混合式管理体制。从纵向视角来看，这是一种"决策+管理+运营"的三级联动管理体制。第一层为战略决策层，即当地政府的领导小组，行使高新区管理与发展的决策权，领导小组组长一般由地市级及以上主要领导担任，有关部门负责人为小组成员。第二层是行政服务层，即管委会，实行主任负责制，负责高新区各项事务的组织实施和管理，包括高新区的建设与发展规划制定等。国家高新区管委会的职能又可分为完全授权和部分授权，市政府或省政府往往会向其下放权限，尤其是完全授权型高新区管委会往往拥有地市级及以上的一级财政和其他省级、市级的经济、社会管理权限，具有对区域范围内较为完整的开发权限。第三层是经营服务层，一般包括开发建设公司、创业服务中心以及各类中介服务机构等，通过基础设施建设、投融资、技术引进、产品展销、提供生产经营场所、资金支持、信贷担保、技能培训、信息服务、后勤保障等方式为区内企业提供管理和服务。

成立至今，成都高新区采用省市共建、以市为主的管理体制。根据阶段性目标任务的不同，这一管理体制具体的运作模式是多种多样的。在启动筹建阶段，省、市共建领导小组为成都高新区的实际领导和协调机构，管委会则主要负责 2.5 平方千米起步区的基础设施建设以及招商引资和企业服务工作，管理职能相对单一。在"政企合一"体制下，管委会探索企业化运作机制，成立全国高新区第一家科技与经济结合的股份公司——成都倍特发展集团股份有限公司，实行"一套人马，两块牌子"的管理体制。这一管理体制具有机构精简、管理灵活、办事高效、目标明确等优势，但随着成都高新区进一步发展，很多开发建设工作由于财力和行政权力缺乏保障而受到限制，在一定程度上影响了成都高新区持续健康发展。在"类行政区"体制下，成都高新区实行政企分离，党工委、管委会与成都倍特发展集团股份有限公司脱钩，按照"小机构、大服务、高效率"的原则设立内部管理机构，承担起区域内的党务及经济、行政、社会事业管理职能，组织形态上与一般行政区基本类似。

改革路径：三因素驱动转变

驱动高新区管理体制转变的力量来自两个方面：一方面是外部力量，国家宏观环境和政策直接促使高新区管理体制发生某些变化；另一方面是内部力量，高新区自身的园区扩展和功能定位转变驱动管理体制机制调整。

● 政策驱动

我国高新区基本上都是政府主导型管理体制，由政府出台文件批准建设，因而政策的调整是推动高新区管理体制机制改革最直接的驱动力。自第一个国家高新区获批以来，仅在1988—2009年，国务院及各部委就总共发布了60余项与国家高新区建设有关的政策文件，包括资格认定类政策、激励类政策、融资类政策、服务类政策和保障类政策等。其中，1991年、1996年、2002年、2005年均出台涉及管理模式的主要文件。2017年，国务院办公厅又印发《关于促进开发区改革和创新发展的若干意见》（国办发〔2017〕7号），提出了完善开发区管理制度等六个方面共23条政策规定，对新形势下国家高新区的建设与发展做出了明确的政策指导。

在国家出台政策指导文件后，成都高新区也依据自身发展现状和特点，推动管理体制机制改革。1991年，成都高新区管委会内部机构设置为办公室、政治处、项目发展处、规划建设处、计划财务处。1991年印发的《国务院关于批准国家高新技术产业开发区和有关政策法规的通知》（国发〔1991〕12号），批准成都高新区成为全国首批国家高新技术产业开发区，紧接着 1992 年 2 月，成都市委、市政府就做出《关于加快建设成都高新技术产业开发区的决定》（成府发〔1991〕7 号），制定了加快成都高新区发展的七方面政策措施，其中就包括扩大管委会权限，赋予其更为广泛的决策权与自主权。在国家出台《国家高新技术产业开发区管理暂行办法》（国科发火字〔1996〕61 号）后，成都市委、市政府随即做出《关于进一步加快成都高新技术产业开发区建设发展的决定》（成委发〔1996〕17 号），进一步明确"省市共建、以市为主"的管理体制。2001 年，时任科技部部长徐冠华在高新区十周年座谈会上提出了国家高新区"二次创业"这一概念，随后，科学技术部做出《关于进一步支持国家高新技术产业开发区发展的决定》（国科发火字〔2002〕32 号）。紧接着，2003 年 6 月，成都市政府印发《关于推进成都高新技术产业开发区二次创业的意见的通知》（成府发〔2003〕44 号），明确了"二次创业"阶段成都高新区的定位，同时，继续强化省市共建体制，全面落实市级经济管理权限，进行适当机构调整，赋予管委会更大的自主权。继续对比下去，依然能够发现，国家出台关于高新区的重要决定后，成都高新区都会结合上位文件要求，持续深化管理体制机制改革，保障各项工作开展。

● 规模扩张

时至今日，国家高新区的产业发展规模与当初已不可同日而语，同时，在此过程中，其区域范围总体上也有所扩大。近些年来，高新区管辖范围或者政策覆盖区的扩张主要是通过与其他开发区的大融合方式实现的，例如国家各类示范区、新区、试验区、产业基地等。

成都高新区自成立后也多次调整区划范围，面积不断扩大，其中大的区划调整先后有 5 次。到 1995 年，成都起步区 2.5 平方千米已经落户数百家企业，外面的企业就是想到这里落户，也难以找到空间，而此时南方的一些开发区规划面积达到八九十平方千米。为了解决当时成都高新区发展面临的空间制约问题，1996 年 3 月，成都高新区实行第一次区划调整，从成都市武侯区成建制划入芳草街、肖家河两个街道和桂溪、石羊场两个乡，面积增加到 47 平方千米。2001 年 1 月，高新区第二次的区划调整将位于成都市郫县（现郫都区）的"成都现代工业港"划入成都高新区，设立成都高新区西区科技园，面积 7 平方千米。成都高新区由此形成"一区两园"的分布格局。2003 年 12 月，第三次调整将郫县（现郫都区）的 19 个村、169 个村民小组划入成都高新区西部园区，调整后西部园区面积由 7 平方千米扩大为 35.5 平方千米。2010 年，第四次调整，成都市将双流县（现双流区）中和街道整体及华阳街道部分区域，共 35 平方千米划入成都高新区托管范围，全区总面积达到 130 平方千米。2017 年 4 月，为了更好实施成都"东进"战略进行第五次区划调整，成都高新区托管四川省简阳市乡镇、村（社区），面积 483 平方千米，致力于建设天府国际空港新城，之后为推动成渝地区双城经济圈建设，托管简阳的 483 平方千米在 2020 年全部划归于新成立的成都东部新区。此外，在这期间，成都高新区又分别与双流区共建 44 平方千米的天府国际生物城，与东部新区共建 60.4 平方千米的成都未来科技城。

城市决策者更多是把区划调整作为城市规模扩张的一个途径，通常纳入规划合并区域的产业发展和经济建设还处于起步阶段。这种调整模式使高新区的社会结构由城市单元结构变为城乡二元结构，产业由仅有第二、第三产业变为三次产业兼具。区域调整带来的另一个变化是，为了便于实施集中统一管理，被托管区域的党务、政务、经济、社会等综合性管理往往均由托管方负责。高新区由单纯的高新技术产业开发区变成具有行政区职能的开发区，所承担的职能和工作任务较以前增加许多。这给原有的"小政府、小社会"的管理体制和运行机制带来严峻挑战，将可能诱发体制回归问题，又回到"大政府、大社会"的管理模式。因此，区划调整规模扩张之后，通常管理体制机制改革也紧随而至。

第一次区划调整后，为了解决成都高新区规模扩张带来的体制机制性阻碍问题，成都市委、市政府做出《关于进一步加快成都高新技术产业开发区建设发展的决定》（成委发〔1996〕17 号），进一步明确"省市共建、以市为主"的管理体制，充实和加强成都高新区管委会权限职能，根据市委、市政府授权，行使市级管理权限，统一领导和管理高新区内的党务及经济、行政、社会事业工作；建立精干、统一、高效的管理机构，设立"1 办 10 局"，行使市局管理职能，实行成都市系统垂直管理和高新区行政管理的双重管理体制。自此，成都高新区管理体制由最初的垂直管理模式、政企合一的公司化管理模式，转变为具有行政区特征的综合性管理模式。

第二次区划调整后，成都高新区由一个南部园区，发展为一南一西两个园区，西区科技工业园管理上以郫县（现郫都区）为主体，成都高新区提供政策、高新技术企业认定等服务。第三次区划调整，为了更好地实现"二次创业"发展目标，成都市委、市政府决定对成都高新区"一区两园"进行整合，撤销西区管委会，设立成都高新区西部园区（后改为合作街道），实行街道办事处管理农村的体制，西区各项业务工作归口高新区职能部门。自此，成都高新区两个园区在规划建设、财税管理、资源配置、项目审批、招商引资等方面实行统一领导管理。

　　成都高新区在随后的发展进程中，随着园区建设任务增加和管理范围扩大，之后的机构调整依然沿用 1996 年定下的"小机构、大服务、高效率"管理原则。党务工作部门和政务工作部门合署办公，可以保证决策和执行的高效。针对上级部门要求设立的机构，一般都是通过增挂牌子或合署办公的方式解决。下设机构借鉴国内外先进经验，实行大部门管理体制，对相近的职能部门进行精简整合，每个机构都整合大量职能。如成都高新区社会事业局，负责全区社会事务工作，向上对口成都市 13 个局级部门，向下直接负责区域内所有常住人口的基础教育、招生考试、医疗卫生、疾病控制、文化、体育和行政执法监督、教育督导等 27 个方面的服务管理工作。

● 功能定位升级

　　从高新区的发展历程来看，不同时期赋予了高新区不同的功能定位，使它承担多种功能作用，这一系列功能定位的改变和升级，也见证了高新区管理体制机制的变化。一是产业功能转向城市功能。随着高新技术产业的发展，高新区的空间布局演变使得功能分化显现，单一功能的工业生产区开始逐步提升完善产业发展所需的生产、生活配套设施，拓展各项城市功能，与此同时，其管理体制也向城区管理体制转变。二是要素聚集功能向产业聚集功能转变。这一阶段要求高新区构建起"政、产、学、研、用"深度协同的创新机制和利益分配、共享机制，探索形成以需求为导向的产业技术转移路径。三是传统新区向科技新城转变。这个过程需要高新区的管理体制和运营机制以推动全面创新为重点，为创新驱动发展服务，形成一系列行之有效的智能化、专业化管理运营经验。

　　成都高新区在构建宜居宜业、产城融合的新型城区过程中，推动管理智能化、专业化，在机构设置、职能配置时引入市场化机制，探索实践购买社会服务，采取"花钱买服务、养事不养人"的办法，使服务性工作由中介组织和企业来承担，以市场化的方式组织运作，提高效率，优化公共服务的资源配置，如保洁、绿化等服务。为企业创造公平公正的竞争环境，机构职能设置以不干扰企业、为企业提供优质服务为前提，即"政府创造环境、企业创造财富"。通过职能下沉方式，将与群众密切相关的服务职能下沉到街道或社区，例如，成都高新区率先在全市实行社保下沉街道，既为群众提供优质服务、让群众更多受益，又精简了机关人员，突出服务职能。

在"二次创业"阶段，国家高新区普遍注重导入知识、信息、技术等高级生产要素，国家提出了信息化建设以及知识产权的保护和运用等工作要求，成都高新区也为此对管理机构做出了一定的调整。2003 年，成都高新区在原科技局内增挂"成都高新技术产业开发区知识产权局"的牌子，贯彻执行国家和四川省有关知识产权保护工作的方针政策、法律、法规，研究和提出成都高新区知识产权保护相关的政策措施以及地方性法规、规章、政策草案等，统筹协调高新区涉外知识产权事宜和与知识产权管理有关的其他工作。次年，成都高新区科技局又增挂"成都高新区信息化办公室"的牌子，负责全区的信息化工作。

同时，在此阶段，为遵循国家提出高新区加强招商引资、强化科技创新园区和载体建设以及产业集群化发展的重点目标，成都市人民政府发布《关于推进成都高新技术产业开发区二次创业的意见的通知》（成府发〔2003〕44 号）大幅强化了对成都高新区招商引资和对外开放的政策赋能，并给予其更大的自主权。该文件确定，机构调整中在高新区规划建设局增挂"成都市规划局高新分局"的牌子，该单位负责审定高新区内建设性详规和建设项目，以及区内建设项目的初步设计和施工图审查；在高新区设立成都市国土资源局高新分局，负责依法办理区内土地的征用、拆迁安置、划拨、出让、交易、土地登记、土地权属调查等具体工作，优先安排高新区土地年度计划，满足高新区产业用地需求。此项调整是在成都高新区进行城市规划编制、管理、监督三分离新体制的试点，支持高新区加快产业聚集，将高新区重点产业发展纳入全市总体发展规划，保证土地供应，市级各部门要支持和引导相关项目、资金、基础设施、公益设施向成都高新区聚集。

经验推广：输出管理体制改革的"成都模式"

● 率先破局，是自身发展升级的迫切需要

成都高新区建立之初的定位是产业园区，主要承担 2.5 平方千米起步区的招商引资、企业服务和规划建设任务。经过多次区划调整，到 2017 年，其托管面积扩大 240 多倍，达到 613 平方千米，辖区人口突破 100 万，承接了传统

行政区的所有职能，产业园的体制机制架构超负荷运转问题凸显，肩负产业发展主责的机构保障能力不足。《关于进一步加快成都高新技术产业开发区建设发展的决定》（成委发〔1996〕17号）提出的机构设置总体思路和框架已经不能适应当前形势和发展需要，新一轮的机构调整、体制改革成为迫切需要。

党的十八届三中全会通过《中共中央关于全面深化改革若干重大问题的决定》，提出要"优化政府机构设置、职能配置、工作流程"，"深化干部人事制度改革，构建有效管用、简便易行的选人用人机制"，"打破体制壁垒，扫除身份障碍，让各类人才都有施展才华的广阔天地"。此后，国家、省级、市级层面相继出台多个文件，要求高新区在体制机制创新方面先行先试，探索新路子，创造新经验。同时，给予国家自主创新示范区、中国自由贸易试验区、国家全面创新改革试验区等金字招牌不断的政策红利加持，也推动成都高新区进行新一轮的机构改革，建立与新时代国家级高新技术产业开发区战略定位及发展任务相适应的管理体制和运营机制。近五年高新区管理体制机制改革的相关文件（会议）要求见表24。

表24　近五年高新区管理体制机制改革的相关文件（会议）要求

	文件（会议）名称	相关内容
国家层面	2020年，国务院印发《关于促进国家高新技术产业开发区高质量发展的若干意见》	以深化体制机制改革和营造良好创新创业生态为抓手，以培育发展具有国际竞争力的企业和产业为重点，以科技创新为核心着力提升自主创新能力，围绕产业链部署创新链，围绕创新链布局产业链，培育发展新动能，提升产业发展现代化水平，将国家高新区建设成为创新驱动发展示范区和高质量发展先行区
	2017年2月，国务院印发《关于促进开发区改革和创新发展的若干意见》	要按照精简高效的原则，进一步整合归并内设机构，集中精力抓好经济管理和投资服务，焕发体制机制活力
省级层面	2015年9月，四川省委省政府召开成都高新区建设国家自主创新示范区动员大会	要着力破解体制机制障碍，改革传统管理模式。同时，制定了四川省委推动产业园区科学发展加快发展的"1+3"文件
	2017年3月，四川省政府印发《关于加快建设成都国家自主创新示范区的实施意见（2016—2025年）》	要求成都高新区"形成高效灵活的体制机制"

表24（续）

	文件（会议）名称	相关内容
市级层面	2018年12月，成都市委、市政府有关领导在成都高新区现场办公	要求成都高新区"聚焦充分放权赋能，加快建成高效率体制改革先行区"

● 重点突破，贴近市场需求激发干事活力

2017年，成都高新区以构建精准高效管理体制和专业化、国际化的运营机制为目标，按照"扁平管理、专业运营、全员聘用"的思路，进行管理体制机制改革，总体形成了经济发展、社会事业、综合保障"三大板块"的专业化运营组织架构，设置"14+2"，即14个工作机构、2个直属机构的模式，较调整前机构精简三成左右。2017年成都高新区管理体制机制改革主要举措见表25。

此次改革的重点和突破点，一是使机构设置更贴近市场需求。由改革创新局牵头负责全区改革工作和战略研究；由政务服务中心、环境保护与城市综合管理执法局分别相对集中行政审批权、监管权；由电子信息产业发展局、生物产业发展局和科技与新经济发展局分别负责三大主导产业的战略规划、项目招引、建设运营全过程，建立"政策研究+招商引资+项目运营+保障服务"的全链条、专业化产业发展模式，实现了机构设置专业化和行政高效率，解决了机构设置与产业发展不匹配、职能交叉、协调成本加大等问题。二是使人事制度更高效灵活。第一，在全区范围内推行"全员聘用"制，实施市场化、企业化人力资源管理，所有岗位竞聘成功后即签订聘任合同，聘期结束后（一般为期两年）重新竞聘上岗。第二，打破身份界限，正编人员和聘用人员一律平等竞争、按劳取酬，实现因事定岗、以岗定薪、同岗同酬，真正激发干部干事创业热情。改革实施后，全区近千余名干部已通过竞聘走上新岗位。三是使薪酬体系更合理有效。按照以岗定薪原则，合理拉开收入差距，对引进的高级专业人才实行更具竞争力的市场化薪酬。

表 25　2017 年成都高新区管理体制机制改革主要举措

	职能作用	调整举措	具体内容
通过机构重组，构建最接近市场需求、最有效率的管理体制	强化改革开放创新	设立改革创新局、国际合作和投资服务局	加强成都高新区全面深化改革、发展战略研究、对外开放合作、科技创新服务等工作的顶层设计和组织实施，抓好全面创新改革"一号工程"，持续引领全市科技前沿和创新发展，深度融入全球产业链、供应链、价值链、创新链、人才链，保持成都高新区永续发展和持续竞争力
	强化产业振兴职能	设立电子信息产业发展局、生物产业发展局、科技与新经济发展局	高质量服务成都高新区三大主导产业，构建具有国际竞争力和区域带动力的现代产业体系。以专业化的机构设置，聚集专业化队伍，提升高新区领导新经济、发展新产业的能力和水平
	强化营商环境职能	设立政务服务中心	实现"一个印章审批、一个窗口办理、一个机构监管"，深化"放管服"改革
		设立环境保护与城市综合管理执法局	相对集中城市管理、市场监管、环境保护等方面的行政处罚权，形成城市管理、市场监管、社会事务三支高效率综合执法队伍，着力打造市场化、法治化、国际化营商环境和开放、公平、包容的发展环境
		设立规划国土建设局	整合规划建设、国土资源职能，促进城市规划与土地利用相互融合
		设立经济运行与安全生产监管局	负责安全生产综合管理和安全生产监督管理，牵头全区产业发展
	强化城乡基层治理	设立基层治理和社会事业局	集中统筹全区民生社会服务相关工作，整合教育、劳动、就业、社会保障、卫生、文化等职能，加快完善党委领导、政府主导、社会协同、公众参与、法治保障的城市基层治理体制，推动城乡社区治理从传统管理向现代治理转变
	强化大部制扁平化管理	统筹优化党工委管委会办公室、纪工委、创新创业服务中心职能	坚持横向大部制、纵向扁平化，进一步压缩层级、精干机构
		组建党群工作部	实现一个部门管党务群团
		设立统筹城乡工作局	实现一个部门管农林水牧渔业

表25（续）

	职能作用	调整举措	具体内容
通过全员聘用，激发活力		实施范围全覆盖	除个别特殊岗位外，成都高新区党工委管委会各部门、街道、乡（镇）现有正编岗位和部分聘用岗位原则上全部纳入实施范围
		人事管理岗位化	打破身份限制，将在编人员"身份"一律封存，与编外人员一并竞争上岗，实现"身份管理"向"岗位管理"转变
		突出以岗定薪	改革薪资结构，合理拉开收入差距。对外引进高级专业人才，执行具有竞争力的市场化薪酬
		业绩考核项目化	在全区实施项目业绩考核，考核结果与个人目标绩效奖挂钩

　　此次成都高新区转变组织经济工作方式，实行管理体制机制改革，从根本上推动干部"上一线"，主动服务企业、服务经济，推动产业部门制定了解企业需求、经常性联系企业、解决企业问题的制度，搭建政府和企业互动的常态化平台，有效推动90%的机关人员用90%的时间与企业和经济工作打交道，提高其谋产业、抓产业、兴产业的能力；建立人才"旋转门"机制，在干部"入口"上以市场化薪酬招聘具有大企业、高新技术企业经历的中高端人才；推动现有干部职工到国有大中型企业、知名跨国公司、民营企业、国家和省级行业监管部门等挂职锻炼，让80%的干部职工具有商业实践经历，深刻理解商业运行。这一系列改革措施都可以复制推广到其他国家高新区甚至地方政府，推动形成新的集聚效应和增长动力。

　　改革创新只有进行时，没有完成时。成都高新区2017年管理体制机制改革的"成都模式"，为我国国家级高新技术产业开发区管理制度改革创新提供了一个新的样本，同时，成都高新区管理体制机制改革也在不断探索新经验。2019年，成都高新区进一步要求深化产业功能区管理体制创新，在部分产业功能区试点法定机构，最大限度释放高新区体制机制活力。持续完善"党工委管委会—产业功能区—街道"三级管理体制机制，推进街道区划调整后的机构改革及后续相关工作。2020年，按照"领导小组+法定机构+专业公司"总体思路，挂牌成立成都交子公园金融商务区发展服务局，组建成都交子公园金融商务区投资开发有限责任公司。

第三章　政府投融资改革：
主体多元与渠道多样

　　自新中国成立以来，国家财政体制历经"统收统支"（1949—1978年）、"包干制"（1979—1993年）、分税制（1994—2013年）、现代财政制度（2013年至今）四个阶段。其中，分税制改革调整了中央和地方政府的收支划分，地方政府财政收入及转移支出等资金来源的监管把控日趋严格，财权向中央收拢，而事权却向地方政府转移，但经济社会的快速发展对基础设施建设、地方公共服务提出更高要求。而在内外部环境不确定性、复杂性日益增加，经济社会发展担子加重，投融资参与主体、实施手段越发多元，潜在金融风险隐患短期难以消除的背景下，如何形成市场主导的投资内生增长机制，全面提升高新区政府投融资能力，更好地推动城市基础设施建设与经济发展，成为高新区探索政府投融资体制机制改革的根本动力。

顺时应变：创新模式与拓宽渠道

　　投资行为关系到生产力的长期布局，融资行为则是为一切经济活动"供血"，合理有效的政府投融资体制直接关系到经济和社会发展战略目标的实现。改革开放40多年来，我国投融资体制经历了三次重大改革：一是在有计划商品经济时期为解决投资渠道多元化等问题而出台《国务院关于印发投资管理体制近期改革方案的通知》（国发〔1988〕45号），二是在社会主义市场经济体制下为解决企业投资决策权等问题而出台《国务院关于投资体制改革的决定》（国发〔2004〕20号）（以下简称《决定》），三是在中国特色社会主义新时代前夕为解决融资难、融资贵等问题而出台《中共中央　国务院关于深化投融资体制改革的意见》（中发〔2016〕18号）（以下简称《意见》）。

相比 2004 年出台的《决定》，2016 年出台的《意见》是我国政府投融资体制改革历史上第一份以党中央、国务院名义印发的文件，它系统地阐述了新形势下政府投融资领域的改革思路，是指导进入新时代后深化政府投融资体制改革的综合性、指导性、纲领性文件。《意见》提出了改革的总体要求，要求进一步转变政府职能，深入推进简政放权、放管结合、优化服务改革，建立完善企业自主决策、融资渠道畅通、职能转变到位、政府行为规范、宏观调控有效、法治保障健全的新型投融资体制。对比两份指导文件中提出的举措，不难看出，我国在投融资体制机制改革方面所做的探索是紧贴不同阶段的发展任务和基本国情的。

- ● 投融资模式：鼓励包括特许经营、政府购买服务的 PPP 模式

在我国城市化进程中，地方政府探索出了财政直接投资、利用城建投资公司和土地收益、发行城市建设债券吸引民间投资、盘活存量资产带动增量资产、特许经营融资、利用财政信用筹措资金等方式，解决政府财政难题，缓解政府借贷压力，持续投入城市基础设施建设，推动经济发展。

2004 年出台的《决定》首次按照投资主体和资金来源的不同，将投资项目分为政府投资项目和企业投资项目，并分别实行不同的管理模式。在此《决定》中，尚未明确提到政府和社会资本的合作（public-private partnership，PPP）模式，尽管 PPP 模式在那个时候已经成为地方政府开展项目建设的重要投融资模式。此后，直到 2013 年 11 月，《中共中央关于全面深化改革若干重大问题的决定》提出"允许社会资本通过特许经营等方式参与城市基础设施投资和运营"，但 PPP 模式的正式文件仍未出台。

PPP 模式掀起新一轮热潮是从 2014 年开始的，当时鉴于政府性债务审计的风险预警，国务院发布《关于加强地方政府性债务管理的意见》（国发〔2014〕43 号），要求加强政府或有债务监管，剥离融资平台公司政府融资职能，首次提出"推广使用政府与社会资本合作模式"。自此，国家层面开始关注 PPP 模式，并出台相关政策文件，特别是《国务院关于创新重点领域投融资机制鼓励社会投资的指导意见》（国发〔2014〕60 号）和《国务院办公厅转发财政部发展改革委人民银行关于在公共服务领域推广政府和社会资本合作模式指导意见的通知》（国办发〔2015〕42 号）等文件，自此 PPP 项目在全国遍

地开花。但随之而来的，PPP 模式应该怎样定位，特许经营与政府购买服务是什么关系，PPP 项目管理流程与基本建设程序如何衔接等问题，也一直困扰着地方政府、社会资本方和金融机构。

为了回答各方疑惑，2016 年出台的《意见》明确"鼓励政府和社会资本合作"，将特许经营、政府购买服务作为 PPP 模式两种并列的方式，一并纳入"完善政府投资体制，发挥好政府投资的引导和带动作用"框架下；但同时，《意见》还规定了政府投资范围和安排方式，指出政府资金主要投向非经营性项目，原则上不支持经营性项目；对确需支持的经营性项目，主要采取资本（金）注入方式投入，也可适当采取投资补助、贷款贴息等方式进行引导，这些规定对当时各地热衷的准经营性 PPP 项目运营补贴或可行性缺口补助做法发出了明确的限制信号。

● 投融资渠道：依托多层次资本市场，大力发展直接融资

在 2004—2016 年的改革中，融资难、融资贵的问题日益凸显，从"投资体制改革"到"投融资体制改革"，一字之差就体现了改革内容的重大变革，创新融资体制迫在眉睫。"从资本市场看，由于投资者和融资者对资本市场金融服务需求存在差异，决定了资本市场应该是由场内市场和场外市场构成的多层次体系。"2004 年的《决定》提出"允许各类企业以股权融资方式筹集投资资金，逐步建立起多种募集方式相互补充的多层次资本市场"；2016 年的《意见》提出"依托多层次资本市场体系，拓宽投资项目融资渠道"，这标志着历经 10 余年的改革，我国"多层次资本市场"体系已初步建立。此外，为解决我国资本市场深层次矛盾问题，《意见》还要求拓宽投资项目融资渠道，以改革金融资源配置结构，提高融资效率，分散市场风险。

在权益（股权）资金来源方面，除了传统的政府直接投资、资本金注入以及企业股权投资之外，《意见》支持资产证券化（asset-backed securities，ABS）、产业（股权）投资基金、全国社会保障基金、保险资金等直接融资渠道，放宽境外直接融资，并试点金融机构依法持有企业股权，为商业银行提升盈利能力和加快转型指明了创新方向。2016 年 12 月，国家发改委、中国证监会联合发布《关于推进传统基础设施领域政府和社会资本合作（PPP）项目资产证券化相关工作的通知》（发改投资〔2016〕2698 号），在基础设施建设领

域率先开展 ABS 试点；2017 年 6 月，财政部、中国人民银行、中国证监会也联合发布《关于规范开展政府和社会资本合作项目资产证券化有关事宜的通知》（财金〔2017〕55 号）。

在债务资金来源方面，除了传统的商业银行贷款，《意见》鼓励发展多元化的债券市场，包括企业债券、公司债券、非金融企业债务融资工具、项目收益债和境外发债，以及政策性、开发性金融机构发行金融债券专项等，并支持省级政府依法依规发行政府债券。近年来，为推动投融资体制改革，更加有效地发挥企业或公司债券的直接融资功能和放大作用，我国出台了一系列创新债券品种。2015 年国家发改委发布《关于充分发挥企业债券融资功能支持重点项目建设促进经济平稳较快发展的通知》（发改办财金〔2015〕1327 号），明确以企业自身信用为基础发行企业债券融资，在不新增地方政府债务的基础上放宽企业债发行条件；同年，中国证监会修改《公司债券发行试点办法》并公布《公司债券发行与交易管理办法》（证监会令第 113 号），将发行范围扩大至所有公司制法人，全面建立了非公开发行制度，增加了债券交易场所等。为了进一步拓宽 PPP 项目融资渠道，2017 年发布《政府和社会资本合作（PPP）项目专项债券发行指引》（发改办财金〔2017〕730 号），正式推出 PPP 项目专项债券，加快企业债券改革创新。

政府投资作为一项重大政府职能，事关经济社会发展全局，既是实施宏观调控、落实国家发展战略的重要手段，也是引导和带动社会资本扩大有效投资的有力抓手，在稳增长、促改革、调结构、惠民生、防风险以及补齐发展短板、优化供给结构、增强发展后劲等方面发挥着关键作用。2019 年 5 月，国务院发布《政府投资条例》（国令第 712 号）（以下简称《条例》），将政府投资纳入法治轨道，在 2016 年的《意见》的基础上持续深化投融资体制改革。政府投资范围直接涉及政府和市场关系，为确保政府投资聚焦重点、精准发力，坚决杜绝低效、浪费现象，并避免与民争利，《条例》规定，政府投资资金应当投向市场不能有效配置资源的社会公益服务、公共基础设施、农业农村、生态环境保护、重大科技进步、社会管理、国家安全等公共领域的项目，以非经营性项目为主。为了从机制上确保政府投资始终投向最需要投、最适合投的方向和领域，《条例》还规定国家建立政府投资范围定期评估调整机制，不断优化政府投资方向和结构。同时，为发挥政府投资对社会投资的引导和带动作用，激发社会投资活力，《条例》规定国家完善有关政策措施，鼓励社会资金投向公共领域的项目。《条例》的制定认真贯彻落实了党中央、国务院关于深化投融资体制改革和"放管服"改革的决策部署，确保立法与改革决策相衔接，保持政府投资管理的连续性、稳定性。政府投融资模式如图31所示。

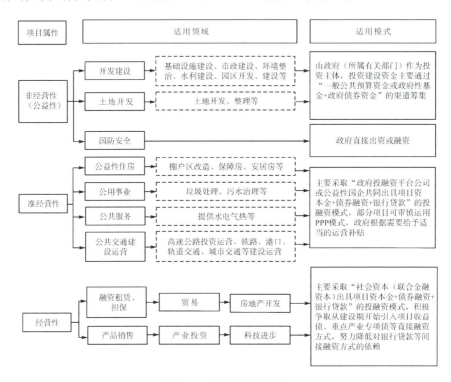

图 31　政府投融资模式

首开先河：成立国家高新区第一个股份制企业

在建区之初，如何获得足够的发展建设资金，是悬在成都高新区头上最大的问题。当时成都高新区仅获得了成都市政府下拨的40万元开办费。当时全区年产值仅6 651万元，利税仅848万元。

这一问题的解决，是成都高新区实现开局、起步的关键。最初想到的办法是"借"，向中国工商银行借了2 000万元；然后，又发行了3 000万元的债券。但这远远不够，因为当时开发1平方千米大约需要1.5亿元资金投入。经历了四处碰壁，通过激烈的思想碰撞，似乎"走投无路"的创业者们决定尝试定向募资的办法。1992 年 7 月，经成都市体改委批准，由成都高新区管委会发起，与中国科学院成都生物研究所制药厂、成都钢铁厂和西藏自治区石油公司共同筹建成都倍特发展集团股份有限公司，在短时间内募集到上亿元资金，有效缓解了创业初期建设资金紧张的状况。同时，成都高新区管委会与成都倍特发展集团股份有限公司管理机构合署办公，开启了一段国家级高新技术产业开发区政企合一、公司化运行管理的历程，使得高新区建设步伐进一步加快。

破解难题：创新财政"拨改投"融资方式

财政部 2015 年 11 月印发《政府投资基金暂行管理办法》（财预〔2015〕210 号），其中明确了政府投资基金的定义：由各级政府通过预算安排，以单独出资或与社会资本共同出资设立，采用股权投资等市场化方式，引导社会各类资本投资经济社会发展的重点领域和薄弱环节，支持相关产业和领域发展的资金。而发改委 2016 年 12 月发布《政府出资产业投资基金管理暂行办法》（发改财金规〔2016〕2800 号），也对由政府出资产业投资基金进行了定义，即指那些具有政府出资，主要投资于非公开交易企业股权的股权投资基金和创业投资基金。从两部委的规定可以看出，政府引导基金作为政府投融资的重要手段，通常不以营利为目的，而是通过子基金的市场化运作，发挥财政资金的杠杆放大效应，强调扶持创新型企业发展，推动产业转型升级和经济结构调整。

成都高新区在"三次创业"阶段，为解决科技型企业发展迅速却担保不足，难以融资等问题，创新财政资金使用手段，采取"拨改投"的方式，通过设立或参股产业引导基金共同投资运营，吸引、激励金融资本和社会资本，为初创企业和成长企业保驾护航。2012 年 6 月，成都高新区设立国内首支由政府全额出资的"成都高新区创业天使投资基金"，首期规模 8 000 万元。2015 年，成都高新区财政局又对该天使投资基金增资 2 000 万元，总规模增加到 1 亿元。而后成都高新区又不断试点产业引导基金，瞄准成都高新区产业发展方向，投资涉及的均为全力发展的重点战略性新兴产业。截至 2016 年年底，成都高新区已分别通过财政局直接出资和国有独资公司高投集团参股设立了 13 只产业引导基金，利用 30.62 亿元的国有资金成功撬动 163 亿元区外资本向成都高新区聚集，资金放大 5.3 倍。其中，财政局直接出资设立的基金，仅母基金已放大近 5 倍，聚积资本 98.28 亿元。截至 2016 年年底，成都高新区已正式运营的 10 只基金累计实施投资项目 273 个，投资金额 67.58 亿元。成都高新区大力改革政府资源配置的手段、方式、途径，充分发挥公共财政资金的杠杆作用，提高政府投资项目的经济效益和社会效益，实现政府资源的高效配置。目前，成都高新区已设立的产业引导基金全部按市场化运作，各产业引导基金的投资决策、风险防控和择机退出机制较为健全，在促进成都高新区产业发展的同时，国有资产实现保值增值。

探索转型：纵深推进国企混合所有制改革

政府融资主体一般是政府控股或政府职能部门投资设立的城投公司或建设公司等，一般还包括社会公共服务重点领域的国有企业等。2009 年，为拓宽中央政府投资项目的配套资金融资渠道，政府融资平台诞生；2010 年，《关于加强地方政府融资平台公司管理有关问题的通知》（国发〔2010〕19 号）首次定义地方政府融资平台，并突出明确了其地方国企属性，以及承担政府投资项目融资的职能。

历经多年发展，地方政府投融资平台主要在城市基础设施建设、产业发展促进和资金统筹管理三大方面发挥独特作用。一是城市基础设施建设方面，国家、城市基于新城开发和旧城改造需求，要集中一段时间完成大量的公共基础设施建设任务，建立统一平台有利于短时间内集中力量最大程度优化资源。二是产业发展促进方面，国家、城市在发展中，需要产业导入来实现人口就业、财政收入积累，建立统一平台有利于政府在产业引入、产业孵化和产业升级等多个方面统筹规划安排。三是资金统筹管理方面，由于城市开发和产业发展需要大量资金投入，建立统一平台有利于实现公开、透明、规范的资金运作，以及提高资金的使用效率。另外，利用统一平台也方便政府灵活参与投融资业务，参与全球、全国优质资源的分配使用。

地方政府投融资平台在大规模城市改造和城市化大背景下应运而生，在财政政策刺激下井喷式发展。随着城市化进程步入稳健发展阶段，原有平台型公司的功能需求逐步弱化，部分中小型城市地方政府债务高企，国家融资政策逐步收紧。面对政策收紧和债务危机，平台发展进入"冷静期"。其中，《国务院关于加强地方政府性债务管理的意见》（国发〔2014〕43号）对地方政府投融资平台发展产生重大影响，地方政府投融资平台转型发展势在必行。在过去几年的转型探索中，企业从融资型企业向经营型企业转变，从行政化管理向公司化管理转变，主要表现为三种类型：一是走向竞争性市场，转型成为国有资产运营平台。国有资产运营平台承担着国有资产经营管理及保值增值的职能，主要业务包括工业、商业、文旅和金融等；所经营的资产主要来自政府划拨的国有企业。二是转型成为公用事业类运营平台。公用事业类的业务是准公共产品，一般为政府授权经营的业务，包括供水、供电、燃气、垃圾处理等业务，现金流部分或大部分可以覆盖成本，不再完全是公益性的。三是转型成为金控平台。通过打造综合性的金融平台，整合各种金融工具和金融资源，增加利润增长点，提高抗风险能力。因为政府投融资平台的"国企"属性，近年来再开展国有企业改革的同时，也推动了政府投融资平台转型。

党的十八大报告指出，"要毫不动摇巩固和发展公有制经济，推行公有制多种实现形式，深化国有企业改革，完善各类国有资产管理体制，推动国有资本更多投向关系国家安全和国民经济命脉的重要行业和关键领域，不断增强国有经济活力、控制力、影响力"。习近平总书记在广东考察时强调，"现在我国改革已经进入攻坚期和深水区，我们必须以更大的政治勇气和智慧，不失时机深化重要领域改革"。2019年10月，中国共产党第十九届四中全会召开，对国企改革提出新的要求：探索公有制多种实现形式，推进国有经济布局优化和结构调整，发展混合所有制经济，增强国有经济竞争力、创新力、控制力、影响力、抗风险能力，做强做优做大国有资本；深化国有企业改革，完善中国特色现代企业制度；形成以管资本为主的国有资产监管体制，有效发挥国有资本投资、运营公司的功能作用。

为巩固过去国企改革取得的成效，推动新时代国有企业高质量发展，2019年，成都高新区召开国有企业改革发展工作会，会议上总结了当时成都高新区国有企业的现状，并提出了未来改革的方向和要求。在融资、管理、范围、资产结构上，提出成都高新区将加快国有企业专业化、现代化、全球化转型，推进资产结构向混合型转变。为优化资本布局结构，成都高新投资集团有限公司、成都国际空港新城投资集团有限公司等国有企业，将分别作为南部园区、空港新城等区域的开发运营平台，以专业性投资服务为核心，打造多领域投资服务平台。

同时，2019年出台《关于成都高新区国有企业高质量发展的指导意见》。该意见明确成都高新区将加快提升国资证券化率，改革国有资本授权经营体制，推动混合所有制改革，全方位打通国有企业进入资本市场的通道。利用资本市场直接融资优势，用于重大产业化项目投资、区内优秀高成长企业培育、区外优秀企业并购，为区内企业提供孵化、培育、壮大的一条龙资本服务。同时，以放大国资功能为关键，全面提升国有企业资本运营能力，实现由"政府的企业"向"市场的企业"的根本转变。将探索建立授权调整机制，建立企业集团分级分类授权体制，科学界定国有资产出资人监管边界，减少对国有企业的行政干预，实现授权与监管相结合、放活与管好相统一。推动混合所有制改革，成都高新区将以二、三级企业为主要载体，鼓励支持国企与行业优势企业交叉持股；推动平台公司与优质专业性企业合作开发，增强企业市场竞争力；鼓励国企围绕产业链的上下游，加强与世界500强和民营企业的投资合作，延伸、提升价值链。

成都高新投资集团有限公司参与了整个高新区的起步与发展，在支撑高新区城市战略发展与能级提升的过程中发展壮大。集团成立于1996年9月，是成都高新区党工委管委会批准成立的国有独资公司，承担了区内大部分基础设施和产业园区建设项目，同时不断深化国有企业改革，完善中国特色现代企业制度，探索混合所有制改革，逐渐发展成为集城市开发、城市运营、产业投资为一体的综合性政府投融资平台公司。经过20多年的开拓发展，集团下设12家全资子公司，控股1家上市公司，同时参控股50余家企业，有效发挥了国有资本投资、运营公司的功能作用。

在产业投资方面，成都高新投资集团有限公司先后与中国外运股份有限公司、中国航空工业第一集团公司、京东方集团、长虹集团、天马微电子股份有限公司等国内外知名企业建立了合作关系，投资了保税物流中心、空天高技术产业基地、京东方TFT-LCD4.5G生产线、长虹OLED生产线、天马微TFT-LCD4.5代生产线等重大产业化项目。近年来，成都高新投资集团有限公司进行市场化转型，扩大主动投资比例，搭建自主投资体系和基金投资体系，打通"募—投—管—退"资本价值链。成都高投融资担保有限公司、成都高新区高投科技小额贷款有限公司、成都高投创业投资有限公司、成都高投盈创动力投资发展有限公司①主要为区内科技型中小微企业提供债权融资服务、股权融资服务、融资担保服务和增值服务等，着力缓解中小企业融资难、融资贵问题。在城市开发板块，成都高投建设开发有限公司、成都高投置业有限公司等几家具有开发建设资质的全资子公司承担了区内基础设施、产业园区、学校、住宅工程等建设任务上百个，包括高新孵化园、盈创动力、中欧中心、ICON 高新国际广场等。在城市运营板块，2009 年 2 月，成立成都天府软件园有限公司，对软件园提供专业运营服务。2016 年 8 月，成立成都高投生物医药园区管理有限公司，负责专业运营天府生命科技园。成都高投资产经营管理有限公司②负责运营管理铁像寺水街、天府国际社区（领馆区）、交子金融大街等商业项目。成都高投物产有限公司作为高新保税园区专业外贸服务商，着力构建具备市场化经营机制和可持续发展能力的现代化物产公司。成都高投体育管理有限公司现主要负责运营管理高新网球中心，以专业的园区场馆运营和赛事运营为核心，成为全国场馆经营及赛事组织的标杆企业之一。

先行先试：推动政府和社会资本合作

2016 年，《中共中央　国务院关于深化投融资体制改革的意见》（中发〔2016〕18 号）提出"鼓励政府和社会资本合作"，而后多个国家部委又相继出台具体措施。为推动成都高新区投融资体制改革，加快推进成都高新区政府和社会资本合作建设进程，成都高新区于 2018 年 2 月 11 日正式印发《成都高新区关于推进政府和社会资本合作模式的实施意见》（成高管发〔2018〕2 号）（以下简称《实施意见》）。《实施意见》分别从五个方面提出了要求：一是明确了推广 PPP 项目的基本要求为依法合规、严格识别、积极稳妥、协调联动；二是规范了 PPP 项目管理机构的设置，明确了职责分工；三是规范了 PPP 项目的运作模式，强调了 PPP 项目的适用范围；四是从项目识别、项目准备、项目采购、项目执行以及项目移交五个环节明确了 PPP 项目的实施流程；五是明确了 PPP 项目需建立全过程监督。

---

① 2020 年 1 月，成都高投创业投资有限公司股权、成都高投盈创动力有限公司股权划转至成都高科技发展股份有限公司。
② 前身为四川成都出口加工区投资开发有限公司。

文件刚出台后，成都高新区迅速将 PPP 模式投入当时正在全面推进的国际空港新城建设中。由于初次涉及 PPP 项目，根据项目的建设导向，成都高新区围绕 PPP 项目建设强化顶层设计，创新机制推动项目实施。为配合《实施意见》推动 PPP 项目的工作开展，成都高新区构建了"领导小组+领导小组办公室+实施机构+行业主管部门"的工作模式，形成"垂直管理决策、扁平部门协作"的管理机制。由高新区财政金融局牵头设立的"跨层级、跨部门、跨职能、跨功能区"PPP 项目统筹推进机制，吸引了成都高新区规划国土建设局、成都高新区环境保护与城市综合管理执法局、成都天府国际空港新城管委会、成都国际空港新城投资集团、成都高新投资集团有限公司等相关部门和国有公司参与。截至 2018 年年底，成都高新区识别论证的 PPP 项目就达到 10 个，估算项目总投资 530 亿元。截至 2019 年 1 月，成都高新区首批四个项目涉及总投资 224 亿元的社会资本采购完成，当时财政部 PPP 项目综合信息平台数据显示，成都高新区 PPP 项目已入库及已完成社会资本采购项目投资金额位居四川省区县级第一名。这些都是成都高新区不断推进体制机制改革、提高办事效率、"推出即落实"精神的生动体现。

第四章　重点领域改革：全面增强发展活力

当确定了管理的体制机制，理顺了行政组织架构，又引入了市场化运营机制后，高新区的改革逐步走到了攻坚期和深水区。在全面深化改革时期，改革仍然是重要的发展动力与保障，任何阻碍发展的因素都要敢于用改革的办法破解，任何有助于推动高质量发展的措施都要敢于改革试验。在改革开放的道路上，成都高新区不囿于过去三十余年取得的辉煌成就，继续一次次"刀刃向内"改革，不断输出一项项"高新经验"，正应了那句"创字当头、惟高惟新，以质为炬、争先率先"的成都高新精神。

自贸试验区：以开放促改革

2017年4月1日，中国（四川）自由贸易试验区挂牌运行（见图32），而成都高新自贸试验区作为其核心区，一方面要以更大力度深化开放，不断扩大"朋友圈"促进合作；另一方面需要以敢为人先的改革精神走出一条有地方特色和西部特色的路子。在成都高新自贸试验区29.86平方千米的范围内，既有成都对外开放窗口"中国—欧洲中心"、中新合作共建的新川创新科技园，又有号称"金融梦工场"的金融城，以及专门致力于孵化创新创业项目的天府软件园和菁蓉国际广场，由此，这里成为聚焦改革创新开放、充满希望与活力的"试验田"。在整合全球资源方面，成都高新自贸试验区立足成都、连接全球，不断创新合作方式：启动了"全球顶级科技园区合伙人计划"，探索成立"成都—硅谷科技金融中心"；依托成都高新区与以色列海法生命科技园，探索建立"成都—以色列科技创新中心"；与硅谷互设高科技产业与金融创新全球化发展平台，积极吸引"卡耐基梅隆大学成都研究院"等落户。

图 32　中国（四川）自由贸易试验区

　　不断扩大海外"朋友圈"的同时，成都高新区也在不断深化制度改革，高标准对标先进，努力与国际贸易投资规则相衔接。成都高新自贸试验区的政府及相关管理部门加大改革创新力度，同时，又通过厘清政府和市场边界，不断提高政府效率，让市场更加有效配置资源，以开放合作之平台，不断释放自贸区改革红利。成都高新自贸试验区围绕贸易自由化与投资便利化，积极推进简政放权，加速推进政府职能转变，打通"最后一公里"。成都高新自贸试验区基本形成以负面清单管理为核心的投资管理体制，对自贸试验区外商投资企业设立及变更实行备案管理，办理时限由 20 多个工作日缩减到 3 个工作日内。同时，成都高新自贸试验区开展企业住所（经营场所）申报登记制改革、"三十二证合一"等多项试点，工商企业核名、注册登记等审批事项办理时限由 15 个工作日缩减至 5 个工作日，服务满意度提升至 99.6%。在强化事中事后监管方面，成都高新自贸试验区将城管、环保、工商、食药监、质监等多项执法职能整合集中到一个部门，统一执法力量，提高监管效率。此外，成都高新自贸试验区创新推出"首证通"行政审批改革，对需经行政许可（审批）方可从事经营的事项进行分类梳理，确立首位行政审批事项，实施"后证"部门见"首证"后直接"发证"，尽可能破解"办照容易办证难""准入不准营"以及多项关联审批互为前置等市场主体准入难题。

　　成都高新自贸试验区自 2017 年挂牌运行以来，深耕自贸区"先行先试"试验田，已累计形成 130 余项改革创新案例，其中自贸通综合金融服务、分布式共享实现"银证互通"、中小科技企业双创债、知识产权刑事案件双报制度、"首证通"行政审批改革、"党建增信"融资模式、"创新信用券"新兴科技中介服务模式等改革创新案例在全国、全省复制推广，持续扩大开放、改革创新成效显著。成都高新自贸试验区的市场主体活跃集聚，到 2021 年累计新设企业 89 046 家，注册资本金 8 123 亿元，较成立之初分别增长 2 121.33%、2 185.89%；其中，外商投资企业 1 155 家，注册资本金 393.90 亿元，较成立之初分别增长 3 428.13%、13 628.47%。成都高新自贸试验区以全省自贸试验区 1/4 的土地，贡献了全省自贸试验区 2/3 的新设企业和 3/4 的外商投资企业，围绕外资、外贸、外经、外汇、外专、外籍"六外"政务服务体系，打造了国际贸易业务线上服务平台"自贸一站通"。

"岷山行动"计划：探索技术要素市场化配置改革

在党的十八届三中全会提出"使市场在资源配置中起决定性作用和更好发挥政府作用"、党的十九大明确将要素市场化配置作为经济体制改革的两个重点之一的基础上，2020 年，党中央、国务院印发《关于构建更加完善的要素市场化配置体制机制的意见》，进一步推动要素市场化配置改革，分类提出土地、劳动力、资本、技术、数据五个要素领域的改革方向和具体举措，部署完善要素价格形成机制和市场运行机制，释放新型要素的活力，推动生产力进一步解放。作为国家自主创新示范区、国家全面创新改革试验区，成都高新区率先在技术要素市场化配置机制改革上做出探索，实施"揭榜挂帅"机制推动科技创新管理方式变革，破解科研论资排辈、科技成果供需对接不畅等问题，并纳入 2021 年第一批四川省要素市场化配置改革试点。

"揭榜挂帅"这一概念在中央精神中的出现，最早可以追溯到六年前。2016 年，习近平总书记在网络安全和信息化工作座谈会就指出，"要在科研投入上集中力量办大事、积极推动核心技术成果转化，推动强强联合、协同攻关，探索组建产学研用联盟。可以探索搞揭榜挂帅，把需要的关键核心技术项目张出榜来，英雄不论出处，谁有本事谁就揭榜"。此后，工信部等部委以及上海、贵州、广东等省份探索将"揭榜挂帅"机制融入科技创新体制机制改革工作中。到了 2020 年，"揭榜挂帅"这一体制机制改革创新，在国家层面被多次提到。2020 年的政府工作报告中指出，要"实行重点项目攻关'揭榜挂帅'，谁能干就让谁干"；中央工作会议要求，"要完善激励机制和科技评价机制，落实好攻关任务'揭榜挂帅'等机制"；11 月 3 日印发的《中共中央关于制定国民经济和社会发展第十四个五年规划和二〇三五年远景目标的建议》中，在科技创新领域，提出了"改进科技项目组织管理方式，实行'揭榜挂帅'等制度"。2021 年年初，习近平总书记又在省部级主要领导干部学习贯彻党的十九届五中全会精神专题研讨班开班式上强调，"构建新发展格局最本质的特征是实现高水平的自立自强，必须更强调自主创新，全面加强对科技创新的部署，集合优势资源，有力有序推进创新攻关的'揭榜挂帅'体制机制，加强创新链和产业链对接"。紧接着，2021 年 1 月，全国科技工作会议工作报告中就明确，要"开展基于信任的科学家负责制、'揭榜挂帅'、经费使用'包干制'等科研项目管理改革试点"。

成都高新区充分发挥敢闯敢干、先行先试的改革精神，迅速推动落实"揭榜挂帅"机制创新，推进技术要素市场化配置改革，在 2021 年"两会前"实施了"岷山行动"计划。行动计划提出，未来 5 年将投入 300 亿元建设 50 个新型研发机构①，聚焦成都高新区三大主导产业，解决产业链细分领域"卡脖子"问题，搭建公共技术平台，促进科技成果转化，运用市场化机制激发创新活力。"岷山行动"计划无疑是成都高新区在探索回答习近平总书记提出的，当前"科技产业'两张皮'""科研和经济联系不紧密""科技创新仅仅是实验室里的研究"等科技创新主要问题的一次重要改革尝试。习近平总书记强调，"只有完成从科学研究、实验开发到推广应用的三级跳，才是真正意义上的科技创新，才能实现动能转换、支撑高质量发展"，"要创新科技成果转化机制，解决基础研究'最先一公里'和成果转化、市场应用'最后一公里'有机衔接问题"。

"岷山行动"计划用"揭榜挂帅"的形式引入国内外顶尖科技创新团队或科研机构。区别于以往的科研项目申报制，成都高新区把关键核心技术项目进行张榜发布，创新领域的各类科研团队、大学机构、科研院所，谁有本事完成目标，谁就可以上来揭榜。跟以往的由专家认可、评定资格不同，来自市场的创投机构也会参与对研发团队的评价之中，为技术与市场搭桥。在此项改革创新行动中，推动要素市场化配置，要更好发挥政府作用，做到放活与管好有机

---

① 新型研发机构是聚焦科技创新需求，集科技创新、人才培养、企业孵化为一体的投资主体多元化、管理制度现代化、运行机制市场化、用人机制灵活的独立法人机构。

结合，提升监管和服务能力，同时，政府发挥作用的方式发生了变化，从"定价格"转变为"定规则"，成为要素市场化配置的规则制定者、秩序维护者、环境保护者。成都高新区"岷山行动"计划的科技创新机制改革举措见表26。

表26　成都高新区"岷山行动"的科技创新机制改革举措

改革方面		改革具体举措
坚持"揭榜挂帅"	精准策划需求榜单	聚焦主导产业和未来产业，以解决产业发展"卡脖子"问题实际能力和成效为评价标准，以"揭榜挂帅"的形式向全球顶尖人才发出邀请，真正实现"让能者上"
	科学设定申报条件	揭榜团队要有稳定的合作关系和科研方向，团队成员结构合理，需配备产业化经验人才，前期研究成果具有国内一流、世界先进水平，产业化前景好，市场规模大
	推行"军令状"制度	揭榜团队签署揭榜任务书，立下"军令状"，按照约定年度目标全力攻坚
坚持市场化运作	企业化运营	充分发挥专家主导作用，成立控股公司运营新研机构
	突出市场化导向	建立新研"八有"评价机制，引入风投评价体系，重点关注团队产业专家配备情况、项目商业模式及主要产品设想等
	经费"包干制"	扶持资金可用于设备购置、人员工资、项目研发等研发经营活动各方面支出
坚持"前天使"理念	资金支持力度大	单个项目最高支持1亿元，重大项目"一事一议"上不封顶，破解科学家创业初期融资难题，激发科学家创业激情
	投入有回馈机制	新研机构孵化的企业回馈一定股权给高新区国有平台公司，实现财政资金滚动支持科技成果转化
	新研可持续运转	设立成都岷山先进技术研究院，打造新研集中示范区，为科研团队提供创业孵化、投融资支持、生活配套等全方位服务

2021年1月21日，成都高新区发布首批14个"揭榜挂帅"型研发机构需求榜单，涉及功率半导体、光电集成、太赫兹、细胞工程、工业互联网等多个新兴领域，申报团队共92个；6月15日，首批6个项目成功揭榜，获得扶持资金约4.5亿元。目前，6个项目已聚集产业专家和技术专家93人，首批拟转化项目26个。预计5年内，新研及其孵化公司聚集各类人才860人，累计实现营收超过15亿元，估值超过50亿元。

区域协作：经济区与行政区适度分离改革

2020 年 1 月，在中央财经委员会第六次会议上，成渝地区双城经济圈建设上升为国家战略。这次会议也明确提出，支持成渝地区探索经济区和行政区适度分离。同年 7 月，四川省委十一届七次全会做出《关于深入贯彻习近平总书记重要讲话精神 加快推动成渝地区双城经济圈建设的决定》，在推进体制改革创新方面，明确提出要探索经济区和行政区适度分离，同时，探索一体建设的组织管理机制、探索市场主导的产业协作机制、探索互利共赢的利益联结机制。当前，区域经济发展的目标总体上已由追求速度转向追求质量。发展至今，高新区的建设规模较初期建设都扩大了若干倍，形成了"一区 N 园"的模式，行政区边界与经济区边界模糊交叉，矛盾逐渐突出，并成为制约高新区新建园区经济发展的重要因素。在新建园区的规划、建设和运营过程中，园区的管理权和所有权代表了新建经济区和行政区的核心特征及利益诉求。行政区的本质，是"为实现国家行政管理、治理与建设而对国家领土进行合理的分级划分而形成的区域，地方政府行使管理地方事务的责任与权力"。经济区，则是"在经济规律的影响下，通过市场的资源调配，自发形成的区域性生产综合体，是在生产日益社会化、区域化的条件下，社会生产分工的表现形式。它虽是经济区划的结果，但其本质特征是一种不以人的意志为转移的客观存在"。

在成渝地区双城经济圈建设上升为国家战略的背景下，成渝地区正以"一城多园"模式合作共建西部科学城。2020 年 5 月，成都市为推动西部科学城"两区一城"协同发展，构建中国西部（成都）科学城"一核四区"发展格局，在东部新区划定了 60.4 平方千米的成都未来科技城，交由成都高新区全力打造。而成都未来科技城也是成都市将探索经济区与行政区适度分离，延伸改革范围的一次重要尝试，在此合作模式中，东部新区充当了"行政区"的角色。

成都未来科技城由成都高新区主导开发建设，并负责项目导入、产业发展等经济事务，而成都东部新区负责社会保障、公共卫生、城市管理、社区发展治理等社会事务。随后，成都未来科技城发展服务局法定机构正式挂牌成立，是成都未来科技城开发建设管理的主体，依据《成都未来科技城管理暂行办法》（成都市人民政府令第 212 号）进行机构设置，履行法定机构职责，由成都高新区管委会管理，负责成都未来科技城的开发建设、运营管理、产业发展、综合协调等工作。成都未来科技城发展服务局还将全面构建"发展服务局+平台公司"的运营模式，厘清成都未来科技城发展服务局与成都高新未来科技城发展集团有限公司的职能，充分发挥各自优势，提高协作效率，创新区域开发，提升成都未来科技城专业化运营能力。作为成都未来科技城城市建设投资运营商之一，成都高新未来科技城发展集团有限公司将与成都未来科技城发展服务局在管办分离、分工协作的原则下，具体承担成都未来科技城的各项建设开发、项目投融资、运营管理等工作。

优化营商环境：深化放管服改革

"营商环境"一词源于世界银行集团国际金融公司在 2002 年开展的《全球商业环境报告（Doing Business）》项目调查，该调查的目的在于评价政府法规对商业活动的支持与监管，以便督促世界各国政府改善营商环境。营商环境是市场主体在市场准入、生产经营、破产退出等过程中面临的政务环境、市场环境、法治环境、人文环境等外部因素和条件的总和，是一项涉及经济社会改革和对外开放合作等众多领域的系统工程。习近平总书记强调，"营商环境只有更好，没有最好"。2020 年 1 月 1 日起正式实施的《优化营商环境条例》明确指出，"国家鼓励和支持各地区、各部门结合实际情况，在法治框架内积极探索原创性、差异化的优化营商环境具体措施"。《优化营商环境条例》是我国首次专门针对营商环境制定的行政法规，确立了对各类市场主体一视同仁的基本制度规范，对"放管服"改革的关键环节确立了基本规范，重点围绕加强市场主体保护、市场环境优化、政务服务能力提升和监管执法规范等多个方面，明确了一揽子制度性解决方案。

"2020 环球趋势大会——区域营商环境高端论坛"上，通过大数据搜集和分析，结合政务环境、市场环境、法治环境等多项营商环境指标体系，经多轮推荐评选，成都高新区荣获"2020 年度区域营商环境创新创优标杆园区"。人才、资本总是流向营商环境的高地，截至 2020 年年底，成都高新区商事主体数量超 20 万户，吸引各类人才近 60 万人，各级科技创新平台累计达 524 家，区域营商环境和创新创业活力度持续优化，就是最强有力的证明。

其实，1992 年成立初期，成都高新区就制定了加快成都高新区发展的七条政策措施，在全国高新区中率先实行"一站式"管理。按照省政府、市政府赋予的管理权限，成都高新区将政府各部门审批办理的事项集中整合在一处，只需进一个门，就可一次性完成所需办理的审批事项。该措施实施第一个月，成都高新区就引进并审批投资项目 32 个。1993 年，成都高新区管委会办公楼由肖家河干休所迁至成都市创业路 18 号新办公大楼。在新的办公场所，一些新的服务措施开始实行：在全市率先实行机关开放式办公，在成都市第一个建立工商、税务、银行联合服务大厅、项目服务大厅和投资服务中心，提供"一站式"管理，再创"一条龙"服务。1997 年，成都高新区在全省率先建立机关局域网，实行计算机联网办公。

跟随英特尔的步伐，戴尔、德州仪器、达尔科技、摩托罗拉、诺基亚、爱立信、阿尔卡特、西门子、联想、EMC、奇宏电子、冠捷等国内外企业接踵而至，推动成都高新区以更大力度在招商引资、项目促建上推进改革。成都高新区找准服务"痛点"，消除流程"梗阻"，创造了多个"第一"：第一个启动部门公章作为行政审批专用，打破全国的行政审批专用章无实际审批权格局，将审批权限完全授予窗口；第一个建立"企业设立"和"项目报建"并联审批通道，原来需要 5~8 个工作日完成的企业设立审批压缩至最快 50 分钟办结，项目报建审批从原来的 68 个工作日压缩到 17 个工作日，创造了全国审批效率领先优势……园区企业的需求和市场导向在哪里，成都高新区的改革和服务举措就迅速触达哪里。成都高新综保区，通过推进通关一体化、"单一窗口"等系列通关便利化改革，以"优化流程，简化手续"为突破口，推进"7×24 小时"通关和"互联网+企业注册"服务，通关时效名列全国前茅，让企业感受到了通关环境的巨大变化。为实现重大产业项目"早落地、早开工、早投运"，成都高新区天府国际生物城聚焦项目建设、深化流程再造，探索形成了以"标准地"供应为指引、以"拿地即建设"为目标的项目保障机制。2021 年 3 月 4 日，四川省政府办公厅印发《关于推行工业用地"标准地"改革的通知》，要求全省推进工业用地"标准地"改革。成都高新区天府国际生物城结合实际情况于当年 5 月 31 日审议通过了《成都天府国际生物城工业用地"标准地"供应实施方案（试行）》，对产业项目用地保障和监管机制进行了优化提升。7 月 16 日，成都高新区天府国际生物城一宗工业用地在双流区公共资源交易服务中心挂牌成交，成为全市首个以"标准地"方式出让的产业用地，也是生物城落实深化"放管服"改革、优化营商环境要求，完善项目促建机制的新实践。

在放权赋能方面，成都高新区充分发挥国家级高新区、国家自主创新示范区、中国自由贸易试验区、国家全面创新改革试验区、天府新区国家级新区"五区叠加"优势，进行了诸多有效探索。成都高新区持续推进简政放权，公布政务服务"仅跑一次"改革事项 687 项，在全区 789 项行政审批和服务事项中占比达 87.1%。成都高新区积极推进企业简易注销登记、个体小额经营社区备案管理、"多证合一，一照一码"等商事制度改革。成都高新自贸试验区政务服务中心启用了四川首个智能政务机器人，上线"政策在线导航+人工智能辅助决策"系统。2021 年，成都高新区政务服务和网络理政办公室在全省率先推出"一业一证"改革，将同一个行业经营涉及的多个行政许可事项由原来的分类分项办理优化为"一窗办理"，实现"一单告知、一表申请、一标核准、一窗出证"，并进一步整合企业开办和经营许可全流程，实现"证照联办""准入即准营"。

近年来，成都高新区纵深推进全面深化改革，大胆试、大胆闯、自主改，充分发挥国家自主创新示范区和国家全面创新改革试验区先行先试优势，持续深化"放管服"改革，进一步优化政务服务环境。到目前，成都高新区全面推进政务服务创新改革，形成了 4 个区级大厅和 6 个特色分大厅、15 个街道综合便民服务中心和 11 个 24 小时自助服务区、62 个社区综合服务站三级政务服务体系，近距离服务群众；加快推进新政务中心建设，整合 1 100 余项政务服务事项，269 个窗口，方便群众只进一门办所有事；开展"一窗受理、受办分离"改革，将工程建设、社会事务、社会发展和企业开办 419 项事项，纳入前台综合受理，后台分类审批、窗口统一出件，缩减窗口 16 个，缩短平均办理时间 6 分钟，实现只进一窗办所有事；采取"线下综窗+远程视频"模式，实现西区政务大厅事项全覆盖，极大方便西区企业和群众办事；建设"网上办平台，全程不见面"审批，群众足不出户即可办事，仅就业奖励审核一项就节省群众跑路 1.6 万余次；升级守信通，强化"信用大数据+容缺受理"行政审批应用，办理时间最长从 30 天缩短至 5 天，个别事项压缩至现场即办。

风生水起逐浪高，成都高新区的改革站在更高的起点上，吸吮着 40 余年改革开放积蓄的丰厚养分和国家高新区 30 余年改革积累的宝贵经验，唯有以更大决心、更强勇气，破藩篱，开新篇，不忘改革初心，牢记改革使命，不驰于空想、不骛于虚声，不断推深做实，把蓝图变为现实，矢志不渝地走在改革开放的道路上！

第五篇
筑梦未来之空间密码

城市必须不再像墨迹、油渍那样蔓延，一旦发展，他要像花儿那样呈星状开放，在金色的光芒间交替着绿叶。

——帕特里克·格迪斯

　　城市的梦想受限于空间也绽放于空间，引人注目的核心显然是，要寻获破译空间限制的密码。以纽约、伦敦、东京等城市为样本，成都高新区近年来紧跟成都市步伐，不断深化关于国际大都市规划建设的比较研究，科学分析未来经济与人口增长对空间承载力的需求，从更久远的目光谋划城市永续发展新空间，以更前瞻的理念引领城市良性发展新模式，在遵循城市发展规律的同时，紧密结合未来人口演进趋势，不断推动城市功能与空间布局深度适配。

第一章　城市空间建设之路径探索

　　城市是人群聚集、生产和生活等活动发生的集中场所，城市空间构成了城市运转最基础的依托，正如马克思所言，"空间是一切生产和一切人类活动所需要的因素"。城市空间是城市各系统发展的基础载体，但同时，也是各种系统发展的结果。城市空间的形成，本质上取决于城市物质空间环境与其中社会、经济、文化活动的相互作用。

　　高新技术产业开发区的可持续运转，离不开城市空间的基础支撑作用，充足的产业活力需要合理城市空间的支持，同时，产业运转也在影响着城市空间格局的生成，影响着人们的生活幸福感。作为一种特殊的新城开发模式，高新技术产业开发区的城市空间营造，至少同时面临两个方面的问题：一方面，作为被有意识地规划建设的新城，应考虑如何避免出现新城扩张中出现的无序扩张、开发混乱、资源浪费、交通超荷等种种"城市病"；另一方面，作为高新技术产业主导的开发区，应考虑如何平衡城市的生产与生活功能，同时保护生态环境的多样性，避免陷入功能单一化、生态不可持续化的境地，制造"空城""卧城"等畸形的城市形态。

　　成都高新区自 1988 年创立以来，在 34 年的发展之路中，深刻意识到城市空间对于人口聚集、产业发展的重要性，并在不断地规划与建设探索中，走出了一条自身的特色之路。在快速城市化带来的危机不断凸显的今天，成都高新区担当成都市产业功能区建设的排头兵，从追求"产城人"转向"人城产"融合，把"人"置于城市营造的首要地位；以成都市新发展理念"公园城市"作为其践行的新时代发展要求，在"功能复合、集约发展、职住平衡、宜业宜居"的营造理念的指导下，摒弃了传统"点状扩散、圈层发展"的城市扩张模式，避免了传统营建模式下土地浪费、产业失活、环境破坏等问题，通过切实建设吸引并留住高端人才，增强城市活力，实现产业的可持续发展，开辟了一条破解"大城市病"的城市营造新路径。

城市建设理论的流变与概览

"城市，作为一种明确的新事物（emergent），开始出现在旧—新石器文化的社区之中，在其发展过程中，古老的村庄文化便逐步向新兴的城市'文明'退让。""城市从起源时代开始便是一种特殊的构造，其储存并流传人类文明的成果：这种构造致密而紧凑，足以用最小的空间容纳最多的设施；同时又能扩大自身的结构，以适应不断变化的需求和社会发展更加繁复的形式，从而保存不断积累起来的社会遗产。"简言之，城市一开始便以组织化、高密度、空间上的可扩张性作为其基本的特征。

工业革命以来，全球的经济与社会进入飞速变迁阶段，大部分地区普遍经历了快速的城市化，这一方面推进了人类利用自然资源满足物质生活需求的进程；另一方面也促使资源进一步地向城市集中，带来了诸如地价飞涨、交通拥堵、环境污染等一系列城市问题。这给人类社会和人居环境带来了巨大的挑战，人们开始致力于探索城市发展得更好的可能性，关于城市的研究开始兴起。这一过程中诞生了很多经典的城市发展理论，对今天的城市营造依然有着深远的影响，其中最具代表性的，是英国建筑师 R. 昂温（R. Unwin）倡导的"卫星城"概念、伊利尔·沙里宁（Eliel Saarinen）的"有机疏散"理论、埃比尼泽·霍华德（Ebenezer Howard）的"田园城市"理论以及新城市主义。成都高新区的空间营造，没有忘记从这些最经典的思想中汲取资源，正是在这些宝贵的思想之上，结合现实实践，成都高新区才探索出了自身的营城路径。

● 沙里宁的有机疏散论（organic decentralization）

为了解决城市过分集中所产生的各种弊病，芬兰学者伊利尔·沙里宁在其1942 年出版的《城市：它的发展、衰败和未来》（*The City：Its Growth，Decay and Future*）一书中提出了城市有机疏散理论。在该书中，沙里宁详尽地阐述了这一理论，并从产权、地价、立法等方面论述了有机疏散理论的必要性和可能性。

有机疏散理论的出现，贴合了思想界利用对生物体的认识来理解社会的潮流，沙里宁将城市发展的规律，类比到自然界的生物演化上，并依据后者的规律以理解前者，因此他将城市视为由许多"细胞"组成的有机体，有机体通过细胞分裂而逐步生长，细胞之间的间隙保证了生长的余地。而有机疏散，就是把大城市的拥挤区域分解成为若干个集中单元并把这些单元组织为在活动上相互关联的有功能的集中点（一个个功能相对复合的集镇），彼此之间通过保护性绿带隔离开来。沙里宁的有机疏散理论提出了一种更为紧凑的结构关系，依靠半独立的松散联盟，既保证了城市各部分的相对完整，又降低了对旧中心城市的依赖度。

简言之，有机疏散的核心方法就是"对日常活动进行功能性的集中"和"对这些集中点进行有机的分散"，集中创造安静、舒适的居住条件，而疏散能带来秩序和效率。沙里宁的"有机疏散"理论，体现出了一种"在疏散中有集约"的辩证思想，成为此后成都高新区的"功能复合、集约发展"理念的一个重要源头。

- ### 新城市主义（new urbanism）

20 世纪 60 年代，美国的大量新增人口住进了郊区的独栋住宅，造成了城市中心区的"空心"现象，这也是著名的"郊区化"现象。面对郊区化现象的愈演愈烈，郊区规划问题也逐步暴露，主要体现在以下几方面：首先，过分强调机动车规划，满足交通需求和实现停车目的经常被置于比服务居民更优先的地位；其次，土地利用过于分散，每类土地利用占据一个完全的地区，两类利用性质之间的距离太远，出行被迫完全依赖汽车。这种郊区模式很明显地加剧了社会、阶级和种族的隔阂，造成大量土地、资源浪费，并制造出新贫困阶级。

20 世纪 70 年代，资源减少和"增长的极限"等观点进一步动摇了人类可以有计划地规划未来的信心，对于综合努力和整合行动的期待逐步落空。视此情景，美国一些州和大都市区在协调新城的发展时，开始着眼于减少郊区无序蔓延，灵活性、可逆性、小步骤行动等成了新的关键词，都市边缘区的发展策略也从分散发展逐步变为集约发展。这也直接促成了 20 世纪 80 年代的新城市主义运动，并于 20 世纪 90 年代中期达到一个高潮。

新城市主义主张通过广泛的公众参与，以消除郊区蔓延、城市衰败，促进社区发展，并提出了若干基本规划原则：邻里多样化的土地利用与多样化的人口结构；社区的基础设施除服务于私人小汽车外，也需要加强对于人行步道与公共运输工具的支持；城镇的生长范围应该被明确界定，以避免其无序、无限地扩张，并保证居民使用各项公共设施的便捷性；城市应该透过城市设计以彰显其独特的历史与生态。

我国的城市化进程中虽然并未出现郊区化现象，新城市主义作为对无序蔓延和恢复传统街区关系的解答，依然为应对新城扩张中的混乱与失序问题提供了重要参考。一方面，新城市主义试图将邻里单位作为城市开发的基本单位，这使得"社区营造"逐步成为城市营造的重要一环；另一方面，新城市主义所倡导的集约开发、土地混合利用、步行和公交优先模式（TOD 模式），也早已是今日可持续发展理念的基本内容。

● 田园城市（garden city）理论

18 世纪工业革命带来资本主义的迅猛发展，不仅改变了城市的生产方式、空间布局、生活形态，而且引发了欧洲社会在社会组织、法律制度和价值观念等方面的深刻变化。快速的工业化造成了社会矛盾激化、道德沦丧、城市环境恶化、就业困难等城市病，这也引起了人类最早对城市发展的系统性反思和理论探索。1898 年，正值工业革命带来的城市危机愈演愈烈之时，英国社会学者埃比尼泽·霍华德出版了《明日：一条通往真正改革的和平道路》（1902 年再版时修改为《明日的田园城市》），率先提出了"田园城市"思想，历经 120多年的发展，"田园城市"已经成为一个在城市规划领域具有世界影响力的概念。

在书中，霍华德分析了城市与乡村各自的优势，指出应该用城乡一体的新社会形态来取代城乡分离的旧社会形态，并据此创造性地提出了"田园城市"的城市布局模式——一种集城市和乡村的优势为一体的新格局。在其设想中，田园城市应满足以下的形态：

（1）规模：占地 1 000 英亩（约 405 公顷），人口 3.2 万，其中城市 3 万人，农村 2 000 人。

（2）结构：城市整体为半径 1.2 千米圆形，六条放射状道路将其等分为 6个片区。圆形体现了城市在形态上对每一位成员的平等性，且 1.2 千米的半径相对人的步行尺度而言也是适宜的，这展现了霍华德思想中对于社会公平的追求和对人性的关怀。

（3）功能：止中心是一个占地 2 公顷的公共花园，围绕它建有市镇厅、剧院、图书馆等公共建筑；之后是占地约 60 公顷的中央公园和水晶宫，在外围布置居住区，形成一个约 230 米宽的外环；最外圈是工业，靠近围绕城市的环形铁路设置，以减少运输费用。

霍华德的终极设想，是由一个中心城市和若干个田园城市，共同构成一个城市簇群，即社会城市（social city），在其中，各类基础设施在交通、能源、排水上把社会城市连接成为一个整体。霍华德的设想极大地影响了英国的城市营建，并发展成为世界性的新城运动，影响延续至今。首先，"田园城市"在现代化导致城市发展失序的背景下，率先提出了城乡一体化、区域共生的城市空间布局理念；其次，"田园城市"高度关注生态环境对于人类生存质量的影响，是今天的可持续发展理念的鼻祖；最重要的是，霍华德的"田园城市"理论率先挑战了城市的统治权威，将普通人作为城市的首要使用者，并以一种积极的态度通过改变物质环境来缓解社会问题，推动社会改革，可以说是今日"以人为本"的规划理念的先声。

● 卫星城（satellite city）概念

霍华德的"田园城市"设想虽然得到了初步的实践，但仍然是一种偏理想化的城市模型。1922 年，霍华德"田园城市"理论的追随者，英国建筑师 R. 昂温使用了"卫星城"的概念来继续推进霍华德的思想。卫星城是指在中心城市周围、与中心城市有一定距离，在生产、生活等方面与中心城市密切相关，又具有相对独立性的中小城镇。昂温认为，霍华德的"田园城市"在形式上犹如行星周围的卫星，以表明子城与母城在功能上的联系，昂温认为"卫星城"是防止大城市无序蔓延的有效方法。

卫星城的概念强化了卫星城（子城）与中心城（母城）的依赖关系，在功能上强调中心城市对外疏解，因此卫星城往往被视作中心城市某一功能疏解的接受地。由于被集中疏散的往往都是居住、工业、科技这类单一的功能，卫星城的居民无法就地解决生产、生活需求，大量的通勤需求导致了潮汐式交通，甚至"卧城"这类城市问题。由此，规划领域逐步意识到，必须强调卫星城的独立性——在新的卫星城设想中，居住容量与就业岗位被按照合理的比例配置，卫星城具有与大城市相近的生活、文化、福利设施配套，可以满足卫星城居民的就地工作和生活需求，并形成一个职能健全、相对独立的城市，同时服务于已经存在的大城市。卫星城的建设实践，也成为今天新城建设中"职住平衡"思想的重要来源。

当今，城市新区的发展，越来越注重城市形象的个性化、城市环境的生态化、生活空间的人性化、资源利用的集约化，在可持续发展总的基本思想的指导下，城市规划领域已经逐步形成了一些基本可以说是共识性的理念——区域共生构筑整体空间、产城融合带动新区发展、土地集约提升资源利用效益、公交优先引导新区拓展、城市文化提升新区品质、生态优化营造和谐人居。这些理念，也一一反映在成都高新区的营建之中。

成都高新区城市建设的演进

成都高新区于 1988 年开始筹建，1991 年 3 月 6 日，经国务院批准，成都高新区成为全国首批国家级高新技术产业开发区，位置在成都市南郊神仙树片区，规划面积 24.6 平方千米，先期启动开发面积 2.5 平方千米。随着改革开放的深入、阶段性目标任务的完成和适应新形势的客观要求，成都高新区区划共进行过六次大的调整：

1996 年 3 月，第一次调整，从成都市武侯区成建制划入芳草街、肖家河两个街道和桂溪、石羊场两个乡，面积由 2.5 平方千米增加到 47 平方千米。管理体制也由最初的单一政府部门管理、政企合一公司化管理，转变为具有行政区特征的综合性管理。

2001 年 1 月，第二次调整，将位于成都市郫县（现郫都区）的"成都现代工业港"划入成都高新区，设立成都高新区西区科技园，面积 7 平方千米。成都高新区由此形成一南一西两个园区，即"一区两园"的空间布局。

2003 年 12 月，第三次调整，设立成都高新区西部园区（后改为合作街道），实行街道办事处管理农村的体制，西部园区整合时从郫县（现郫都区）划入 19 个村、169 个村民小组，面积由 7 平方千米扩大为 35.5 平方千米。

2010 年，第四次调整，将成都市双流县（现双流区）中和街道整体及华阳街道部分区域划入高新南区，全区总面积达到 130 平方千米。

2017 年 4 月，第五次调整，为配合成都市"东进"战略总体规划，加快成都大府国际空港新城建设，推动成都高新区和简阳市协同发展，成都市委、市政府决定，成都高新区托管四川省简阳市的丹景乡、玉成乡等 12 个乡镇，面积 483 平方千米。同年，成都高新区管委会签发成高管函〔2017〕192 号文件，设立成都高新区西部园区"5+2"片区，界定其四至范围为：北至清水河，东至天欣路南沿线，西至德富大道，南至货运大道，规划面积约 7 平方千米。至此，全区总面积达到 613 平方千米。

2020 年 4 月，第六次调整，根据四川省人民政府《关于同意设立成都东部新区的批复》（川府函〔2020〕84 号）设立成都东部新区，天府国际空港新城及简阳市托管区域移交东部新区管辖。

目前，成都高新区主要由四个区域构成，包含两个主园区（高新南区 87平方千米、高新西区 43 平方千米）以及两个合作园区（与成都市双流区合作共建成都天府国际生物城 44 平方千米，与成都东部新区合作共建未来科技城60.4 平方千米），管辖面积共计 234.4 平方千米。依托成都市整体布局之下的电子信息产业功能区、成都天府国际生物城、成都新经济活力区、交子公园金融商务区和成都未来科技城五大产业功能区，成都高新区正在奋力建设成为世界一流高科技园区。

● 高新南区

1988 年，国家科学技术委员会（1998 年改为科学技术部）在北京召开第一次"火炬计划"工作会议，以建设国家高新区为重要内容的"火炬计划"正式开始实施。同年，握住了时代脉搏的成都开始筹建成都高新技术产业开发区。成都南郊神仙树片区离市区较近，基础设施容易满足，同时还留有足够的发展空间，因此成为高新区最初的选址，首期规划面积 24.6 平方千米，先期开发 2.5 平方千米。成都高新区初期开发遵循"点、线、片、面"结合的建设框架——"点"是成都高新技术创业服务中心，"线"是在中国科学院成都分院附近地区建立的科技一条街，"片"是在成都东郊建设的以电子技术为主的科技密集开发区辅区，"面"是在南郊神仙树区域建立的高新技术产业开发区。

1991 年国务院正式批准设立成都国家级高新技术产业开发区，此即为高新区南部园区的雏形。

1995 年，成都高新区基本完成 2.5 平方千米起步区建设，水、电、气、路、通信等基础设施基本建成，自动化变电站、标准厂房、实业大厦、国际站贸中心街、中小学、写字楼等一系列生产生活配套设施建成并投入使用。

1996 年，成都市委、市政府为进一步加快成都高新区建设和发展，将芳草街、肖家河两个街道和桂溪、石羊场两个乡整体划入，成都高新区面积从 2.5 平方千米扩展到了 47 平方千米。高新区遵循组团式开发建设模式，续建和新建了多个功能齐全、相对独立，集科研、生产、生活为一体的组团，园区生产、科研设施、基础设施和生活设施进一步完善，全区科技成果转化和经济发展的承载能力明显提升，火车南站加工贸易区、起步区工业园、石羊工业园、天府软件园等 10 余个科技工贸园区相继开建。

2010 年，成都高新区南区区划再次调整，中和镇全部和华阳街道部分区域从双流县（现双流区）整体划入，成都高新区面积达到 130 平方千米。成都高新区开始以产城一体单元开发模式，朝着高品质和谐宜居生活城市迈进。

目前，成都高新区南部园区由起步区组团、新园组团、站南组图、大源组团、中和北组团、中和南组团六个组团构成，区域南北最长 13.1 千米，东西最宽 10.4 千米，面积约 87 平方千米，规划居住人口约 110 万人。南部园区定位为"竞逐全球高端产业的新经济引领区、汇聚全球创新创造的新动能聚集区、促进国际合作交往的新样板展示区、吸纳多元复合人才的新生活典范区"，是形态现代、环境宜人、充满时代气息的国际化大都市集中展示窗口。

● 高新西区

2001 年 4 月，科学技术部以国科函高字〔2001〕24 号文件，确定将郫县（现郫都区）的"成都现代工业港"调整为国家级成都高新技术开发区的一部分，称为高新区西部园区，面积 7 平方千米，重点发展电子信息和生物医药产业的高新西区的历史由此开启。至此，成都高新区形成"一区两园"分布格局。

2003 年，英特尔公司落户高新西区，成为成都高新区电子信息产业发展的拐点，影响了未来全区乃至成都市、四川省产业发展的路径。同年 12 月，成都高新区西部园区面积由 7 平方千米扩大到 35.5 平方千米。紧随着英特尔的脚步，宇芯、芯源系统相继落户，高新西区逐步成为芯片产业的集聚高地。

2010 年，清水河以南部分区域被划入高新西区，高新西区面积拓展为 43 平方千米。

当前高新西区，由起步区组团、西北组团、西南组团、南岸组团四个组团构成，区域南北最长 9.6 千米，东西最宽 9.9 千米，面积约 43 平方千米，规划居住人口 10 万人，产业人口 23 万人。高新西区规划定位为"中国新硅谷，国际花园城"。西部园区按照片区开发的思路，着力促进"产城融合"，将成都高新西区打造成为具有全球竞争力的电子信息产业高地、国际化产学研联动示范区、国家创新创业示范基地、产城融合的高品质生活城。

● 合作园区（天府国际生物城、未来科技城）

2016 年 3 月 14 日，成都高新区管委会和成都市双流区政府签署协议，合作建设成都天府国际生物城，目前天府国际生物城已成为省市发展生物医药产业核心集聚空间。天府国际生物城规划面积约 44 平方千米，以生物医药、生物医学工程、生物服务、智慧健康为产业主攻方向，辅助发展生物环保、生物制造、生物农业、制药机械设备产业，秉持生产、生活、生态"三生合一"的发展理念，按照"以人为本、先人后产、以产带城、以城促产"的发展路径，着力构建"一江、一心、三廊、九组团"空间布局，形成"一湖六湿地"的水生态系统，推进医学、医疗、医药、医政"四医结合"，着力打造成为"全球知名的生物产业创新创业人才栖息地、世界级生物产业创新与智造之都、国际范儿的生命健康小镇"。

2020 年 5 月，成都高新区与东部新区合作共建未来科技城，规划面积 60.4 平方千米。未来科技城定位为国际创新型大学和创新型企业汇集区，重点围绕航空航天、电子信息、高端制造、科技服务业、未来产业等领域，建设国际合作教育园区，打造国际应用性科学中心、中国西部智造示范区和成渝国际科教城。

核心路径的选择——营城逻辑

● 从"产城"融合到"人城产"融合

正如前文所述，作为一种特殊的新城扩张形式，成都高新区不仅需要处理新城开发与扩张问题，还需要对产业开发区的空间进行应对性的营造，维持产业有序而可持续的发展，因此，除去上文中经典的城市营建理论，成都高新区营城理念的另一大来源，就是产业开发区的开发经验。

高新区是时代的产物，顺应 20 世纪 80 年代世界经济进入以信息、生物、新材料为主导的新经济时代，效仿国外先发经验，我国在 1984 年年初开始了高新技术产业开发区的创建。自 1985 年中国科学院和深圳市共同设立第一家高新产业园以来，高新区在中国的发展已经走过了 37 年。对于城市而言，高新区的建设与发展，为城市提供了新的经济增长点、科技成果转化的孵化器、人才资源的聚集所，成为城市新区发展的重要动力，通过各类产业开发区实现快速工业化、城镇化，成为我国城市空间扩张的一大特点。

但这种扩张模式也暴露出越来越多的问题，其中最明显的就是忽视"产"与"城"的协调发展，致使产业开发区与城市在空间功能上分离，也就是俗称的"产城分离"现象。产城分离现象有其产生的基础，在开发园区建设初期，单一功能在一定地域空间内的集中，有利于形成相关环境氛围，提升产业或其他功能的集聚成效，可是当开发园区发展到一定阶段时，这种单一功能集中于城市外围的新区建设模式，就会成为一系列城市问题的根源。一方面，由于开发密度低、人数少、占用土地多，且占地多为城市近郊的良田，这与我国土地拥有量、耕地稀少的状况极不相称，很多城市出现了工业围城的困境，限制了城市空间的合理布局与扩展；另一方面，由于生产服务与生活服务设施缺乏，园区无法满足工作者的生活需求，出现了"职住失衡"现象，导致"空城""卧城"的产生，以及交通拥挤、潮汐式交通等问题。这不仅影响了城市健康发展，而且干扰了产业开发区的运转，由于新区功能缺失，多数工作者仍然选择在主城居住，久而久之优秀人才逐渐流失。

产城融合概念的提出，正是为了解决产城分离带来的一系列问题。产城融合并非简单地"将产业与城市结合起来"，在今天较为通行的理解中，对"产""城"概念的理解已经走向广义上城市的"生产职能"与"服务职能"（既包括生活服务职能，又包括生产服务职能），而空间层次的讨论已从原先的功能区拓展到城市，甚至是区域层面，同时，产城关系的内涵也得到了扩张，根据学者的研究，当前产城关系至少包含空间、产业、功能、交通、管理五大层次①，从理论上讲，开发园区、城市新区与老城应在上述五个方面形成融合互动，呈现规划一体化、基础设施一体化、城乡公共服务一体化的"产"促进"城"以及"城"促进"产"的协调关系。

2017 年，习近平总书记在中央城市工作会议上指出，城市的核心是人，关键是十二个字：衣食住行、生老病死、安居乐业。产城融合的最终目标也是最高目标，应是"以人为本"，离开人这个主体，谈"产"和"城"都是片面的，只有基于人的真实需求所进行的功能安排、设施统筹和制度设计，才能真正引导城市功能、效率及生活质量的不断提高，从而实现真正意义上的产城融合。因此，有学者率先提出，应将传统的"产城融合"，进一步拓展为"产城人"融合。产业、城市功能和人口之间存在着相互作用、相互依存的关系，"产—城—人"三个要素需要在结构、空间、运作上相互匹配协调。其中，产业是城市发展、人群集聚的动力；城市是生产、生活活动的空间载体，提供基础设施和公共服务支持，城市空间质量直接影响城市运转；而人作为城市的核心，是一切产业发展、城市扩展的支撑，是城市活力之源。

当前我国经济发展的空间结构正在发生深刻变化，随着城市扩张和人口增多，大城市发展面临资源要素约束和环境容量趋紧的双重压力，必须加快转变营城模式，进一步促进产城融合发展。历来敢为时代之先的成都，在学界尚还探讨"产城人"融合时，就更进一步，将"人城产"融合作为根本的营城逻辑。

"人城产"营城逻辑的提出，与高新技术产业开发区的发展历史密不可分。作为改革开放进程的重要窗口，高新技术产业开发区已经走过了 37 年。在这 37 年的时间中，高新技术产业开发区的开发建设模式也经历了鲜明的变化。早期，各地方政府将产业开发区当作吸引投资、推进工业化、城镇化的重要举

---

① 空间视角下，产城关系表现为开发园区与城市（老城）的空间区位互动变迁；产业视角下，产城关系表现为开发园区制造业经济与城市服务业经济之间的产业转型互动；功能视角下，产城关系表现为开发园区生产型功能与城市生活型功能的互动整合关系，包括老城功能提升与疏散、开发园区承接老城功能疏散的功能和自身生产性服务业功能提升等；交通视角下，产城关系表现为开发园区内部为生产运输、快速集散的交通系统与城市内部慢行优先、快慢结合的交通系统之间的互相衔接；管理视角下，产城关系表现为开发园区以管委会为代表的精简高效的体制机制互动整合。（何笑梅 等，2017）

措，所以在环境上、地价上、政策上给予企业极大优待，由此出现了园区定位不明确、圈占耕地、突破规划等问题。因此，政府部门逐渐认识到，城市要持续保持竞争优势，必须发展高附加值、潜力广阔的高技术产业，高新技术产业开发区应运而生，技术密集型企业被作为发展主力。但这一转变并未改变以企业规模化集中为导向的单一经济组织方式，"产业"依然被置于首要的考虑地位，高新技术产业开发区普遍存在功能缺失、职住失衡、资源浪费等一系列问题，城市与产业割裂，生产与生活失衡，"人城产"之间的关系是割裂的。随着中国城市化程度的进一步加深，人口、资源进一步向大城市集聚，这种发展模式难以为继。

正是在这一背景下，成都率先提出了建设以提高功能复合率和宜业宜居度为导向的开发区新模式：产业功能区①。2017 年 7 月，成都市产业发展大会做出了规划建设产业功能区的战略决策。产业功能区是集研发、生产、居住、消费、人文、生态等多种功能于一体的城市新型社区，建设产业功能区的根本目的，是破解传统园区"重生产发展、轻生活服务""重项目数量、轻企业协作""重地理集中、轻产业集聚"等问题。建设产业功能区，是成都克服"大城市病"丛生和区域发展同质化的治本之策，是优化空间布局和重塑经济地理的重要抓手，是转变城市和经济工作方式的一次革命。

2018 年 5 月召开的成都市产业功能区及园区建设工作领导小组第二次会议，鲜明提出以"人城产"逻辑推动城市发展方式转型和经济发展方式转变的战略导向。"产城人"传统营城逻辑，政府往往率先考虑的是如何"以廉价要素吸引企业，企业进一步吸引就业和人才"，从而带动城市发展，这种模式容易出现产业关联性不强、产业链条不全、城市品质不高、配套设施不足等问题。而成都率先将这一逻辑倒转了过来——鲜明地提出了"人城产"的营城逻辑。"人城产"，最根本的是吸引人、留住人，"人"才是"产"与"城"运转的核心动力，要高度重视人在发展中无可取代的核心地位，从生产导向转向生产和生活导向并重，寻求增长发展的新动力。建设产业功能区，就是要通过科学合理的城市布局，减少公共空间、公共资源的无效占用和浪费，促进产业链

---

① 产业功能区建设的核心主张，可以概括为坚持以新发展理念推进发展方式变革，以产城融合发展理念统筹规划建设和功能布局，以"有所为有所不为"理念构建现代产业体系，以集约高效理念集聚先进要素，以创新突破理念转变工作组织方式。

上下游企业在本地配套、就业人群在本地消费，形成区域内良性整合，以切实的措施推进"人城产"融合。

作为成都市产业功能区建设的"排头兵"，成都高新区片区综合开发始终围绕习近平总书记"城市的核心是人"这一指示，紧扣"人城产"融合的营城逻辑，通过聚焦特定产业人群的差异化需求，提供多元的公共配套服务，尊重人本尺度，营造宜人的生活场景，切实增强新城新区的宜居性和吸引力，将吸引人才在当地安居置于城市营造的首位，带动高新区进入可持续的良性运转。

● 功能复合，集约发展，职住平衡，宜业宜居

围绕"人城产"融合的核心营城逻辑，成都高新区探索出了一套具体可行的营城理念，可将其概括为"功能复合，集约发展，职住平衡，宜业宜居"。

发展中的中心城市和城市群，未来必然吸引人口、产业等各类要素继续流入和聚集，实践证明，以线性思维寻求减量发展、控制城市规模并不符合城市发展规律。在 20 世纪 60 年代，为实现有序扩张，新城市主义运动就率先提出了"集约开发、土地混合利用"的思想。我国的新城发展和高新技术产业开发区建设中，虽未出现美国式郊区化的问题，但显现出尺度失控、产城分离的弊病，这同样提示我们必须彻底转变营城模式和产业发展方式，通过建设复合生产、生活、生态功能的一体单元，以转变原来过度且粗放的功能分区带来的产业布局和城市功能分离的模式，实现人本尺度空间的区域性产城融合。

遵循成都市产业功能区建设的整体规划，成都高新区坚持"产业功能区独立成市""一个产业功能区就是若干新型城市社区"，以"功能复合、集约发展"理念重塑城市格局和功能分区，推进大尺度"独立成市"和小尺度"产业社区"协同建设，使得各功能区在空间上组成若干个产城一体单元。产城一体单元是实现产城融合发展的基本空间引导单元，是在一定的地域范围内，把城市的生产及生产配套、生活及生活配套等功能按照一定协调的比例，通过有机、高效的方式组织起来，并能够相对独立承担城市各项职能的地域功能综合体。

产城一体单元的内部应做到"和而不同"，即在保证多样性的前提下配置产业和产业配套、居住和居住配套，合理规划建设公共交通体系，优先公交导

向发展模式（transit-oriented-development，TOD 模式），降低长距离交通出行比例，提升功能区内部交通的便利度和体验感，加快布局新一代信息基础设施，提高城市公共资源使用效率，提升资源要素集约水平，推进产业集聚发展，增强城市经济和人口承载能力。

通过合理配置产城一体单元，能实现良好的职住平衡。职住平衡即在产城一体单元内实现居民就业和居住的相对均衡，保证大部分居民可以就地工作，大幅减少机动车通勤，以步行或非机动车取代。职住平衡是产业和城市协调发展的重要保障，是对于产城融合度、功能复合度、城市宜居度的有效评价指标。根据发达国家产业新城的经验，原则上达到单元内 60% 以上的就业人口（包括家属）在单元内部居住，即被认为达到职住平衡。

为进一步深化"人城产"营城逻辑，提高城市社区生活品质，还要在功能复合、集约发展、职住平衡的基础上，形成宜居宜业的生活共同体。在此方面，成都高新区践行"公园城市"的新时代发展要求，从坚持生产导向转向生活、生产导向并重，构筑出"产业功能区—产业社区—功能组团"综合运营开发体系。遵循模块化设计和社区化管理，围绕人本需求，加快实施人才安居工程，推进社区文化建设，加快规划更高品质的生活配套，营造国际化、品牌化、个性化、智慧化的生活和消费场景。同时，推进生活场景和生态场景叠加，持续优化绿色生态环境，大力推进高品质公园城市和智慧城市建设，推动绿色智能发展，着力完善绿色生态功能，系统推进建设一批绿廊、绿道、游园、微绿地等绿化配套，引领城市沿着"人、城、境、业高度和谐统一的大美城市形态"的方向自然有序生长。

第二章　城市生产优空间

　　产业是城市经济发展的命脉，建强成渝地区双城经济圈成都极核需要加快构建具有全球竞争力的现代产业体系，推动城市功能、经济地理和产业生态高度契合。作为成都建设践行新发展理念的公园城市示范区的产业主支撑、经济主承载，成都高新区在践行"多规合一"的国土空间规划体系的过程中，始终不渝地坚持产业先导，聚力优化产业经济地理。

起飞之地：产业先导的空间基础

　　"十三五"期间，成都高新区立足成都建设全面体现国家中心城市的战略和"东进、南拓、西控、北改、中优"主体功能分区战略，着力构建"一区四园、多点支撑"的空间布局体系，打造"东进"和"中优"发展极核，实现区域共融发展。

　　其中，南部园区空间规划结构上相对此前有所重塑，即由"背江"发展转向"拥江"发展，从"以江为界"变为"以江为轴"，借助锦江水生态、水文化、水经济的打造，增强产业经济与文化生活互动，建设承担区域性金融中心、创新创造中心、会展中心、国际合作中心四大功能的成都中央活力区①，构建"双十汇心五片区"的城市空间结构。由"锦江生态带+环城生态带"形成的生态文化十字轴，和"天府大道+交子大道"形成的产业经济十字轴，将串联老城片区、站南片区、大源片区、中和片区和新川片区，已定位为"竞逐

---

① "中央活力区"的概念，首次出现在2000—2004年编制的"大伦敦空间发展战略"规划，其目标为应对新时期伦敦中心区在发展金融业、特色零售业、旅游业和文化创意产业等方面面临的挑战。其核心理念为回归城市历史与文化，再造城市活力，让城市的精英阶层重新汇聚到城市区域，为一流人才提供一流的生产、生活、休闲、交流环境。目前，上述理念已经成为建设"世界城市"的主要发展趋势。世界上的主要发达城市如纽约、巴黎、上海、深圳都已借鉴这个概念。

全球高端产业的新经济引领区、汇聚全球创新创造的新动能聚集区、促进国际合作交往的新样板展示区、吸纳多元复合人才的新生活典范区"，是形态现代、环境宜人、充满时代气息的国际化大都市集中展示窗口。

西部园区空间规划结构为"一校"——电子科技大学、"一带"——清水河创智活力带、"一廊"——锦城绿道健康运动走廊。其中，环电子科大区域将增加电子科大"一校一带"培育基地等创新平台，打造科技时尚的电子信息特色研发区；清水河创智活力带将打造滨水岸线，形成由创新文化、科创集会、生活休闲、湿地生态段构成的创智活力带；锦城绿道健康运动走廊倡导运动健康新生活，将建设有吸引力和归属感的产业社区。高新西区整体定位为"中国新硅谷，国际花园城"，如今正努力打造成为具有全球竞争力的电子信息产业高地、国际化产学研联动示范区、国家创新创业示范基地、产城融合的高品质生活城。

与双流区合作共建的成都天府国际生物城位于成都双流区西南部，总体空间规划布局为"一江一心三廊九组团"，即以锦江生态带和永安湖为核心的生态绿心，依托原有生态本底形成的3条产业发展走廊和起步示范区、生物医学工程、生物医药等9个生态化、低密度、复合型组团。天府国际生物城将秉持绿色低碳、生态优先、文化植入、三生融合理念，打造天府国际生物城独特城市气质，形成"产业岛屿高密、生活科研低疏"的城市形态。

与东部新区合作共建的成都未来科技城位于成都市龙泉山以东，紧邻天府国际机场，充分结合"西高东低，南高北低"的地形地貌，依托绛溪河、大安溪、泉水河等绿谷低地，构建生态框架，基于河流走向自然分割，形成了"两轴三片"的空间布局。其中，两轴为东西向的绛溪河生态轴、南北向的创新产业联动轴。三片分别为成渝国际科教城，目标是打造高端人才聚集区、创新成果源发区；中国西部智造示范区，将集聚主导产业上下游企业形成开放式创新聚落，打造创新型产业集群聚集区；应用性科学中心，将以新型研发机构和成果转化平台建设为核心，打造科技成果转化聚集区。随着未来科技城"五横四纵"骨干路网体系的加速成型，高效便利的城市服务体系、"开门见绿"的生态公园环境、智慧智能的生产生活方式、慢行无阻的无车化街区，都将充分体现以人为本的发展思路，凸显一座人城境业相容共生的未来城市发展愿景。

基于上述空间地理情况，成都高新区结合自身电子信息、生物医药、新经济三大主导产业，以及"3+2"现代化开放型产业体系建设进程，按照产业生态圈理念①，正加快建设五大产业功能区，不断优化产业空间格局。

各具特色：产业功能区的空间组织

随着经济发展，产业本身迭代速度加快，影响产业布局的宏观经济环境也处于不断变化中，因此产业空间分布的动态性越来越突出。对此成都高新区前瞻性地按照产业生态圈理念，应对产业空间分布动态性带来的不确定性，强调通过构建产业生态圈，增强产业发展的稳态性和持续性——在产业布局不断变动的情况下，实现产业的动态循环、发展和进化。这突破了传统产业规划的思维模式，不再只注重对产业本身的发展引导，而是倾向于将产业功能区看作城市内的一个有机组成部分，依托自身资源禀赋与外界不断展开分工合作和能量交换，进而实现循环和系统性发展。

● 电子信息产业功能区

2017年7月，成都市产业发展大会提出，规划统筹布局建设66个主导产业明确、专业分工合理、差异发展鲜明的产业功能区。其中，电子信息产业功能区正是66个产业功能区规划中的第一个示范项目，位于高新区和郫都区，规划面积121.4平方千米，东至成都高新西区边界，西至太清路，南至文明大道，北至沙西线及港泰大道。作为集研发、生产、居住、消费、人文、生态等多功能于一体的城市新型社区，尤其在北京、上海、广州、深圳、西安、武汉等城市纷纷通过一系列政策参与了人才争夺战的时期，成都高新区面对的核心问题显然是，如何规划形成一个对电子信息产业人才产生吸引力的城市社区呢？

显然，传统的"产城人"营城模式难以解决这个问题。在上一章的分析基础上，可以看出，传统的"产城人"逻辑以城市发展为导向，先汇聚产业，再

---

① 袁政（2004）提出产业生态圈的定义，认为产业生态圈是指某种产业在某个地域范围内业已形成（或按规划将要形成的）以主导产业为核心的、具有较强市场竞争力和产业可持续发展特征的地域产业多维网络体系，体现了一种新的产业发展模式和产业布局形式。产业生态圈与传统产业链概念的区别在于，产业链强调的是企业主体间形成上下游协作配套关系，而产业生态圈关注的不仅是产业本身，还包括其他各个支撑产业发展维度的一个多维体系。

建城招工，这样招到的大部分是从农村土地上释放出来的劳动力，相对更适合初级的劳动密集型产业。而"人城产"的发展思路，在对于"人"的打量视角上，发生了关键性的嬗变。因为"产城人"的出发点是"产"，由此而来的人已然在"产"的"功能性"目光中被锁定，乃是为"产"所限定的"单向度的人"，进而相匹配的空间同样是单向度的空间——工作之余满足生活必需事项即可，多为集体宿舍、食堂、澡堂等；"人城产"的出发点则首先是"人"，这里人的主体性得到了前所未有的体现和尊重，这一尊重又具体外化为对继续学习、深度社交、休闲游憩等方面需求的空间配置，进而，具有丰盈可能性的、多元差异化的人才主体更容易被吸引和聚集过来，构成相关产业持续健康发展的先决条件。相对应的产业功能区的规划，也不再是单纯的生产要素的空间聚集，而是融合了空间、产业、生态三大类规划，以空间统筹生产、居住、交通、公共服务、景观风貌等各类要素，实现人才主体需求和主导产业的各类要素的重组，系统解决空间规划与产业规划脱节的问题，弥合了不同类型规划之间的间隙。

　　具体来看，首先在工作空间方面，成都高新区始终注重营造能够激发人灵感、方便灵感逐步转化为价值的工作场景，与之相匹配的则是提前设置基础配套、专业平台、金融法务、物流商务、政策咨询等服务空间，如产品测试平台、电子设计平台、电子信息产业云平台等专业化公共服务平台，以及菁蓉镇国际会展中心、电子科大知识产权信息服务中心等商务服务配套等。同时着重建设以产学研联动创新为主的协同创新空间、企业自主创新为主导的总部创新空间，以及国家级创新中心和功能中心。空间布局上，先对已有产业用地进行了细致梳理，根据现状产业门类、用地效率、产业关联筛选出可利用的产业用地空间，接着按照匹配产业需求、立足现有基础、依托优势资源、衔接产业链条的原则，对相关产业门类和环节的工业用地空间进行了高效布局，同时参考深圳、东莞等地新型产业用地的政策经验，增加了融合研发、创意、设计、中试、低污染生产等创新型产业功能以及相关配套服务活动的复合用地，瞄准支撑集成电路、新型显示、智能终端、网络通信和（基于新一代信息技术的）新经济等主导产业，与单纯的传统工业用地相比，兼容比例更高，创新活力更优。

　　其次在交通相关性方面，第一，针对此前公交分担率低，核心科技研发机构缺少轨道交通联通，对外的高快速联系通道偏少，存在不少断头路，内部路网体系尚不完善等交通基础设施建设短板，成都高新区强化了高快速路网建设，加强与双流机场、天府国际机场等重要交通枢纽以及电子信息产业协同区的快速联系，将功能区内的高快速路网密度加密至 0.57 千米/平方千米。第二，逐条打通断头路，按规划构建完善的主次支城市道路结构体系，不断提升区域路网的通达性。第三，还结合具体地理情况，高标准建设了安全、便捷、生态、活力的慢行系统。第四，持续深化轨道交通建设，串联起电子科技大学等核心节点，构建起集城际铁路、地铁、有轨电车、常规公交等为一体的公共交通体系。以有轨电车蓉 2 号线为例，其工程线路呈"Y"形布局，整体设站多达 47 个，串联起了富士康、天马微电子、业成科技等重大项目，交通功能辐射京东方、德州仪器、英特尔等企业，为数以万计的员工提供了便捷的交通，还与成都地铁 2 号线、4 号线、6 号线、9 号线等实现换乘，让电子信息产业功能区的交通系统完全融入成都市域交通网络，最终推动企业项目间实现更多协同发展，大大增强了整个电子信息产业功能区的发展活力。

再次在生活服务配套方面，一是不断优化居住空间。按照产城融合的布局模式，就近配套居住功能，满足职住平衡要求，同时结合轨道站点规划 10 个产业邻里中心①，针对电子信息产业配置相应的生产性服务设施，此外，预计到 2024 年累计建成人才公寓达 159.3 万平方米，目前已建成人才公寓约 118.2 万平方米，相关项目大多邻近地铁，容积率低，楼间距最宽可超百米，且多布局超大中庭景观，小区园林景观设计厚重、富有格调层次感。二是重点完善教育设施配套。滨河实验幼儿园、顺江大地幼儿园等一批幼儿园相继建成投用，西芯小学、尚阳小学等小学不断向高质量发展，新科学校、滨河学校等九年一贯制学校日益壮大。尤其是建成的电子科技大学实验中学，致力于探索创新"大学与中学融合"，实施"五导师"制的培养模式（大学教授担任自主招生导师、企业家担任人生导师、班主任担任成长导师、生活老师担任生活导师、学长担任学业导师）。同时，该校师生还将同等享受电子科技大学图书馆、体育场、游泳馆等教育教学资源及生活设施，共享高校哲学基础、机器人与人工智能、数学建模等选修课程以及各类科普讲座、成长分享座谈会，极大程度上

---

① 产业邻里中心又称产业社区综合体。一般指包含行政管理设施、社区服务设施、医疗卫生设施、文化设施、体育设施及市政公用设施六大功能中三种及以上功能的公共服务设施聚集体。

充实了电子信息产业功能区（成都高新区部分）的优质教育资源。三是持续优化医疗资源配置。成都高新区已布局华西上锦南府医院、电子科技大学校医院等综合医院，以及多家公办基层医疗机构和民营医院。以三甲医院华西上锦南府医院为例，从业人员由华西医院选派，拥有医疗卫生技术人员千余人，医疗、教学、科研与华西医院实行一体化运行管理，制度、标准、规范、流程均与华西医院保持一致，并全面实施双向转诊。四是多元增配专业文体设施。规划建设电子信息专业图书馆、博物馆等文化场馆，新增文化活动中心 11 处，运动场 14 处，如在建的合源路运动场，净用地面积 8 037 平方米，建筑包含地上 2 层，地下 1 层，总建筑面积 4 036.99 平方米，建成后将全方位满足附近居民与企业员工的运动偏好和休闲需求。

最后在生态空间方面，成都高新区主要以"一河一环"串联各级公园，构建"城市公园—社区公园—口袋公园"公园体系。其中，"一河"指清水河，"一环"指科大双创环，并规划形成 7 处城市公园，5 处社区公园，14 处口袋公园。具体通过理水系、通绿廊、增公园，形成环境品质优、水岸绿廊通、蓝绿交织靓的生态网络，打造契合电子信息产业的主题景观，建设"岸线通、道路通、绿化通"的宜居水岸，并沿绿道设置艺术小品、雕塑等，体现科技文化特色。

● 成都天府国际生物城

如果说电子信息产业功能区已然在空间规划上成为一个示范案例，那么成都天府国际生物城还会在空间方面涌现出哪些特色呢？2020 年成都市发布的《关于落实新发展理念加快建设高质量发展示范区的实施方案》明确指出，将形成"一源双核四带"生产力布局，天府国际生物城作为双核之一，将建成前沿创新核心引擎，强化企业、大学和科研院所支撑作用，加快聚集世界一流创新平台、科研机构、研发团队和人才，打造国际创新高地。从中可见，对创新的凸显乃是天府国际生物城绝对的重中之重。天府国际生物城建设效果示意如图 33 所示。

图 33　天府国际生物城建设效果示意

（1）创新空间方面

首先，关于创新空间的研究已逐步酝酿了某种理论场域，学者曾鹏 2007 年发表《城市创新空间理论与空间形态结构研究》一文，构建了较为系统的城市创新空间的理论框架，他认为"城市创新空间作为聚集创新活动的场所，是以创新、研发、学习、交流等知识经济主导的产业活动为核心内容的城市空间系统"。学者屠启宇在《创新驱动视角下的城市功能再设计与空间再组织》中进一步提出了一种城市创新要素集聚的空间形态——中央智力区，他指出"城市创新空间作为创意研发环节的载体，是研发人才、机构和活动集聚积聚的空间；在不同技术发展周期，具体的创新集聚空间会更多地表现为特定技术行业生产链的集聚；自 20 世纪中期以来的经济全球化背景下出现的出口加工区、自由贸易区、保税区、科技园、CBD 等都是针对生产链的特定环节设计的针对性空间载体，要在观念上把创意研发视为当代大都市另一项重要的经济特征和新的核心发动机，进而需要在城市功能空间上塑造最大限度支持创新研发活动的硬件和软件载体——中央智力区"。郭建科等（2012）在《城市创新空间网络》中分析了城市创新空间和创新型城市的关系，并提出了城市创新空间网络的基本模式，认为"城市创新空间是指包括创新主体、创新要素和创新支撑环境在内的城市创新空间系统，它属于城市复合地域系统的子系统，是推动科技产业、文化管理及服务等全方位创新活动产生、发展、集聚和扩散的空间体系，是基础设施等硬环境和政策服务体系等软环境空间的构成复合体"。而有学者提出，城市创新空间是各种创新要素在城市地域上的空间分布和组合，也是创新要素的重要方面。

其次，成都高新区在创新空间的实践探索上始终走在前列，继成都市首次提出更加精确的"科创空间"概念，并针对性出台《成都市建设高品质科创空间行动方案》和《成都市建设高品质科创空间政策细则》后，天府国际生物城的建设思路即从原先的"致力打造生产空间集约高效、生活空间尺度宜人、生态空间山清水秀的'三生融合'空间体系，且构建'4链条1社区1体系'（产业链、创新链、供应链、金融链，生活宜居国际社区，专业化精准化政策体系）生物产业生态圈"，调整为"以科创空间为主体，生活空间为配套，生态功能为支撑"，明显表现出三者的侧重关系。

（2）科创空间方面

成都高新区目前已建成符合 GMP 标准设计要求的 60 万平方米生物产业孵化园，成功引进先导药物 DNA 编码化合物筛选平台、华西海圻新药安全性评价中心、康诺亚抗体中试生产平台等 18 个共性技术平台，其中，已建成投用的生物城加速器一期项目位于生物城中路北侧，东侧紧邻成都天府生物产业孵化园，占地面积 113 亩，将结合成都天府生物产业孵化园，为入驻企业提供中试、生产等全链条产业加速服务。同时，加速器还根据不同的企业规模和品种工艺需求进行了规划布局，划分出生产区、仓储区、生活配套区、动力辅助区 4 个部分，生产区包含 6 套可自由拆分组合的厂房，是融合了工业 4.0 革新理念的 5 栋标准厂房、1 栋孵化器及共享配套空间，可提供 1 350~7 300 米不等的大开间厂房区间，能有效实现土地资源的最大化利用；动力辅助区则建有动力中心、冷热电三联供体系、蓄水池、污水处理站、垃圾站等配套设施，可为入驻企业提供生产蒸汽、排污处理、安全仓库等专业配套功能。为进一步满足企业产业发展需求，天府国际生物城还在规划建设加速器二期项目，将在一期基础上拓展应用于生物制药类企业，为区域生物医药产业发展提供专业载体。据入驻加速器的首家企业四川艾迈思生物医疗科技股份有限公司总经理黄奉康表示："加速器这一'设定'，能帮助企业减少前期投入成本，让我们专注自身产业创新，持续研发新产品，促进企业的创新成果快速落地转化。"

（3）生活空间方面

成都高新区首先在交通上已开通地铁 5 号线，轨道交通 20 号线和 22 号线也将延伸至天府国际生物城，未来还有更多便利的出行方式正在设计中。其次在居住上，孵化园首批 576 套青年公寓入住率达 100%，建筑外立面大面积采用"哈佛红"红砖墙，园区严选近 10 种形式的幕墙结构设计，其中精致独特的镂空砖墙内搭点缀，使科技与时尚完美结合；积极打造的社区治理中心和邻里中心，将以居住人群为中心，全部设施用以满足人们在家宅附近寻求生活、文化交流的需求，构成一套巨大的家庭住宅延伸体系，提供"一站式"的生活服务。同时，周边十分钟步行可至的 1.1 万平方米孵化园商业街已累计招商超 1 800 平方米，包括各类品牌餐饮店、品牌便利店、特色咖啡馆、健身中心等。以湖畔餐厅为例，其分为三层，地下一层和地面两层，总建筑面积达 2 826.32 平方米，将立足于为园区企业提供舒适的软性福利，提炼本地饮食文化与国际化管理体系相结合，为园区企业打造安全、卫生、舒适的就餐环境，最终打造成为全面国际化的标杆式产业园区餐饮。最后在医疗教育配套上，成都高新区已完工四川省妇幼保健院（四川省儿童医学中心）天府院区、绿叶血脂康、华西肿瘤医院、京东方数字医学中心等项目，这些医疗资源将更好地满足全龄段居民的各种医疗服务需求；成都高新区还规划建设了从幼儿园到高中纵向衔接、层次递进的优质基础教育服务体系和高等职业技术教育及生物技术研究生院的特色高等教育体系，同时大手笔引进诺博幼儿园、万汇小学、贝赛思学校等高端国际教育品牌。以诺博幼儿园为例，其总建筑面积高达 6 074.76 平方米，按照"管、办、评"分离的现代教育治理格局，实施"学校自主管理、教师自聘、经费包干"的"两自一包"管理体制，立足高标准、高起点发展，力求以优质教育服务供给满足区域产业发展和民生需求。

（4）生态空间方面

成都高新区主要依托城市绿道形成的绿道慢行系统将生产生活空间无缝连接，其中包含长达 15 千米的永安绿道示范段，同时，成都高新区还打造了规划面积为 26.5 万平方米的条条河湿地公园，和以永安湖为核心的永安湖城市森林公园，形成以森林及湿地为特色的 4A 级景区，发挥生态保护、生态隔离、绿化景观、雨水收集等作用。作为成都天府国际生物城的生态绿心，永安湖城市森林公园在理念上注重营造生物城生产、生活、生态"三生融合"的场景，也注重生物城生态价值的创造性转化，例如在开园仪式上，举办了企业花田认领活动，成都先导、康诺亚、汇宇海玥等入驻企业代表分别认领了位于森林公园的企业专属花田，此前，天府国际生物城企业花田还获得波士顿科学、赛诺菲等多家世界 500 强企业的认领。后续的花田打造将按照企业认养、园区维护的模式，营造成为企业展示形象、员工互动、室外拓展的标志性场景，进而通过企业花田花境展现、生命健康讲座、产业科普等与精准服务配套、绿色生态景观融合的应用场景呈现，营造出"知识+艺术+健康"的交互氛围，进一步展示成都天府国际生物城科创空间和产业社区建设成果，起到科普教育、企业展示以及产业宣传的作用。

● 交子公园金融商务区

如果说前面两个产业功能区的关键词分别为电子信息和生物，那么交子公园金融商务区的关键词无疑是"金融"。对于高端金融产业的区位需求，学界早已达成共识，学者顾琼等人在《金融产业空间布局需求分析》一文里总结道，"金融产业的区位需求体现于金融机构的区位选择，由于金融产业的同质化组织特征，决定了产业内部分行业的机构区位需求相似，因此可以忽略机构间区位需求的微弱差别，将金融产业作为整体加以考虑……经济地理学的中心地理论认为中心地存在等级差别，中心地商品需要较高级别的中心地区位，服务半径较长，人口门槛更高，企业高端机构选择中心区位的原因在于中心区位能够提供多方面的便利，如交通可达性高、居民密度较大、收入水平较高、信息交流便捷等，高端机构相对于低端机构、大型企业相对于中小型企业更有能力承担由于级差地租的存在而带来中心区位的高昂生产成本和社会成本，多种企业高端机构的中心区位需求形成了机构总部在中心区位空间上的集中，通过产业间的协作、分工和共同利用基础设施实现集聚经济。金融具备跨时空配置资源的功能，成为城市经济产业链条中的核心和最高端，因此，金融总部机构区位需求更符合中心地理论，需要享受中心集聚利益和信息便利，并有实力承担经营成本，同时，金融信息的脆弱性要求金融机构通过中心地区位建立企业形象，以此代表机构信誉和实力。同样，高端客户是金融机构融资和信贷业务的主要追逐对象，金融信息的即刻性特征客观上要求金融机构和企业总部之间空间距离尽量缩短，有助于金融信息的获取和更好服务的获得，而金融产业的同质性也决定了金融机构追逐高端客户的业务核心相似，具有相近的中心区位需求"。而在《成都市中优"十四五"规划》中被规划为两个城市主中心之一的交子公园金融商务区，已当仁不让地具备了金融中心所需要的空间条件。在此基础上，交子公园金融商务区对标伦敦金融城等全球顶尖金融中心，从城市空间、产业空间、职住空间等方面实施高品质规划建设，树立国际化金融商务功能区地标形象，建成天府国际金融中心、银泰中心、交子金融科技中心、环球中心、大魔方等国际化城市地标；对标世界级知名商圈，结合交子公园金融商务区五大公园，重点打造 3 大商业集聚区，形成了"10 大购物中心+5 条商业街+5 个特色街区+9 个公园消费体验节点"的总体布局（见图34）。

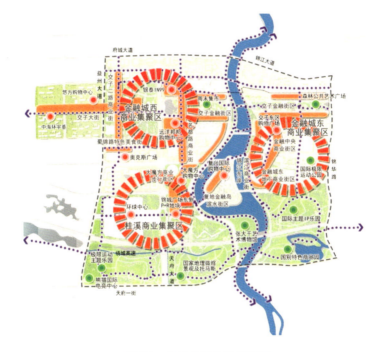

图34　交子公园的空间布局

产业空间方面主要体现为楼宇经济，以地标性建筑科技金融大厦为例，其总建筑面积约 5 万平方米，是高新区打造的科技金融机构集聚特色楼宇，承担银行、保险、证券等金融机构和资源聚集以及科技金融创业企业孵化等产业功能，是国务院在全国范围内推广的成都高新区科技金融服务品牌"盈创动力"2.0 版本，其中的金融科技孵化器"盈创星空"占据第 4~8 层，面积近万平方米，安排工位达 800 个左右，每层楼的装修风格都各有特色，分别针对适合小型初创企业的联合办公区和布局灵活的有单间配套的独立办公区，除了硬件可满足不同发展阶段的企业需求以外，孵化器内还有丰富的创业企业服务配套为企业提供服务，如路演区、会议室、会客厅、茶水休息室、健身中心、行政酒廊等，更全面地提升了工作效率与工作环境品质。同一大厦的国际科技金融行政服务中心则包含茶室、商务洽谈室、高空酒廊、专业的新闻发布室、可容纳200余人的多功能会议室等，既给金融人才提供多样化的交流平台，也为企业提供信息发布和项目宣传推广的平台，设计上主打现代、简洁、时尚的风格，令工作氛围更加舒适。第26层的成都高新区科技金融展厅，还将通过图文展板、视频信息、大数据等多种形式，展现高新区科技金融产业的发展历程、产业培育模式布局、科技金融服务体系构建等方面的优势和经验，全面展示高新区科技金融产业的风采。围绕这栋科技金融大厦，还打造了一平方千米的"新金融街区"和500米的"科技金融大街"，与金融总部商务区有机融合，实现金融资源的加速聚集和服务能级的不断提升，力争"一区、一街、一楼"整体早日打造成为中国西部的科技金融聚集高地。

城市空间方面最值得一提的是成都交子公园商圈。其位于成都锦江两岸，西至益州大道，东至锦华路，北至府城大道，南至天府一街，以金融城为核心，总规划面积约9.3平方千米。根据2021年4月发布的《成都交子公园商圈一体化发展总体概念性规划》，成都交子公园商圈将按照"3+4+2"结构进行打造——"3"即金融城西、金融城东和环球-SKP三大商业聚集区；"4"即4条集中式商业步行街，包括交子金融街区、大魔方商业步行街区、滨江商业区和成都街坊；"2"则指2条"小而美休闲商业街区"，其中交子二路商业街定位为金融消费特色街区，复地金融岛滨水街区侧重于科技互动体验。跟天府双塔灯光秀的常规性表演一样，交子公园商圈未来将在锦江水岸两侧布局常态化的活动、赛事和演出，打造蓉城八景、交子六趣[①]的公共演艺演出沉浸式服务体系，形成各具特色的商业主题演出集聚点。此外，成都交子公园商圈还注重在发展的过程中凸显高辨识度、高容纳性的特质，高辨识度即陆续打造交子云塔、交子天桥、交子眼摩天轮等地标性建筑，形成交子公园商圈的核心形象展示区；高容纳性即打造具有高空间容纳量、高公众服务承载力和体现多元文

---

① 蓉城八景，即8个核心视点：金融智谷、樱花大道、交子源点、流光江岸、空中画廊、绿道画锦、听涛阁、滨水步廊。交子六趣，即6个常年事件：交子广场、云桥望、川云塔登顶、快闪广场、极限公园、水镜秀场。

化身份符号的高容纳性商圈，规划预计将在商圈生态空间内预留可容纳 5 万人的公共空间，满足大型庆典、活动和赛事需求。目前，交子公园商圈范围内有 5 座公园，包括锦江公园、交子公园、桂溪生态公园、中和湿地公园、祝国寺石刻公园，正着力打造具有国际品质及体现成都特色的新型公园式购物模式，努力通过生态公园与商圈共融，构筑起品质生活栖息地。以成都最大的城市公园之一——交子公园为例，其对标公园式商业典范——日本大阪难波公园，依托成都金融广场、银泰 in99，汇聚购物中心、商务公寓、五星酒店、创意办公、展览馆、迷你演艺馆等多元业态，打造"成都金融广场—交子公园—银泰 in99"公园式商业消费场景，以交子公园串联两个综合体，赋予公园主题 ip 形象。公园内集观景平台、文化广场、儿童活动场所等多功能为一体，配套打造的人行景观桥横跨锦江，形成独特的风景，呈现出一座城市核心商务区的现代化生态艺术公园。国内首家以交子为主题的专业金融博物馆——交子金融博物馆即在此展现于世，包含综合文化中心和美术馆在内的成都金融城文化中心也位于此，后续，交子公园将通过开放共享等举措，进一步实现商业建筑空间与公园环境的无缝衔接，展现国际时尚的公园商圈形象。

● 成都新经济活力区

成都新经济活力区[①]是成都高新区发展历史最久、实力最强、发展质量最好、新经济聚集度最高的区域，是成都市乃至四川省新经济发展的主引擎和实现新旧动能转换的战略支点，可谓成都高新区名副其实的王牌区域。根据《成都新经济活力区高质量发展三年行动方案（2018—2020 年）》，其主攻的三大产业分别为 5G 与人工智能、网络视听与数字文创、大数据与网络安全，究其最大的共同点，空间内核中的"智慧性"便跃然纸上。成都新经济活力区产业社区如图 35 所示。

---

① 成都新经济活力区规划面积 79.6 平方千米，处于成都老城区和天府新区的枢纽位置，东至锦江和成自泸高速路；南与天府新区成都直管区及双流区交界（天府大道以东区域以海昌北路为界，天府大道以西区域以天府软件园为界）；西与双流区、武侯区交界（绕城内至庆安片区，绕城外以成昆铁路为界）；北至一环路南三段及火车南站，涵盖肖家河街道、芳草街街道，涉及中和街道、桂溪街道、石羊街道。2020 年成都新经济活力区 GDP 达 1 716.3 亿元，以全市 0.5%的土地创造了近 10%的 GDP，已聚集新经济企业 10 万余家（占全市新经济企业总量近四分之一），高新技术企业超 2 200 家（占全市高企总量近四成），拥有以腾讯、咪咕为代表的行业龙头企业，以及新潮传媒、医云科技、壹玖壹玖、华微电子、极米科技五家独角兽企业，以智元汇、四方伟业为代表的 383 余家瞪羚企业。

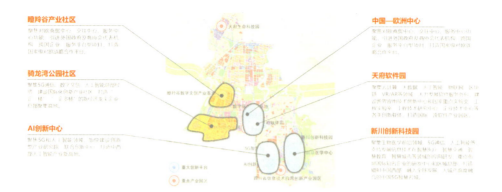

图 35　成都新经济活力区产业社区

　　那么如何在空间中赋能无形无相的"智慧性"呢？坐落于成都新经济活力区之中的带有鲜明"智慧"烙印的成都 5G 智慧城正是极佳的例子。一方面，它将加快发展 5G 专业会展。不断完善 5G 智慧城会展设施配套，建成规模、数量匹配的会展专业场馆、会议多功能厅等载体，聚集一批特色品牌餐饮酒店，优化安保、停车等会议服务，提升会展承载能力并积极争取一批具有国内外重大影响力的 5G 产业会议、展览、创新创业赛事等落户成都。另一方面，成都 5G 智慧城将陆续打造专业化产业载体。目前它已规划打造新川总部商务区、成都 5G 智慧城先导区、人工智能创新中心、智慧医疗医学中心、5G 互联科创园、TOD 商业中心等高品质科创空间；成都 5G 智慧城还将打造聚焦智慧交通、智慧安防、智慧环保等领域的智慧城市，智慧园区、智慧网络、智能制造等领域的未来产业，智慧医疗、智慧旅游、智慧教育、智能家居等领域的未来生活三大类应用场景，充分发挥相关资金引导作用，打造一批特色应用场景，建成全成都规模最大、布局最集中的 5G 产品创新应用"试验场"。在这一点上，目前聚焦的"一轴一环"场景打造即是如此，"一轴"是指对人工智能创新中心—新川大道—智慧医疗医学中心约 30 千米的道路实施车联网道路数字化改造，打造自动驾驶车路协同智能基础设施，促进百度 Apollo 生态大会等专业会展落地；"一环"为改造提升新川之心公园景观及打造商业消费场景，建设景观观赏点位、新技术和新产品发布舞台等，为将新川之心打造成为成都市产业型公园城市示范点，智慧城还将依托广都文化策划打造广都博物馆，用"5G+"系列高新技术向大众展示历史文物，讲述文化发展。此外，智慧城加快提升园区综合承载能力。它将建设智能化水、电、气、消防系统以及垃圾分类等设施，加快建成四横四纵城市主干路网和多级慢行绿道，形成以 3 条地铁和 BRT（bus rapid transit，快速公交系统）为主、社区公交为辅的交通体系，合理确定产业、住宅、商业用地比例并充分混合，建成幼儿园 13 所、小学 8 所、中学 3 所、医院 1 所、社区综合体 8 个、人才公寓 2 500 套（含）以上，满足 14 万人居住就业。可以设想，智慧城的未来生活无疑是非常智能化的，除了新能源公共停车位，还会有很多无人超市、无人公厕、无人回收站、无人驾驶摆渡公交等智能服务，高度提升大众的智能生活体验感，让居民们的生活更加便捷高效。

- 成都未来科技城

成都未来科技城规划方案如图 36 所示。

图 36　成都未来科技城规划方案

成都未来科技城①顾名思义，空间呈现上的"未来感"乃是其核心特质，而成都高新区在凸显这种"未来感"上从来不靠某种凭空臆想、抽象清谈。首先，未来科技城始终坚持生态优先，充分依托现有自然地理条件科学布局，结合"西高东低，南高北低"的地形地貌，依托绛溪河、大安溪、泉水河等绿谷低地，构建生态骨架，基于河流走向自然分割，形成了"两轴三片"的空间布局，"两轴"分别为东西向的绛溪河生态轴、南北向的创新产业联动轴，"三片"即国际科教城、智造示范区、应用性科学中心。"三片"的划分，将规模适度的城市组团有机融于大自然本底之中，构筑生产空间集约高效、生活空间宜居适度、生态空间山清水秀的城市生态空间体系，形成了尊重自然、顺应自然、共生共荣、有机生长的"生命共同体"，同时，采取了更加灵活多样的用地布局和功能配置，将未来的不确定性纳入空间应变的种种考量，走向生态、复合和永续的状态，使未来的城市空间具备可持续的功能迭代能力。

其次，未来科技城注重与传统建立一种深层次地域经验层面的连接，在延续成都文化肌理的同时，探索未来城市的形态，镌刻"东进"文化印记，形成独具蜀味、国际范的文化景观，突破"千篇一律"的城市模板。以科技城起步区规划为例，"一心两轴"的规划结构以福田站 TOD 作为出发点，衍生出两条城市轴线——贯穿城市的未来画轴、连接未来学校的校园活力轴；"一心"为 TOD 站台区域，通过景观平台、空中连廊以及新的标志性屋顶，将福田站与 TOD 的城市区域有机整合在一起，并运用 LED 夜景灯光，营造具有高新特色的高品质夜景氛围。同时，在追求科技创新的未来城市场景中，未来科技城对城市原有的地域文化"基因"进行最大化保留，站在福田 TOD 的站台上，人们能够"望得见山、看得见水、记得住乡愁"；"未来画轴"由南往北依次是利用地形落差而建的叠水绿廊、TOD 门户区域，依托地貌高点建设的钻石形态公共客厅——未来之眼、区域消费中心、街区式奥特莱斯，融于城市绿廊、开放式的高品质人才公寓；沿着"校园活力轴"，由东向西则依次是校地合作示范区入口空间、利用山体而建的科教中心和充分体现生态本底与建筑群落的校地合作示范区，挖掘了巴蜀独特的精神和文化，借鉴川西林盘的设计手法，把聚落作为主要形态，延伸和传承了成都城市的文化脉络。

---

① 成都未来科技城规划面积约 60.4 平方千米，位于成都市东部，规划范围东至金简仁快速路，南至南干渠，西至成都第二绕城高速路，北至成自高铁，紧邻天府国际机场。

最后，未来科技城科学配套产业、居住、商业、公共服务设施，减少跨区域出行需求，打造5分钟、10分钟、15分钟生活圈。5分钟生活圈将聚焦居民日常"衣、食、住、行"所需的基本服务功能与公共活动空间；10分钟生活圈内将配备生活所需的学校、交通等基本服务和公共活动场所；15分钟生活圈内将集成商业、文化、体育、卫生、教育等居住配套功能，为社区居民提供一站式服务。目前，成都高新区正为未来科技城加速推进136万平方米公共服务设施配套建设，还拟建13所中小学校、11所幼儿园等，下一步，将持续发力把未来科技城建设得既有未来感，又有烟火气。

第三章　城市生态美空间

　　成都高新区始终把生态环境建设放在关键位置，通过全面打响大气、水、土壤污染防治"三大战役"，深入推进"三治一增"工作，进一步夯实区域生态本底，实现环境改善、经济增长、民生福祉的"同频共振"，让高新区的天更蓝、山更绿、水更清、空间环境更优美，为建设高质量发展示范区筑牢"生态屏障"。同时，高新区还牢固树立以人为本的发展理念，突出"生态型、高质量、人本化、有韧性"的公园城市可持续发展特质，塑造大美公园城市形象，全力建设"三生融合"可持续发展样板。

日新月异：持续筑牢生态基底

　　约翰·O. 西蒙兹（John O. Simonds）在其《景观设计学》中曾写道："我们天生喜欢吸入新鲜的空气，脚踩着干爽的地面，沐浴阳光的温暖。我们天生喜欢泥土的芳香，绿叶的清新，天空的蔚蓝和宽阔。内心深处，我们渴望这一切，它时而强烈，时而沉寂，但从未消失……"可见，良好的生态环境不仅是城市发展的生命线，而且对其亲近也是人类亘古以来的天性。一天繁忙的工作后，融入大自然无疑是人们最好的放松方式之一。此外，大自然本身就具有精神的感召力，比如人们常常赋予植物某种寓意，以回应与它们产生的精神共鸣，这些精神共鸣对于人才的安全感和归属感，向来起着潜移默化、不可忽视的作用。

　　成都高新区向来深谙生态环境对于全区发展和人才吸引等方面的重要性，坚持人与自然和谐共生，树立和践行"绿水青山就是金山银山"的理念，多措并举筑牢生态本底，推动城市自然风貌的日新月异。

● 健全绿色低碳循环经济体系

成都高新区是发起《国家高新区"碳达峰碳中和"行动宣言》的 12 家高新区之一，坚持将降碳作为经济社会发展、全面绿色转型的总抓手和源头治理的"牛鼻子"。对此，在聚焦绿色低碳技术研发方面，成都高新区已将节能环保产业、现代服务业等低碳产业纳入区内主导产业，并充分利用区内充足的楼宇资源，着力引进和发展具有技术研发、集成服务、总部经济特征的企业，打造具有核心竞争力和高附加值的低碳创新型产业集群。目前，已聚集大气污染防治、水污染防治、环保产品、环境检测仪器与应急处理设备、垃圾和危险废物处理处置、高效节能照明、高效节能电器等节能环保领域企业逾 200 家；在大气污染治理、污水处理、生物质能、节能机电等领域拥有较多技术突破，达到国际国内领先水平，节能环保产业领域已拥有重点科研机构 20 余个。后续，成都高新区将加大支持前沿性、颠覆性绿色低碳技术研发，如 2020 年 6 月高新区发布"岷山行动"计划的首批 6 个揭榜挂帅型研发机构项目，成都岷山氢能及碳中和技术研究院就是首批揭榜的研发机构之一，该研究院依托西南石油大学油气藏地质及开发工程国家重点实验室、天然气水合物国家重点实验室，将围绕碳中和发展固体氧化物燃料电池及其关键材料的上下游技术，突破平板型高温电堆、热管理相变流体材料、有机液态储氢技术、高压氢罐瓶口阀等技术瓶颈。

在实施资源循环利用工程方面，成都高新区力推企业循环式生产、产业循环式组合、园区循环式改造，以各园区主导行业为重点，研究制定生态设计指引，强化原材料、能源、水资源等循环利用，减少单位产出物质消耗，推进工业废气、废水、固体废物的综合治理和回收利用，还搭建资源共享、废物处理公共平台，提高能源资源综合利用效率。同时，成都高新区也正加快发展"互联网+"回收利用新模式，建立线上线下融合的回收网络，逐步建设废弃物在线回收、交易等平台，支持利用物联网、大数据开展信息采集、数据分析，鼓励再生资源利用企业与互联网回收企业建立战略联盟、电商业务向资源回收领域拓展，并利用电子标签、二维码等物联网技术，跟踪废弃电器电子产品流向，还鼓励互联网企业积极参与工业园区废弃物信息平台建设，逐步形成行业性、区域性的产业废弃物和再生资源在线交易系统。

在倡导绿色生活方式方面，成都高新区一是做好绿色生活理念宣传，充分利用多渠道、多元化、多媒介的宣传方式，抢抓世界环境日、全国节能宣传周、全国低碳日等主题宣传时机，向公众普及节能减排、垃圾分类、绿色出行、绿色消费等方面的知识；深入开展低碳政务、低碳社区、低碳学校等示范点建设，全面增强公众的绿色生活意识。二是增加公众低碳场景，完善燃油机动车停驶场景，对非限行日内自愿停驶行为实施积分奖励；深化公共交通领域低碳场景，鼓励共享单车运营商、公交集团、地铁公司完善用户激励措施，对活跃度排名高的用户实施积分奖励；挖掘社区低碳场景，推广"互联网+"垃圾分类，实施分类投放积分奖励，探索居民节能节水、利用新能源等行为的积分奖励机制。三是大力开发消费领域低碳场景，参与制定成都市餐饮、商超、景区、酒店等低碳评价规范，引导辖区内相关企业推行低碳管理、实施碳中和公益行动等；对通过评价的消费场景赋予低碳属性，进而对消费者绿色消费实施积分奖励。四是数字化赋能绿色消费环节，深挖技术节能潜力，在各消费场景广泛开展无纸化点单收银、电子发票小票、营销场景在线化、会员卡券数字化、物料宣传智能化等，全方位立体化践行绿色低碳生活方式。

- **持续推进环境污染整治**

蓝天频频刷爆朋友圈、河流越来越清澈、土壤质量愈趋良好……这些可触可感的变化，正成为成都高新区污染防治工作中引人注目的亮点。在加快传统产业清洁化改造方面，成都高新区不断推进环保重点行业企业开展强制性清洁生产审核，从源头减少污染物排放，加快构建绿色制造体系，强化全生命周期绿色管理，推行节能低碳产品、环境标志产品和有机产品认证以及能效标识管理，建立统一的绿色产品体系。同时，成都高新区把握消费升级契机，加大食品、餐饮领域"三品一标"认证农产品采销比例，增加衣帽鞋服领域含环保材质类产品销售；扎实推动节能家电、新能源汽车的销售；开展美妆个护等领域包装减量和空瓶回收的活动；鼓励商贸企业设置绿色产品专柜，推动大型商贸企业实施绿色供应链管理，推动智慧物流配送体系建设等。从整体上持续增强绿色供给。

在巩固提升污染防治成效方面，一是针对大气污染防治这一重中之重，着力健全全区大气污染信息化预警、网格化巡查、科学化施治工作体系，强化应急响应能力，并探索划定"超低排放区"，精准开展大气污染防治。在此过程中，成都高新区尤其注重科技手段的赋能，比如在推进智慧工地建设上，就应用了绿色智慧工地云平台，其融合 5G、物联网、大数据、人工智能等新基建技术，包含多维度喷淋控制、空气微站、AI 视频监控以及门禁控制四大系统，不仅可以主动发现问题，更重要的是能自动根据工地现场安装的感知设备实时掌握污染数值，并及时预案、智能启动对应科学治理措施，继而实现建设工地管理数字化、系统化、高效化，起到全面全程监控工地大气污染的作用，此外，相关数据还将同步上传至成都高新区环保水务智慧监管平台、成都市智慧工地平台，实现同步监管。又比如成都市的"治霾十条"已将餐饮油烟污染列为成都大气环境整治的重点之一，如何解决餐饮聚集区的餐饮油烟成了餐饮业必须直面的首要问题，高新区内企业研发的"新一代餐饮油烟净化装置研究及应用示范"项目正逢其时，其采用"机械净化+静电净化+ UV 光解"的复合式油烟净化技术，使处理后的油烟达到目前全国油烟控制最严标准①，形成"无烟、无味、常温排放"的油烟排放。针对四川本地餐饮企业特点，相关项目还包括智能在线监测和远程监控，智能在线监测是对净化单元工作状态、油烟排放浓度、颗粒物排放浓度、非甲烷总烃排放浓度等实现实时监控，远程监控则是采集并记录设备运行的实时数据。二是针对水质污染情况复杂多样的现实，成都高新区已收集整合辖区干流、支流入河排污口资料，通过排查、监测、溯源、治理、监管②，建立全区入河排污口的监管体系、长效管理机制，还制定了东区河道"一河一策"、水库"一湖一策"、绛溪河流域水质达标方案，对各类问题进行综合整治。此外，成都高新区不断强化区际协作共管，建立水环境污染防治"协作共治"工作机制，切实加强河长制工作。三是结合自身实际情况持续完善土壤环境监测网络，完善污染地块负面清单，增强固废处置能力，做好生活垃圾分类推广。如成都高新区通过前期实地考察发现，锦城公园项目地块普遍存在砾石、建渣等杂质，导致土壤污染、贫瘠、肥力不足等问题，同时传统修复治理方法包括原位钝化、化学淋洗等均存在使用范围窄、易造成二次污染等问题，故成都高新区通过对土壤环境质量分析，区域化定制适配土

---

① 深圳市《饮食业油烟排放控制规范》。
② 通常采用"三级排查"方式排查整治入河排污口。第一级排查即利用卫星遥感、无人机等航测，分析辨别疑似入河排污口；第二级排查即人工徒步现场排查，核实确定入河排污口信息；第三级排查即对疑点难点进行重点攻坚。

壤修复方案，采用了土壤修复改良生物集成技术，根据不同土壤地块的症状开出不同"药方"进行"调理"，最终使相应土壤恢复了肥力，让作物健康生长。也正是这些不易被看见的努力，才让成都高新区的每个生态空间，都像锦城公园内风景相连的绿道、水波潋滟的水系、生态景观农业等一样，让居民和游客都流连忘返。

广阔蓝图：公园建设方兴未艾

什么是公园城市？拥有三千年建城史的成都，是李白不吝笔墨赞美的"九天开出一成都，万户千门入画图""草树云山如锦绣"，也是给了杜甫生活新阶段的"我行山川异，忽在天一方"……时光穿越千年，来到融入新发展理念的现代成都，"公园城市"又有了新的内涵——作为全市公园城市建设颜值担当、功能担当、创新担当的成都高新区，已全域铺开公园绿地建设。截至 2020 年年底，成都高新区累计建成投用绿道里程达 314 千米，累计建成桂溪生态公园、新川之心公园等 10 个城市公园，建成桂溪星河、双祥游园等 37 个小游园、微绿地，后续将继续构建绿道、公园、小游园、微绿地城市绿化系统，加快建设天府绿道，统筹布局城市森林公园、郊野公园、小游园和微绿地等多种类型公园，形成覆盖全域的生态"绿脉"，加快呈现"城市公园—社区绿地—院落游园"都市公园体系。

● 绿道体系

当下，成都高新区正着力构建具备便捷、品质、特色、生态特质的"一轴两横三环"的绿道体系，积极推广立体绿化，实施"城区屋顶绿化"工程，推动花园式特色街区、园林景观大道、市花市树增量提质，呈现花重锦官的锦绣盛景，同时串联文创、社交、金融等活力聚点，依照区域级绿道、城区级绿道、社区级绿道三级架构，缔造出全域成网、功能复合、生态宜人、活力绽放的生态绿意空间。

其中，与交子公园商圈、锦城绿道、锦江绿道等绿道系统相互连通，依托肖家河、栏杆堰水系绿地，串联瞪羚谷、铁像寺、骑龙公园、大源中央公园等文创旅游节点，总长 8.6 千米的高新区社区级绿道铁像文旅环，不论从地标意义还是民生意义来看都是极为典型的。此前，该地段存在局部环境景观不佳、慢行空间被隔断、缺少主题特色等各类问题，后来参照纽约高线公园、旧金山九曲花街的理念，经过相应的提升工程，逐步设计出一些风景独到、特色鲜明的地标节点，让人过目不忘，例如铁像文旅环 UPARK 段直接借鉴九曲花街理念（见图 37），其蜿蜒曲折的线路设计，空中与桥下不同界面的灌木和花林的植入，再加上精心设计的景观视野极佳的观景位置，无疑产生了相对原作"青出于蓝而胜于蓝"的绝佳效果。

图 37　铁像文旅环 UPARK 段（效果图）

铁像文旅环的大源公园北侧，还有一个高度约 20 米的观景塔，是整个铁像文旅环乃至大源片区的制高点。这个观景塔属于塔身倾斜带悬挑的复杂钢结构，有较多的停留空间供人休憩，同时给人超出地面视觉的全新体验，往北可以直接眺望铁像寺二期，打通了铁像寺至大源公园的景观视廊，整体上不仅将会成为环线上的突出地标，还会容纳丰富的业态，供来往的居民和游客驻留、交际。此外，铁像文旅环全段设置了许多绿道服务点和驿站，营造了城市公共生活的新场景。智能健身房、零售店、景观等都与科技结合，可以体验智慧前沿的城市时尚夜跑；无人超市和新零售体验店等业态，营造多维客群、全时活力的消费场景；还有根据品牌和商户的特点，结合外摆区形成的多样化、景观化的新经济场景和街头演艺场所。

后续，铁像文旅环将打造 5G 新基建示范绿道。通过植入智慧设施、媒体设备，将铁像文旅环打造成成都第一条具备数据记录和分析功能的智慧绿道；

通过 5G 技术的应用，营造智能高端、未来感十足的新经济触媒场景；接入智慧物业管理服务系统，通过智能感应设备和监控设备的结合，提升管理效率。同时，铁像文旅环将重点打造一批具有鲜明造型特色、特殊审美价值和科技感兼互动性的建筑物，提升空中走廊的艺术氛围和文化韵味，形成源源不绝的吸引力。

可以说，以铁像文旅环为代表的高新区绿道不仅给周边人群带来了以步行游憩为主、兼顾跑步和骑行功能的舒适健康体验，还流畅地串联活化了区域内各种公共服务设施和生态绿地景观，开启了一种审视城市的新视角，成为成都高新区的一道别具特色和观赏价值的亮丽风景线。

● 公园体系

桂溪生态公园、新川之心公园、大源中央公园、中和湿地公园、交子公园……从高空由北向南俯瞰成都高新区，一座座公园如翡翠明珠般嵌于繁华都市的广厦中。这幅生机盎然的"天府画卷"，正得益于成都高新区积极推进高品质公园城市建设，不断扩大区内公园版图并提升公园质量。

代表性公园以桂溪生态公园为例，它被天府大道分为东、西两个片区，一座锦云桥又让两区相连，这座"空中花园走廊"恰似一条流动的锦绣云彩飘扬在城市中轴线上，已成为成都高新区网红打卡地之一，园内相类似的著名打卡地确实不少，荧光绿道、湖中栈道、天府绿道标志物、锦城绿道"0 千米"起点等，以及波兰、芬兰等国际友城赠送的雕塑作品，都时常出现在居民朋友的镜头里。其中最著名的，无疑是桂溪生态公园婚姻登记处，它的正前方设置有巨型红色双心"爱墙"，上面印满了不同语言的"我爱你"字样，象征"心心相印"的美好寓意，旁边设有两处心形小花园，"爱的秋千""爱情名言阶梯"等婚恋文化小场景点缀其间，从空中俯瞰，格外亮眼。建筑一楼设有婚姻家庭辅导室、婚俗文化展厅等，二楼则是主服务大厅，设计细节十分考究，上楼后首先映入眼帘的是咨询台，呈一体式流线圆弧形，天花板使用发光膜，融入中国传统文化及剪纸元素，5 个登记窗口设计为"爱情小屋"，依次以芙蓉、百合、牡丹、合欢、红豆命名，外形使用圆弧形交错的组合方式，形成隔而不断的通透感，搭配喜庆红色，营造出温暖愉悦的氛围。二楼最大的亮点，无疑在于中、西风格的两个颁证厅，中式颁证厅在室内，以喜庆红为主色调，背景墙以"丝路"为设计理念，形体取自中国丝绸布料的自然垂感，**既充满现代感又不失端庄**；西式颁证厅位于露台，以纯洁的白色为主色调，打造草坪婚礼的样式，提供不一样的仪式感和拍摄可能性。

整个园区都被树木、湖泊覆盖，拥有大面积可进入式草坪，有效缓解了城市中心区域的热岛效应。除了表面的郁郁葱葱，园区还从一开始就融入了"海绵城市"的先进理念，园内85.3%的面积为绿地，雨水通过绿地自然渗透，另外14.7%的硬质铺装部分中有70%为透水材料，园区总透水率达95.6%，雨天收集的所有雨水将进入再循环利用系统，最终通过喷灌和浇灌的方式反补到园区的景观用水当中。

因为各种优势，园区时常举办各种各样的潮流活动，如各类文创市集、潮玩品牌、时尚秀场、音乐美食节等多姿多彩的活动，为市民提供了丰富的公园城市新生活。此外，桂溪生态公园正打造一个主题明确的体育产业集群，引入专业体育策划机构开展体育专项规划，统筹园区62处体育运动设施，打造以"M10体育综合体"为发展引擎，以专业赛事服务、定制产品销售、衍生产品研发为业务支撑的体育主题商业圈。与园内面向国际的商业、博览、文化展示集群，共同充实着桂溪生态公园的现代化多元内涵。

代表性小游园以桂溪星河园为例，4 000平方米的开阔空间中，处处可见"星空"主题。特色展示板上用漫画展示着宇宙起源的故事，地上的塑胶道上画着行星图案，形成了星河步道，前门和后门间以陨石带的理念打造圆石步道、别具特色……小游园中主要形成了以宇宙起源、银河星空、行星游园为特色的3个趣味空间，最别致的是一座采用星座纹理的挡墙，挡墙的星座团是镂空的，加上银河图形投影灯，一到夜晚亮灯，便营造出梦幻的银河星空景象。植物方面，这里大量保留了大型乔木，并对灌木进行梳理，打通视线观廊，增加绿叶及开花植物，同时增加雨水花园，夹杂桌椅配套，让市民日常可以悠闲地晒晒太阳、喝茶下棋，构造出色调斑斓的游园空间。

如今，它正与花团锦簇的梅园、瑰丽浪漫的紫薇园、童趣十足的智趣园等一起，为成都高新区的公园体系注入各具特色的生机与灵气。

第四章　城市生活靓空间

公共生活空间是人们社交、休憩、娱乐的场所，是城市空间的重要组成部分，生动而愉快的公共生活空间使得城市有了生命，它就像推动全身血液循环的心脏细胞。关于城市空间的划分，历史学者佩里·杜里斯（Perry Duis）将其归为三类：一是城市中在完全意义上对所有人开放的地方，如街道、公园等；二是私人所有，如私人住房、企业财产等；三是介于两者之间的"半公共"空间，它们"为私人所有但为公众服务"，如商场、剧场、理发店等。后文探讨的"公共生活空间"，既包括第一种类型，也包括商场、特色小店等第三种"半公共"空间的类型。

改革开放以来，随着城市的不断发展以及人们生活需求的不断迭代，成都高新区的公共生活空间也经历了一番变革：从最开始的以企业规模集中为导向建立高新技术产业开发区，到后来的以宜业宜居为导向，注重研发、生产、居住、消费、人文、生态等多功能为一体的新型社区的转变，体现了成都高新区对城市空间组织新路径的思考。

前瞻规划：城市公共空间建设概览

● 高新街道

街道是城市公共空间中最广泛的部分，代表了一座城市的精神色调，凝聚了一个区域的文化气质。一条条路，交错纵横，无言诉说着城市的过去与未来。那么成都高新区呢？这些纵横交叉的路是如何见证其灿烂与辉煌的呢？

几乎随着天府大道、益州大道、剑南大道一起发展起来的成都高新区，经过30多年时光的沉淀，道路变得更宽更长，现代化程度越来越高。天府、益州、剑南，每每读来，这些道路的名字，无不想起它们携带着的古蜀历史文化记忆，令人口齿生香。

时至今日，天府大道的道路两旁拥有了国内一流的写字楼群，汇聚了成都众多的外资企业和科研单位，金融城、孵化园、天府软件园更是一路领跑西部，成了市民生活的坐标、现代化的中心；益州大道及周边，大型金融商圈云集，引领高新居民的时尚生活；剑南大道作为人文高新的后花园，住宅楼鳞次栉比，加之锦城湖、锦城公园的点缀，使高新增添了几分浪漫柔和的情调。

三条通衢大道，是成都高新区这一现代繁华国际城区气质的最重要组成部分，亦是成都高新区不可或缺的文化符号。而在通衢大道交织成的大空间之中，又有许多由阡陌纵横的小路构成的区域空间。如由火烧堰巷、玉林西路、沙子堰巷组成的区域，这里曾经是排水沟、郊区、菜地，光阴流转，它们摇身一变成了成都最有艺术气息的街区。火烧堰巷的人行道上水泥与青石板铺起来了，居民生活舒适程度得到了极大改善；在遍植法国梧桐的玉林西路，许多文艺小酒馆、饭店、画室在此建立。1998 年，诗人翟永明在这里开了一间名叫"白夜"的酒吧，从此奠定了这条路的文艺气息。沙子堰巷也如是，这里曾走出一大批当代文人与艺术家。这些街巷后来虽曾没落过一段时日，但经过高新区芳草街街道的重新改造，如改变街灯的质感，增添特色休闲座椅、花箱、景观灯，人行道铺装花岗石，设置休息长廊等，街道面目焕然一新，于是这片孕育着文艺土壤的巷陌空间变得更加友善、更加舒适、更加宜居。

成都高新区对街道的更新、升级与改造从未止步。2021 年，成都高新区又对金融城附近的交子大道、孵化园附近的锦城大道行了升级改造：交子金融大街两旁的银杏树间，增添了一条亮丽的橙红色跑道，跑道每间隔一段距离便设有地灯，给区域空间增添了生机，夜晚也尤为美观；交子之环人行天桥的修建，使得交通更加便利；锦城大道示范大街为达到"人车分流"的效果，设立了一条绿化带，将人行道与非机动车道分离。此外，锦城大道还将设置智慧斑马线和智慧自行车库，让科技更好地服务人们的生活。

当然，成都高新区的所有街道是有统一规划方案的。由北至南的五条街道（天府一街至五街），与城南三条纵向主干道（天府大道、益州大道、剑南大道）交汇，呈一棋盘方块状的路网轮廓（见图 38）。更具数学美感的是，高新区的五条横向街道（天府一街、盛邦街、天府三街、天府四街、天府五街）的

间距正好是 500 米，三条纵向主干道的间距则呈等差数列，从西向东分别为
900 米、1 000 米、1 100 米。

图 38　成都高新区路网轮廓

除了街道规划之外，成都高新区还注重细节审美的统一。如天府一街至五
街的地图指示牌设计，类似于东京地铁指示牌的风格，采用的是简明现代的扁
平设计，一目了然，作为核心的信息本身得以凸显，更具国际化色彩。

再如 2019 年发布的《成都高新区公园街区街道设计指南》表明，日后还
会对指示灯、垃圾箱、座椅等街道硬件设施使用类似风格的统一造型。多箱并
集和多杆合一如图 39 和图 40 所示。

如今的高新街道，从小处看，每条街道都独具特色，且总在不断更新之
中；从大处看，规划整洁，统一现代，具备严谨的数学美感。正是这样的高新
审美，让今天的高新区以自己独特的优势让世界瞩目。

图 39　多箱并集

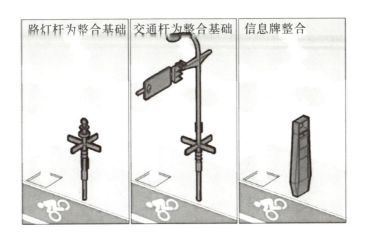

图40 多杆合一

● 公园社区

除了街道外，公园、广场也是杜里斯所定义的第一类完全公共空间。如前文所述，为充分塑造高新生活的宜居之美，成都高新区将逐步建立以国家公园、郊野公园、城市公园、社区公园和口袋公园共同组成的五级公园体系。其中，作为公园城市建设的基本单元，公园社区与传统社区相比，具有六个方面的内涵，即美好生活是目标追求、绿满家园是发展底色、以人为本是核心思想、融合共生是基本要求、人文韵味是特色魅力、和睦共处是治理理念，这实际是公园城市的生态价值、美学价值、人文价值、经济价值、生活价值、社会价值在社区的融合与表现。

那么，成都高新区是如何打造公园社区呢？"拾光公园"项目便是一个很好的案例。在成都高新区肖家河街道新盛社区的成雅立交桥下，有这样一座特别的公园——"拾光公园"。这里有随处可见的免费运动设施，如篮球场、羽毛球场、儿童乐园、轮滑场，还有儿童乐园的各种装置，如彩虹房子、时光小站、主题雕塑"新月"、灯光装置"新忆"、涂鸦彩柱、铁轨斑马线等。此外，还有社区多功能休闲区、小剧场、消费场景区等多个功能区域，可以满足民众的多样需求。

在"拾光公园"建立之前，成雅立交桥下仅仅是一片冷落的城市灰色空间，这里缺乏绿化空间与公共设施，且人车混杂、排水沟渠外露、路面破损，存在众多安全隐患。为此，肖家河街道启动了"拾光公园"项目，以此改善辖区居民的生活环境，作为 2021 年"社区美空间"项目，"拾光公园"的改造将新盛社区的"剩余空间"变成了"金角银边"，既利用了原有场地条件，又融合城市文化特色，改善了居民生活环境，成为维持交通运行的公园，居民休闲娱乐的社区（见图 41 和图 42）。

图 41　"拾光公园"改造相关报道

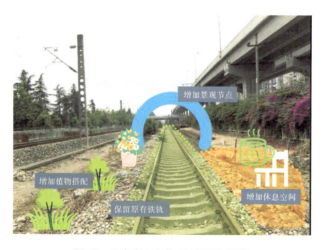

图 42　"拾光公园"改造手法示意

　　类似"拾光公园"的项目在成都高新区还有很多，如"铁路公园"。在地铁 7 号线神仙树站口，紫瑞大道南侧，有一段荒废已久的铁路，成都高新区将以"时间的轨迹走廊"为主题，依托现场荒废铁路遗址，整合周边绿地的公共空间，打造"铁路公园"。承载着城市历史的铁路经过现代设计，将形成具有生态持续、创新活力、时光记忆、城市温度的共享城市空间。改造完成后，神仙树周边的居民能够在这里散步、休憩，了解城市铁路历史，这里将成为集慢行舒适空间、活力运动空间、文艺感知空间特色为一体的特色公园社区，进一步提升居民的生活幸福感。

公园社区突出以人为本、绿色发展。以上案例表明，公园社区规划建设思路已实现由"社区中建公园"向"公园中建社区"转变、由"社区空间建造"向"社区场景营造"转变、由"标准化配套"向"精准化服务"转变、由"封闭式小区"向"开放式街区"转变、由"规范化管理"向"精细化治理"转变。

具体而言，社区空间需要进行整体策划，营造社区场景，以美学优化街区形态；对区域内低端、闲置的铺面进行装修升级，开设创意小店，以创意提升街区气质；布局完善各类公共服务需求，提供便民、阅读交流等针对性服务，使得居民生活更加舒适幸福；主动调控区域业态，引进社区经济增长点，带动经济发展，最终达成融美学元素、艺术表达、文化展示、消费体验、情感交流等为一体的社区空间场景。

为积极打造公园社区，2020 年，成都高新区已有月牙湖社区楼宇邻里中心、蓓蕾社区 FUN 文创街区、兴蓉社区、锦羊社区、盛华社区 HIFI 有声馆 5 个项目落地，28 个"公园社区"新场景发布，涵盖了邻里生活、智慧信息、产业功能、特色街巷、生活绿道五大类。从中可看到成都高新区"公园社区"建设的未来之景。

● 地标及景观艺术

美国社会学家刘易斯·芒福德（Lewis Mumford）曾说，"城市促进艺术，并且本身就是艺术"。除了道路、公园、广场之外，在现代城市中，地标建筑及景观艺术常被用作地方感的辨认线索，它不仅是容纳当地文化活动的物理空间，也是展示一座城市或者区域文化品位和追求的媒介，也成为游客必去的打卡处。

（1）五岔子大桥

成都高新区的五岔子大桥原是因沟通了成都周边五个县市而得名，然而随着城市交通的发展，旧桥已难以满足现代通行需求。为了解决交通出行问题，提升人们的生活品质，以及促进城市不同片区的协调发展，成都高新区决定建设新桥，于是这座现代社会最复杂的人行天桥之一便应运而生（见图43）。

图43　五岔子大桥（效果图）

新建的五岔子大桥一夜爆火，成为在微信朋友圈、抖音、小红书等平台频频出镜的新晋网红。它紧邻锦江绿道，桥身曲线流畅，其外观被网友比作现实版"无限之环——莫比乌斯环"。它超现实主义的结构、现代简洁高级的配色，无愧为成都最美的地标建筑之一。尤其是傍晚后，桥上的灯光倒映在波光粼粼的府河之上，与晚霞相辉映，景色甚为壮观美丽。

就五岔子大桥超现代主义的建筑风格来说，如若放在老城区，可能是略显突兀的，但放在成都高新区，与背后的龙湖世纪峰景高楼群等现代建筑相呼应，就有了浑然天成的美感。

除了五岔子大桥外，成都高新区还有很多锐意现代、凸显高新气质的地标建筑，如五粮液·成都金融城演艺中心，其造型宛若一艘太空飞船；再如矗立于锦江之畔的中国—欧洲中心的主建筑Icon.云端，"人"字形的建筑，犹如一座明亮的白色山峰从水面升起，直入云天（见图44）。

图 44　中国—欧洲中心

近年来，在成都高新区的广场、公园、道路旁，居民时常能够看到一些艺术造型景观及装置艺术，由这些博人眼球的装置营造出的创意空间，在最短的时段内赢得了往来行人最大的瞩目。这是一种低成本的设计手法，注重先锋的视觉设计与个体间互动体验，导入设计、创意、艺术、科技等新兴元素，激活了城市中被冷落的"边边角角"，使其变成"金角银边"。这些项目中，并无过多豪华奢侈的装饰，通常采用实惠经济的临时美感来充分展现其特有的短暂特性，为自然空间创造了更多可能性，给人带来某种思考与启迪，与此同时，也为居民带来了更多互动场景，丰富了其社交生活。

（2）移动美术馆

在 2020 年，成都高新区社区发展治理和社会事业局主办了一场移动美术馆"人文高新 为你打 CALL"艺术介入社会/社区项目。该项目以公共电话亭为基础，将失去原有功能的旧电话亭改造成为一个小型艺术站。

该装置艺术内部四周贴有美术作品、留言纸条等，相当于一个小型社区艺术展。电话亭循环播放音频，吸引往来行人参与，并内置绘画工具，参与者可在电话亭内随意涂鸦，或写上小故事、诗句。总之，制作内容自由发挥，涂鸦的材料可自带，也可从电话亭周边拾取现成材料如树叶、泥土、树枝等，以此传递自己的心声。

艺术家希望借助该装置艺术，以生动有趣的形式进行艺术启发和审美教育，同时也给社区居民提供一个小憩的空间与交互的环境，把艺术的活力带给社区，并启发人们对旧物循环利用的思考。

（3）彩色活力装置

传统的公园与广场，通常会设置一些简单的座椅、雕塑、运动器械等装置，但是就如同城市中千千万万个拥有通行功能的公共空间一样，太过平常，无法引起大多数人的驻足与停留。

成都高新区的许多广场和公园，打破传统的桎梏，往往用一种简单却有效的低成本手法去创造更为鲜活的空间体验，如运用鲜亮斑斓的色彩、额外的灯光装置、免费的 Wi-Fi 和书架、主体雕塑与艺术装置，营造出极具特色的公园场景，使得公共空间更具有吸引力。

要创立鲜活的空间体验，彩色装置是一种低成本且简单有效的办法，它使得社交场所变得更加生动，从而更具有人气。最好的例子便是成都高新区桂龙公园的"彩虹桥"。许多公园都会有桥，但不是每个公园都有"彩虹桥"。桂龙公园的这一"彩虹桥"，入目是鲜亮斑斓的彩色，给人以视觉冲击，在一片绿意葱葱的背景中格外抢眼，令人宛如走在童话的世界里。除了"彩虹桥"外，高新区兴蓉东街 3F 特色街区里的涂鸦彩绘墙、五彩井盖，高新区网球中心西南侧 240 多千米的彩色跑道，玉林西路的糖果撞色装修店铺，社区的彩色椅子等，都是运用彩色装置来使空间体验变得鲜活的例子。

● 文艺场馆

虽然成都高新区更多以发展电子信息、生物医药、新经济等产业为主，但从来不是人们想象中的"文艺荒漠"，相反，各具特色的文化中心、美术馆、音乐厅等，让居民们就近即可品味高雅的艺术盛宴。

成都高新文化中心是其中的一个卓越案例，其位于成都南延线发展轴覆盖范围之内，是成都重要的文化走廊的核心节点之一。建筑整体设计理念灵感来自传统的盆景艺术，这一将盆景中的空间、孔洞、绿色集中立体呈现的组合布局空间，摒弃了一般性大型建筑容易产生的压迫感和与普通市民产生距离的"巨构"感，采用相对平缓、舒适、宜人的整体空间方式，通常被称为"宜构"。整体建筑布局以市民广场为核心，四个场馆分别位于基地的四个角落，既保证广场的完整性，便于举办各类大型活动，也让四个功能体块更为良好地共享室外空间（见图45）。

图45　成都高新文化中心（效果图）

　　坐落于成都天府软件园、紧靠城市中轴线天府大道的成都当代美术馆也早已名声在外（见图46）。它由著名设计师刘家琨设计，并聘请著名艺术史家、批评家和策展人吕澎担任首任馆长，馆体建筑分为东西两楼，展厅有A、B、C、D、E、F六个厅，西楼一层为A展厅，B展厅为二层低空间，C展厅为二层高空间；东楼一层为D展厅，二楼分为E、F展厅，包含恒温恒湿典藏室、同声传译学术报告厅、高清影音多功能放映厅、当代艺术图书文献中心等专项展示研究空间，以及贵宾室、MOCA商店、咖啡厅、地下停车场等配套设施。其核心设计以"地景化"为基本策略，将庞大的建筑体量匍匐于基地，充分利用屋顶，做成可步行而上的斜坡，其上的小体量建筑形成聚落，对峙的"V"形斜屋面强调出园区轴线，形成倾斜的集会广场，同时连接屋顶"聚落"，在高密度的城市环境中，创造出面对城市、开放共享的公共景观园林空间。

图46   成都当代美术馆（效果图）

云端·天府音乐厅进一步丰富了成都高新区艺术场馆的版图（见图47）。它位于天府大道与锦江的交汇处，是成都高新区 Icon·云端项目的一部分。从远处看，音乐厅外形似一个戴在人头上的耳机，营造出人们聆听音乐时的美好意境，其与一旁"人"字形云端塔的弧形设计相互呼应、相得益彰。音乐厅整体方案由芬兰最顶尖建筑设计团队萨米宁建筑事务所进行设计，内部空间设计结合了传统长方形和非对称布局的特点。走进音乐厅即可看到，近 1 000 个观众席非对称排开、多面环绕着中央舞台，座椅错落摆放在不同水平面的平台上，仿佛置身蜿蜒起伏的云南梯田之间，自然木搭配欧洲蓝，使不同的质感与韵律相融相生，充满了时尚感和艺术感。同时，为保证音乐厅的艺术品质，项目方邀请了清华大学建筑声学研究院对音乐厅进行科学布局、反复试验，精准满足声音平衡、响度、空间感等多项指标，目前云端·天府音乐厅声场效果已接近国际 A 级标准，通过进一步调试，未来甚至能达到国际 A+级标准，足以满足全球顶级交响乐团的演出需求。

图47　云端·天府音乐厅（效果图）

活力四射：创意聚落设置匠心独运

　　本书在上文中已探讨杜里斯所定义的完全公共空间，至于城市的"半公共"空间，相比于前者，它最大的特点是"为私人所有但为公众服务"，如商场、剧场、理发店等。这类公共空间通常有营业时间的限制，有专门的消费功能区，能够短暂地聚集人群，点燃人世烟火气，从而是公共活动最普遍频发的场所。这些公共活动，把不同部分的城市公共空间连接起来，软化了由钢铁水泥构筑起来的硬质世界，激发起城市公共空间的真正活力。最典型的包括各种快闪集市、创意店铺等。

● 快闪集市

　　由曹操出行大数据研究院推出的《2020中国都市夜间"出行+消费"分析报告》显示①，成都凭借在夜间经济领域出色的表现，位居夜间经济（出行+

---

① 报告主要基于2020年1—12月全国主要城市曹操出行专车行驶轨迹大数据进行的定量分析，分析指标主要是热力地图、单量回升指数、打车时段、目的地分析等，同时结合中国银联、中国旅游研究院、阿里巴巴等相关数据综合运算。

消费）总单量排行榜首位，成都高新区则入围出行最旺盛的十个城市中心区。取得这样的成绩，成都高新区的各个特色夜市可谓功不可没。

首先，不得不提城南人的私藏宝地——大源夜市，很容易就可以想象出，当人们结束了一天疲惫的工作，迈入这样一个热气腾腾的美食天堂，对视觉、味觉、嗅觉、触觉、想象力等来说，都是极度沉浸式的美好享受。同时，大源夜市的绝妙之处在于，只需要花一杯奶茶的价格，就可以吃到酣畅淋漓，与成都高新区的奢华仿佛只是一条街的距离。

如果说大源夜市充满了本地市井生活的烟火气，鹭洲里夜市则以每期不同的主题充满了异域感。以"夏日祭"主题夜市为例，在充满和风特色的灯光及装饰的烘托下，让人一走进夜市，就恍惚置身于传统的日本街头。琳琅满目的文创饰品，如头饰耳环、手镯、手工布鞋、手工艺品、鲜切花、古着、盲盒福袋等，又使在夜市中的游逛充盈着未知的小小惊喜。

此外，各种时兴的后备箱集市在成都高新区也层出不穷，晴朗的假日公园，车主们开着小车，带着衣服鞋帽、日用杂物、书籍光碟、烘焙咖啡等，相聚集市进行交流、交易，共同开辟一片别样的自由购物天空……

快闪空间由锦城湖公园快闪水博物馆这个例子可窥一斑，它将集装箱"就地变身"，全程使用黑科技重现水的"一生"。从雪山到锦江，快闪博物馆以水的全生命旅程为参观路线，分成"供""排""净""治"四个微型展厅，内部由灯带串起，通过模型、投影、3D打印等技术，展示了水在途经都江堰、自来水厂、千家万户，再经过污水处理等环节后展现出的"一生"。

● 创意店铺

有人曾说，了解一个城市的最好方式，是去看它的菜市场。实际上，能嗅到城市气味的不仅是菜市场，还有那些在街头巷尾的独立书店、特色餐厅、创意咖啡馆、小众杂货店等，它们不仅是冷冰冰的建筑空间，还是一个个鲜活独立的个体，选择把自己的爱好和特长带进生活，进而从各个层面丰富了城市生活场景。

被誉为"最美书店"的钟书阁2017年即落户成都高新区，一看到门店入口处挂着的中国古典味十足的牌匾，烦躁不安的心莫名就安静了下来，推门而入，满眼是熟悉得不能再熟悉的一切——梯田、古城墙、竹林、熊猫这些成都元素，全都被投射在钟书阁成都店的设计之中。"古城墙"上镶满了书格，非常适合拍照，闲时在园边坐下来，靓丽的交子公园尽收眼底。钟书阁的儿童区也值得一提，大熊猫造型的书架、高高低低的巨型蘑菇、一整片屋顶的反光玻璃、充满童趣的桥型书柜，每一面书墙里还有一个小小山洞可以进出。

咖啡是许多年轻人的"心头好"，"年轻化"的成都高新区涌现出不少特色咖啡馆，除了星巴克、良木缘这类连锁标配外，大街小巷更多的还是 unlock coffee、Invisi Coffee Shop、Black Beans Coffee、Cafe G1、GROK COFFEE 这类特色咖啡店。每当伴着季节的律动与天气的阴晴，在一家充满美学设计的小店坐下，点一杯老板精心手作的饮品，那喝到嘴里的，不仅有城市生活之美，还有着对过去的不舍回忆和对未来的憧憬期待。

如果说"小酒馆"在成都高新区风头正盛，那其他不时涌现的颇具匠心的酒馆也不遑多让。新版的《一筑一事：成都》即郑重介绍过"喜之 HONG'S LOUNGE"这样的酒馆，"一进门，首先迎接人的是挑高 7 米的空间，16 米长的吧台成为公共区域的主角，上千瓶威士忌酒正蹲在酒柜上——成都很少有这么大的酒吧。整个酒馆共两层，一层右侧藏着更为私密的区域，带有栅格的门像屏风一样将区域划分为既隔断又连通、大小不一的空间……整个空间和细节都围绕着'酒'展开，不论是深灰色的木料，还是灯光的柔度，以及沙发的选择，都是为了烘托出威士忌酒的漂亮色泽和细腻质感，也许正是因为柔和的灯光和特意放置的缘故，这里更像个展区，威士忌酒则像是展品，自带艺术气质。空间上方，大量栅格元素的运用，让光若影若现地透出来，形成一种朦胧的情调"。酒，不仅是饮品之一，更是液体的诗歌，夜晚的百转柔肠，在这样的一个个空间中静静品味它们，不禁更容易"恍兮惚兮，其中有道"……

在成都高新区，这样的创意店铺不仅层出不穷，隐光静列，等待善于寻找和发现生活之美的人因缘际会，这也构成了高新区微观上独一无二的在地性，令人久久流连、回味……

参考文献

《产城》编辑部，2019. 破釜沉舟，推动产业功能区建设 [J]. 产城 (8)：14.

《产城》编辑部，2021. 培育具有全球竞争力区域带动力的增长极动力源：范锐平调研产业功能区建设并主持召开领导小组第八次会议 [J]. 产城 (4)：12-15.

《先锋》编辑部，2019. 2019 年：产业功能区建设聚焦六大工作 [J]. 先锋 (5)：32-33.

艾青，周雪，2012. 孵化器、加速器及科技产业园比较研究 [J]. 科技创业月刊 (8)：10-11.

爱迪思，2017. 企业生命周期 [M]. 北京：中国人民大学出版社.

巴曙松，白海峰，2016. 金融科技的发展历程与核心技术应用场景探索 [J]. 清华金融评论 (11)：99-103.

白涛，2013. 文化资本与经济发展：理论分析与实证研究 [D]. 上海：复旦大学.

克鲁格曼，奥伯斯法尔德，梅里兹，等，2016. 国际经济学：理论与政策 [M]. 北京：中国人民大学出版社.

本刊讯，2020. 坚持历史唯物主义不断开辟当代中国马克思主义发展新境界 [J]. 红旗文稿 (2)：F0002.

蔡昉，王德文，曲玥，2009. 中国产业升级的大国雁阵模型分析 [J]. 经济研究，44 (09)：4-14.

曹志诚，2009. 基于产业集群的高新区竞争力评价研究 [D]. 大连：大连理工大学.

曾国屏，苟尤钊，刘磊，2013. 从"创新系统"到"创新生态系统" [J]. 科学学研究 (1)：4-12.

曾康霖，罗晶，2021. 论中国金融体系模式：三为中国金融立论 [J]. 征信，39（1）：10-17.

曾鹏，曾坚，蔡良娃，2008. 城市创新空间理论与空间形态结构研究 [J]. 建筑学报（8）：34-38.

常巍，2013. 关于科技企业孵化器、加速器研究的国内外综述 [J]. 中小企业管理与科技（31）：139-140.

陈家祥，2019. 城市新区创新空间规划研究 [M]. 北京：清华大学出版社.

陈劲，朱子钦，2020. 揭榜挂帅：从理论阐释到实践方案的探索 [J]. 创新科技，20（4）：1-7.

陈志刚，关威，2017. 金融发展、技术进步与经济增长 [J]. 科技管理研究，37（24）：39-44.

陈志明，2018. 全球创新网络的特征、类型与启示 [J]. 技术经济与管理研究（6）：49-53.

成都高新技术产业开发区地方志编纂委员会，2016. 成都高新技术产业开发区志（1990—2005）[M]. 成都：电子科技大学出版社：81-87.

邓永翔，2008. 基于系统动力学的江西电子信息产业发展模式研究 [D]. 南昌：南昌大学.

董火民，(2020-11-19)[2021-01-10]. 科技成果转化重在生态构建 [EB/OL]. http://lw.xinhuanet.com/2020-11/19/c_139524089.htm.

杜向风，2013. 创新型城市的空间结构优化研究 [D]. 苏州：苏州科技学院.

杜跃平，高雄，赵红菊，2004. 路径依赖与企业顺沿技术轨道的演化创新 [J]. 研究与发展管理（4）：52-57.

范峻民，(2019-02-01)[2021-01-15]. 未来社区 社区未来（上）[EB/OL]. https://www.sohu.com/a/292748456_100224826.

范锐平，2019. 优化空间布局 重塑经济地理 以产业功能区建设构建战略竞争优势 [J]. 先锋（10）：11-16.

范锐平，2020. 处理"六大关系"实现"五个转变"：以片区综合开发推动新区高质量建设的成都实践 [J]. 城市规划（4）：9-11，30.

范锐平，2020. 政企同心 上下协力 坚定不移推动产业生态圈和功能区建设 [J]. 先锋（3）：7-11.

范锐平，2021. 以产业生态圈为引领 加快提升产业功能区能级 [J]. 先锋 (4)：16-20.

高月姣，2015，吴和成. 创新主体及其交互作用对区域创新能力的影响研究 [J]. 科研管理，36 (10)：51-57.

顾朝林，2011. 转型发展与未来城市的思考 [J]. 城市规划 (11)：23-34.

顾琼，由宗兴，殷健，2011. 金融产业空间布局需求分析 [C]. 转型与重构：2011 中国城市规划年会论文集：3244-3252.

郭建科，韩增林，单良，2012. 城市创新空间网络 [J]. 生产力研究 (8)：141-142.

韩庆祥，2018-11-24. 新时代改革的逻辑 [N]. 河南日报.

韩永楠，杨建飞，周启清，2020. 中国金融地理供给如何影响地区经济增长质量：基于地方金融和区域金融中心建设的视角 [J]. 经济问题探索 (6)：108-119.

何科方，2010. 企业加速器运营研究 [D]. 武汉：华中科技大学.

何笑梅，洪亮平，2017. 从"产城融合"走向"产城人融合"：浅析"产—城—人"融合的内在逻辑与互动关系 [C] //持续发展 理性规划：2017 中国城市规划年会论文集：252-262.

洪俊杰，商辉，2019. 中国开放型经济的"共轭环流论"：理论与证据 [J]. 中国社会科学 (1)：42-64，205.

胡滨，邱建，曾九利，等，2013. 产城一体单元规划方法及其应用：以四川省成都天府新区为例 [J]. 城市规划 (8)：79-83.

胡岳岷，梁洪学，2020. 马克思经济学思想史上的"界碑"：基于《1861—1863 年经济学手稿》的考辨 [J]. 江汉论坛 (5)：5-13.

黄解宇，杨再斌，2006. 金融集聚论 [M]. 北京：中国社会科学出版社.

蒋华东，2012. 产城融合发展及其城市建设的互融性探讨：以四川省天府新区为例 [J]. 经济体制改革 (6)：43-47.

锦观新闻，(2021-02-04) [2021-02-10]. 高新区 科技创新引领高质量发展 世界一流高科技园区加速构建 [EB/OL]. http://www.cdrb.com.cn/epaper/cdrb-pc/202102/04/c75499.html.

卡斯特尔，霍尔，1998. 世界的高技术园区：21 世纪产业综合体的形成 [M].

李鹏飞，等译. 北京：北京理工大学出版社.

柯业，2006. 建设世界一流高科技园区创新宣言 [J]. 中国高新技术企业（4）：28.

科技部，2013. 国家高新区率先实施创新驱动发展战略共同宣言发布 [J]. 科技创新与生产力（11）：1.

科技部火炬中心，2006.《建设世界一流高科技园区行动方案》发布 [J]. 中国高新技术企业（6）：1.

科技部火炬中心，科技部政策体改司，（2002-03-15）[2021-02-15].《关于国家高新区管理体制的调研报告》[EB/OL]. http://www.most.gov.cn/zxgz/gxjscykfq/gxjstjbg/200203/t20020315_9005.html.

兰德雷斯，柯南德尔，2014. 经济思想史 [M]. 周文，译. 北京：人民邮电出版社.

冷云生，2003. 从企业集群到区域集群：高新技术产业区演化机理研究 [C] //中国软科学研究会. 中国软科学研究会第四届学术年会论文集. 北京：科学技术文献出版社：358-365.

李广子，2020. 金融与科技的融合：含义、动因与风险 [J]. 国际经济评论（3）：91-106，6.

李涛，2016. 国家创新系统理论的演变评述 [J]. 新丝路（下旬）（8）：28-29.

李晓娣，张小燕，2018. 区域创新生态系统对区域创新绩效的影响机制研究 [J]. 预测（5）：22-28，55.

李晓沛，张中，2021-07-19. 国内外创新生态系统构建经验及启示 [N]. 河南日报（7）.

李芸芸，2010. 湖北科技创新的相关财政与税收政策研究 [D]. 武汉：武汉科技大学.

李争粉，2021-03-08. 把握新使命新定位 国家高新区迈向新征程 [N]. 四川日报（A10）.

李钟文，米勒，韩柯克，等，2002. 硅谷优势：创新与创业精神的栖息地 [M]. 北京：人民出版社.

梁印龙，姚秀利，2018. 快速城镇化进程中我国产城关系的演变规律及规划引导：以沿海发达地区开发区为例 [C] //中国城市规划学会. 共享与品质：

2018 中国城市规划年会论文集（11 城市总体规划）：133-147.

林峰，2014. 后危机时代重新审视《政治经济学》课程 [J]. 山东纺织经济（1）：97-100.

林毅夫，1994. 制度、技术与中国农业发展 [M]. 上海：上海人民出版社.

林毅夫，蔡昉，李周，2012. 中国的奇迹：发展战略与经济改革 [M]. 上海：格致出版社.

龙海波，2015. 国家高新区政策绩效评估与发展转型研究 [M]. 北京：中国发展出版社.

吕春松，2008. 基于城乡统筹的成都市行政区划探讨 [D]. 成都：西南交通大学.

吕红波，张康，2014. 制度创新是全面深化改革的关键 [J]. 政工师指南（2）：12-13.

吕秀芳，李启春，(2017-07-12) [2021-02-20]. 城投公司打造国有资本投资运营公司的探索 [EB/OL]. https://www.sohu.com/a/156454231_726670? qq-pf-to=pcqq.c2c.

海德格尔，2014. 路标 [M]. 孙周兴，译. 北京：商务印书馆：1.

马克思恩格斯列宁斯大林著作编译局，1995. 马克思恩格斯选集第二卷 [M]. 北京：人民出版社.

马克思，2004. 资本论（第 1 卷）[M]. 北京：人民出版社：444.

马克思恩格斯列宁斯大林著作编译局，2012. 马克思恩格斯选集第二卷 [M]. 北京：人民出版社：218.

马克思恩格斯列宁斯大林著作编译局，2012. 马克思恩格斯选集第二卷 [M]. 北京：人民出版社：3.

马文，(2018-12-13) [2021-02-25]. 政府引导基金的运营模式分析 [EB/OL]. https://www.sohu.com/a/281558457_413933.

芒福德，2004. 城市发展史 [M]. 北京：中国建筑工业出版社.

每经网，(2018-12-27) [2021-03-01]. 打破业务"孤岛"！企业发展要具备供应链思维 [EB/OL]. http://www.nbd.com.cn/articles/2018-12-27/1286273.html.

诺思，1999. 西方世界的兴起 [M]. 北京：华夏出版社.

佩蕾丝，2007. 技术革命与金融资本［M］. 北京：中国人民大学出版社：16.

彭纪生，吴林海，2000. 论技术协同创新模式及构建［J］. 研究与发展管理（10）：12-16.

皮天雷，刘垚森，吴鸿燕，2018. 金融科技：内涵、逻辑与风险监管［J］. 财经科学（9）：16-25.

戚聿东，李颖，2018. 新经济与规制改革［J］. 中国工业经济（3）：5-23.

齐世香，2021. 产业融合视角下现代农业产业功能区发展路径研究：以四川省成都市为例［J］. 当代农村财经（11）：44-48.

奇斯蒂，巴伯斯，2017. Fintech：全球金融科技权威指南［M］. 邹敏，李敏艳，译. 北京：中国人民大学出版社.

人民日报，(2017-08-25)［2021-03-05］. 用好"电子信息+"这一动力引擎［EB/OL］. http://opinion.people.com.cn/n1/2017/0825/c1003-29493201.html.

人民网，(2020-04-20)［2021-03-10］. 人民时评：稳步推进要素市场化配置改革［EB/OL］. https://baijiahao.baidu.com/s? id = 1664470945790880373& wfr = spider&for = pc.

人民网，(2020-12-19)［2021-03-15］. 2020 年中央经济工作会议召开 明确八项重点任务［EB/OL］. http://www.china-cer.com.cn/guwen/2020121910557.html.

人民网，(2021-01-06)［2021-03-20］. 2021 年全国科技工作会议在京召开［EB/OL］. http://scitech.people.com.cn/n1/2021/0106/c1007-31990326.html.

沙里宁，1986. 城市：它的发展 衰败与未来［M］. 上海：同济大学出版社.

斯拉法，1962. 李嘉图著作和通信集. 第一卷，政治经济学及赋税原理［M］. 北京：商务印书馆.

四川新闻网，(2020-05-29)［2021-03-25］. 这些黑科技将在成都5G 智慧城实现［EB/OL］. http://scnews.newssc.org/system/20200529/001072954.html.

搜狐网，(2020-10-15)［2021-03-30］. 成都空中绿道来了［EB/OL］. https://www.sohu.com/a/425237468_551718-2020.

苏东水，2002. 产业经济学［M］. 北京：高等教育出版社.

苏宁，2005. "金融生态环境"的基本内涵［J］. 金融信息参考（10）：6.

孙红军，王胜光，2020. 中国高新区收入差距、全要素生产率及其收敛性研究［J］. 工业技术经济，39（3）：88-96.

孙秀艳, 2006. 高新技术开发区创新环境与三大功能的关系研究 ［D］. 上海：
　　上海交通大学.

汤继强, 2009. 梯形融资模式的理论与实践 ［J］. 西部广播电视（9）：42-43.

腾讯网, (2021-10-26)［2021-11-30］. 值得关注的高新区"四派"人才企业
　　生力军 ［EB/OL］. https://www.baidu.com/link? url = NYCVcZjbggeKqTGZyMrIuf_
　　xHYK4A - NfLafxL07n3HSUJQIMEz - ELtih2XebS8JgmdJtgm79T7hAKPVrSMvtQ_
　　&wd = &eqid = aa88c8e00000a72a0000000660fa37b8.

滕少霞, 2005. 成都高新技术产业开发区企业集群研究 ［D］. 成都：西南交通
　　大学.

田磊磊, 2011. 山东省金融发展与收入分配关系研究 ［D］. 济南：山东师范
　　大学.

童晶, 2018. 成都高新区探索创新驱动发展新路径 ［J］. 成都行政学院学报
　　（6）：86-88.

投资成都, (2020-09-04)［2021-04-01］. 高品质科创空间：产业功能区的硬
　　核! ［EB/OL］. https://www.sohu.com/a/416646257_99964954-2020.

屠启宇, 邓智团, 2011. 创新驱动视角下的城市功能再设计与空间再组织 ［J］.
　　科学学研究（9）：1425-1434.

弗里德曼, 2015. 世界是平的：21世纪简史 ［M］. 长沙：湖南科学技术出版社.

万陆, 翟少轩, 2021. 中心城市创新集聚与城市群协调发展 ［J］. 学术研究
　　（7）：106-113.

汪海波, 2017. 再论改革的社会主义性质及其走向：兼及对《从发展和改革的
　　经验教训中发现新的思路》的商榷意见 ［J］. 首都经济贸易大学学报, 19
　　（1）：9.

王峰玉, 郑军, 2012. 基于产城融合理念的桐城双新经济开发区规划探索 ［J］.
　　小城镇建设（2）：90-93.

王军, 2008. 国家高新技术产业开发区管理体制研究 ［D］. 西安：西北大学.

王涛, 董亚妮, 杜婧怡, 等, 2021. 中国科技金融理论与实践：综述与展望
　　［J］. 中国经贸导刊（中）（2）：176-180.

王玺, 2013. 金融从业人员职业道德存在的问题及对策研究 ［D］. 重庆：西南
　　大学.

魏守华，王缉慈，赵雅沁，2002. 产业集群：新型区域经济发展理论［J］. 经济经纬（2）：18-21.

吴敬琏，1999. 制度重于技术：论发展我国高新技术产业［J］. 中国科技产业（10）：17-20.

吴珂，王霞，2012. 国家高新区城区功能研究［J］. 求索（2）：9-11.

吴桐，李家骐，2018. 区块链和金融的融合发展研究［J］. 金融监管研究（12）：98-108.

吴晓求，2018. 改革开放四十年：中国金融的变革与发展［J］. 经济理论与经济管理（11）：5-30.

西蒙兹，2000. 景观设计学：场地规划与设计手册（第3版）［M］. 北京：中国建筑工业出版社.

习近平，2021. 努力成为世界主要科学中心和创新高地［J］. 求是（6）.

习近平，2021. 努力成为世界主要科学中心和创新高地［J］. 当代党员（7）：3-6.

肖莹佩，2021-05-04. 成渝两地高新区共建协同创新战略联盟［N］. 四川日报（2）.

谢强，2008. 提升成都信息产业竞争力研究［D］. 成都：西南财经大学.

新华网，（2012-12-11）［2021-04-05］. 习近平在广东考察时强调：做到改革不停顿开放不止步［EB/OL］. http://www.xinhuanet.com//politics/2012-12/11/c_113991112.htm.

新华网，（2019-12-19）［2021-04-10］. 重塑产业功能区领跑成都新经济［EB/OL］. http://www.xinhuanet.com/info/2019-12/19/c_138642186.htm.

熊军，2011. 成都高新发展股份有限公司利用资本市场实现战略转型的研究［D］. 上海：复旦大学.

徐成彬，2018. 深化投融资体制改革的十大变革［J］. 中国工程咨询（3）：24-31.

徐晓光，许文，郑尊信，2015. 金融集聚对经济转型的溢出效应分析：以深圳为例［J］. 经济学动态（11）：90-97.

徐兆铭，乔云霞，2011. 创新型人才管理的三种重要理念［J］. 科技创新与生产力（3）：24-26，33.

斯密，1972. 国民财富的性质和原因的研究［M］. 北京：商务印书馆.

鄢斌，2003. 从创新系统理论看我国高新区管理体制的选择［J］. 中国高新区（11）：42-43.

杨庆，2013. 基于 RMP 分析的武汉工业旅游产品开发研究［D］. 武汉：华中师范大学.

杨伟中，2019. "金融科技"服务"科技金融"的理论逻辑、实践发展及风险应对［J］. 清华金融评论（6）：91-94.

杨忠，巫强，2021-08-16. 加快构建创新联合体［N］. 人民日报（10）.

叶德珠，高偲，2020. 资管新规背景下地方政府融资模式创新研究［J］. 南昌航空大学学报（社会科学版），22（2）：11-18，57.

一筑一事，2021. 成都［M］. 成都：四川美术出版社：211-213.

佚名，2020. 国家高新区"二次创业"深圳宣言［J］. 中国高新区（6）：7.

殷小丽，2018. 金融发展对经济增长的传导机制研究：基于内生增长理论［J］. 技术经济与管理研究（12）：81-85.

俞立平，邱栋，彭长生，2021. 创新集聚、创新质量与创新成果［J］. 统计与决策，37（11）：173-177.

张凤，何传启，2002. 创新的内涵、外延和经济学意义［J］. 21世纪青年学者论坛，24（3）：8.

张岚，寇敏芳，2016-10-11. 招全球顶级人才向中国"西南飞"［N］. 四川日报（12）.

张明喜，魏世杰，朱欣乐，2018. 科技金融：从概念到理论体系构建［J］. 中国软科学（4）：31-42.

张甜迪，2019. 金融集聚与科技创新：促进还是挤出：基于湖北省17个地市州的面板门限研究［J］. 科技管理研究，39（5）：8-14.

张伟良，朱猜，2017. 国家自主创新示范区的创新特色及政策探索［J］. 科技创新发展战略研究，1（1）：95-101.

张晓东，2008. 我国高新区产业集群化中的主导产业发展研究［J］. 西安石油大学学报（社会科学版）（1）：26-30.

赵昌文，陈春发，唐英凯，2009. 科技金融［M］. 北京：科学出版社.

赵辉，2007. 国家高新区管理体制和服务模式研究［D］. 西安：西北大学.

赵晓丹，刘志迎，2005. 技术创新的经济学理论分析研究综述［J］. 合肥工业大学学报（社会科学版）(5)：19-22.

赵星，王林辉，2020. 中国城市创新集聚空间演化特征及影响因素研究［J］. 经济学家（9）：75-84.

赵玉林，2017. 创新经济学［M］. 2 版. 北京：清华大学出版社.

中共中央编译局课题组，2004. 国外人才资源开发的新思想、新理念［J］. 马克思主义与现实（2）：17-26.

中共中央文献研究室，2017. 习近平关于社会主义经济建设论述摘编［M］. 北京：中央文献出版社.

中国人民银行白山市中心支行课题组，2019. 金融科技赋能商业银行发展普惠金融问题研究［J］. 吉林金融研究（12）：49-53.

周国涛，2015. 威海高新区创新驱动战略提升行动研究［D］. 哈尔滨：哈尔滨工业大学.

周国艳，于立，2010. 西方现代城市规划理论概论［M］. 南京：东南大学出版社.

周新军，刘向阳，2019. 国家高新区管理制度创新研究［J］. 华北电力大学学报（社会科学版）(6)，64

邹丹，2013. 论科技创新对城市经济发展的作用［J］. 襄阳职业技术学院学报，12（1）：42-44.

邹悦，(2019-02-26)［2021-04-15］. 服务城市发展、加大主营业务投资……今年成都国企改革这样［EB/OL］. http://scnews. newssc. org/system/20190226/000945821.htm.

DYER J H，GREGERSEN H B，CHRISTENSEN C M，2009. The innovator's DNA ［J］. Harvard Business Review，87（12）：60.

ERNST D，2009. A new geography of knowledge in the electronics industry? ［J］. Policy Studies（54）：1-51.

GOLDSMITH R W，1969. Financial structure and development New Haven ［M］. New Haven：Yale University Press.

KRUGMAN P，1991. Geography and Trade ［M］. Cambridge，MA：MITPress.

LEVINE R，1997. Financial development and economic growth：Views and agenda

［J］. Journal of Economic Literature，35：688-726.

LEVINE R，1998. Stock markets，banks and economic growth ［J］. American Economic Review，88（3）：537-558.

MA Y，LIU D，2017. Introduction to the special issue on crowdfunding and fintech ［J］. Financial Innovation，3（1）：8.

MARSHALL A，1892. Elements of economics of industry ［M］. London：Macmillan.

NELSON R R，WINTER S G，1982. An evolutionary theory of economic change ［M］. ［S.l.］：Belknap Press.

PATRICK GEDDES，1915. Cities in evolution：An introduction to the town planning movement and to the study of civics ［M］. London：General Books LLC：97.

PERRY DUIS，1983. The saloon：Public drinking in Chicago and Boston，1880- 1920 ［M］. Urbana：University of Illinois Press.

PORTEOUS D J，1995. Geography of finance：Spatial dimensions of intermediary behaviour ［M］. Aldershot：Avebury.

PORTEOUS D，1999. The development of financial centres：Location，information externalities and path dependence ［J］. Money and the Space Economy（1）： 95-114.

SCHUMPETER J，1934. The theory of economic development ［M］. Cambridge： Harvard University Press.

THRIFT N，1994. On the social and cultural determinants of international financial centres：The case of the City of London ［M］//CORBRIDGE S，MARTIN R L， THRIFT N. Money，power and space. Oxford：Blackwell：327-355.

WOMACK J P，JONES D T，D ROOS，1990. The machine that changed the world：［M］. Rawson Associates.

ZHAO S X B，2003. Spatial restructuring of financial centersin Mainland China and Hong Kong：A geography of finance perspective ［J］. Urban Affairs Review，38 （4）：535-571.

后记

国家"十四五"规划提出，要"坚持创新在我国现代化建设全局中的核心地位，把科技自立自强作为国家发展的战略支撑，面向世界科技前沿、面向经济主战场、面向国家重大需求、面向人民生命健康，深入实施科教兴国战略、人才强国战略、创新驱动发展战略，完善国家创新体系，加快建设科技强国"。

"三次创业"以来，国家高新区在国家科技创新体系中的地位和作用更加突出。面向"十四五"规划和 2035 年远景目标，《国务院关于促进国家高新技术产业开发区高质量发展的若干意见》（国发〔2020〕7 号）进一步指明了国家高新区高质量发展的目标、任务和着力方向。数据显示，2020 年，国家高新区创造的经济总量占全国经济总量的比重超过 12%，国家高新区内企业研发投入占全国企业总投入的 50%。

进入新时代，各个国家高新区不仅要像过去一样"自立自强"，不断地做强做大自身的规模，更为重要的是，要从国家的战略需求上、从国家重大科研及产业化应用上找准自身的发展定位，从带动辐射上、协同发展上、创新引领上明确自身的发展方向，绝不能仅仅满足于成为城市和区域经济的主要贡献者。推动国家自主创新是每一个国家高新区与生俱来的核心责任。科技部明确要求，要积极发挥 21 个国家自主创新示范区、169 个国家高新区的辐射带动作用。尤其是类似于成都高新区这样的"头部"高新区、国家自主创新示范区，必须在国家创新体系建设和高质量发展中率先发挥更大的创新驱动与示范引领作用。

国家高新区不仅要看到自身的发展成就，也要看到自身与世界一流高科技园区的差距。习近平总书记曾指出，"建设世界科技强国，得有标志性科技成就"。建设世界科技强国，在当前就是要打造原始创新策源地，加快突破关键核心技术，努力抢占科技制高点。未来国家高新区的成就不仅要用经济规模来衡量，更要用在我国建设世界科技强国中的实际贡献来衡量。

在国家创新体系的顶层设计上，国家高新区的重要性不言而喻。同时，我们也要看到，国家高新区只是我国建设世界科技强国的抓手之一。面对国家赋予的科技创新使命，国家高新区要在这一迫切的战略任务中，摆正"姿态"，找准"航向"，树立如同其"破茧"时刻一样的强大创新创业意识。这种强大的创新创业意识，来源于对外部环境的清晰认知，来源于在此过程中重新激发起来的强烈的生存危机和求生意愿。国家高新区不能躺在历史的功劳簿上，它必须在新时期新格局下更好地承担起新责任新使命，以新的成就、新的贡献为自己赢得价值与尊严。

像中国这样的大国，面临着复杂的全球形势和激烈的科技竞争，在现代化建设和高质量发展的新征程中，高新事业不可避免地要从集中型、密集型发展转变为更加泛在化、协同化的发展。党和国家在新时期继续给予了国家高新区以极大的支持与关怀，并充分肯定了国家高新区在中国特色高新技术产业化中的地位和作用。对于国家高新区来说，既要坚持创新驱动和高质量发展的"高要求"，又要能够以一种"低姿态"，甚至以普通竞争者的身份去开创新时代新未来。国家的发展、区域的发展、城市的发展，不可能永远将各种光环集于高新区一身。新区建设、经济带建设、城市群建设、试验区建设等，都需要特殊的政策倾斜。政策支持虽然仍然强调要突出重点，但是也更加注重区域协同。国家需要构建更加全面、立体、可持续的创新体系，在全社会广泛营造积极的创新创业氛围和更加普遍和常态化的创新环境，以促进经济社会诸领域的全方位、深层次创新。在聚力支持一些事关国计民生、事关国际科技竞争、事关国家发展与安全的重大领域的科技创新之外，"大众创业、万众创新"是必然选择。

过去几十年，国家高新区在党和国家的支持下，在所在省、市的支持下，作为"发展高科技、实现产业化"的领跑者，在发展质量、发展规模上大多数已经与所在地的其他追赶者拉开了一段距离。在未来的事业中，高新区既要继续努力当好区域发展的"领跑者"，又不能像过去一样寄望于特殊政策倾斜，而要更多地靠自己在长期发展中积累起来的机能、格局、资源和经验。国家高新区需要把握好自身的优势，用好自身发展的位势与禀赋，善于导入新动力、新要素、新资源，善于把存量优势转化为吸引增量的引力场。尤其需要防止体制过于"回归"带来的行政效率和专业化服务水平下降，避免使自身仅仅成为一个普通的行政主体。"低姿态"是"高要求"的内在状态，服务效率、专业化服务能力只能高不能低，绝不能失去高新区自身的体制优势与特色。

国家高新区需要有一种身份的危机意识，并在这种身份危机中重建自己的生存意志。在国家高质量发展和现代化建设的大格局下，在城市激烈的竞争中，高新区并不一定永远是确定的主角。如果要继续担当这种主角，不能习惯性地寄望于特殊的政策赋能，而是要依靠自身的综合竞争能力。早在"二次创业"阶段，不少地方的高新区的"普通化"首先发生在自己身上。尽管在这一阶段，高新区依然享有独特的政策优势，但是自身的体制"回归"已经对区域的核心竞争力构成了显著的威胁。体制"回归"一旦形成便有着强大的惯性，退回去很容易，纠正起来却很难。它的直接表现是"一增一降"，即管理层级、管理环节、服务人员、会议文件、推诿扯皮增加和行政效率、服务效率下降。

体制优势曾经是国家高新区发展的强大优势，但是这一优势已经越来越弱化。许多高新区都意识到了这一问题，希望通过改革来减少或弱化体制"回归"带来的服务质量下降的问题、专业化能力不足的问题、随处可见的推诿扯皮问题。但是，单纯通过互联网、在线化服务来提高效率是有限度的。因为这些方式尽管可以解决一般性、流程性的事务，但是也可能使服务人员无法真实地了解服务对象的多样化需求，无法增进服务对象对高新区的感情，从而可能失去服务对象对高新区的内在黏性而加大离心力。一张张网络、一组组大数据分析结果，尽管有助于更高效率地解决企业和群众的共性化服务需求，但也容易脱离服务对象。由于难以及时、充分地听到企业和群众内心的声音，服务者容易失去对服务对象的独特性的了解，从而有可能使自身在服务对象心中形成一个既高科技又冷冰冰的形象。

国家高新区完全有胸怀、有条件、有基础放低姿态。国家高新区的创业史就是一个与服务对象产生高度黏性的历史。如果"高新人"能够放下身段、放弃所谓的"精英意识"，能够以普通竞争者的"低姿态"来审视自身以及周围的环境，能够主动摒弃一度出现的那些盲目的自豪感和优越感，能够在新的竞争格局中重新认识自身的责任和使命，那么就有可能从激烈的竞争中重新领会到自身面临的生存危机，从而产生强烈的求存意志。在复杂的外部形势和竞争环境中，需要以强烈的责任感传承"创业精神"，发扬"高新精神"，弘扬

"创新精神"。用一些"老高新人"喜欢挂在口头上的一句话来说，就是要有"归零心态"，"雄关漫道真如铁，而今迈步从头越"。

"高新人"追求卓越，懂得自己为自己加码。国家高新区应当在这种"高要求"与"低姿态"中，与其他竞争者一道去抢占机遇、去争取资源、去聆听服务对象的心声、去凝聚社会公众的归属感；应当像无数的高新技术企业一样，去适应竞争，在竞争中创新，在创新中发展。"老高新人"还喜欢说："企业和老百姓的事儿比天大。"工作离不开规范和程序，也离不开热情与激情。对待服务对象，应当多一些主动服务的精神，真正把企业和群众的事情当作自己的事情来办，当作比自己的事情更重要的事情来办。

"低姿态"的核心是"高要求"，这是一种自我内在的激励。对于新时代的国家高新区来说，应当是"不用扬鞭自奋蹄"。对于新时代的"高新人"来说，"高新"是一种内化的要求，是一种主动的站位，是一种庄严的承诺，是一种精神的传承，也是一种内在的尊严。打破条条框框需要智慧和能力，需要决心和勇气。只有在对事业的实实在在的担当中，"创业"的种子才能开花结果。要享有"创业者"的声望，须从学习中得来，在工作中检验，由服务对象来评判。

创新永无止境，创业永远在路上。在新发展阶段，作为新时代的"高新人"，传承"创业精神"，发扬"高新精神"，弘扬"创新精神"，是一种最基本的生存本能。对于无数普通的"高新人"来说，也许籍籍无名，但艰苦的探索者从不卑微。创新创业的时代风帆，正是"高新人"展现激情与抱负的最大动能。今天的成都高新区有无数的新一代创业者，通过弘扬"争先率先，创字当头，以质为炬，惟高惟新"的新时代高新精神，更好地担当起建设世界一流高科技园区的光荣使命，这里的未来一定会五彩缤纷、繁花似锦！

笔者

2022 年 2 月 10 日于成都